KB162214

중국 아킬레스건,
중국의 베일을 벗긴다.

감추고 싶은
중국의 비밀 35가지

박경귀 지음

가나북스

감추고 싶은
중국의 비밀 35가지

머리말

중국의 민주화를 열망하며…

남북통일과 중국의 민주화는 동아시아를 넘어 인류 문명사에 큰 전기를 만들어 낼 것으로 기대된다. 중국이 사회주의 체제에서 인류 보편적 가치에 기초한 자유민주주의 체제로 전환된다면 현재의 한·중 간 우호의 수준과는 한 차원 높은 교류와 협력의 장을 열게 될 것이다. 하지만 이런 상황이 가까운 장래에 올 수 있을지는 미지수다.

중국과 새 시대를 열어가기 위해서는 우리가 중국을 제대로 알아야 한다. 중국은 도대체 어떤 나라인가? 중국의 겉과 속을 어떻게 파악하고 이해해야 할 것인가? 중국은 우리에게 어떤 파트너인가? 중국은 이제 한국인에게 중요한 상수이자 화두다.

부상하는 중국에 대한 우리 사회의 관심이 높아지면서 관련 서적이 많이 출간되고 있다. 하지만 대부분 중국에 대한 무조건적인 찬탄과 우호적 측면만 부각시킨 책들이 주류를 이루고 있다. 더구나 한국 학자에 의한 전문 연구서적은 희소하다. 대중서 역시 마찬가지다. 결국 시중에 중국 관련 도서들이 넘치지만 중국의 다면적 속성을 제대로 조명하지 못하는 실정이다.

특히 중국의 복합적 속성을 파악하기 위한 한국인의 화두에 제대로 응답하는 도서가 드물다. 이런 척박한 연구 및 출판 풍토에서 전문가는 물론 일반 대중이 중국의 진면목을 제대로 파악하여 균형적 시각을 갖는다는 것은 매우 어려운 일이다. 그나마 외국의 전문 연구자와 저널리스트의 저작들이 현대 중국 공산당이 통치하고 있는 중국이 안고 있는 제 문제를 심도 있게 진단하고 현안에 대한 날카로운 통찰을 보여준다. 우리가 주목할 만한 충분한 가치가 있다.

한반도 통일시대를 열기 위해서는 중국의 역할이 더욱 중요해지고 있다. 하지만 중국의 사회주의 정치체제의 근본적 한계에 기인한 한중

간의 갈등 소지가 늘 잠재해 있다는 점을 많은 이들이 간과하고 있다. 특히 중국은 그 실체를 정확히 파악하기 어려운 매우 복합적 이면을 갖고 있는 나라다. 따라서 한·중 사이에 발전적 관계를 만들어 나가기 위해서는 중국의 통치체제는 물론 중국인의 사유 방식과 행동 양태를 예견하고 이에 적절히 대응할 수 있어야 한다.

특히 중국의 정치, 경제, 사회, 역사 문화적 특질과 속성을 알아야 한다. 또한 현대 중국을 지배하는 공산당 일당 체제의 국가경영 방식을 철저히 해부해 보아야 한다. 아울러 중국 경제의 허실은 물론 인민들의 인간다운 삶을 희구하는 민주 투사들의 피 끓는 이야기까지 주목해야 한다. 여기에 모은 35권의 국내외 지성들의 저작은 여러 주제에 걸쳐 중국에 대해 날카로운 진단과 통찰을 내놓고 있다. 필자는 이들의 저작을 한국적 상황에서 재조명하며 평설하였다.

이 책에 담긴 저작들은 국내 학자들이 저어하여 주장하지 못하는 내용들을 과감히 다루고 있다. 따라서 중국 연구에 게으른 국내 학계의 풍

토에 대한 자성의 계기는 물론 협소한 연구 테마에 새로운 지적 자극을
줄 것이다. 35가지의 주제들은 그 폭이 넓다. 그러면서도 제각각 깊이를
유지하고 있다. 특히 전문가적 식견과 심층적인 연구의 결과와 함께 발
로 뛴 취재 현장의 생생한 목소리가 담겼다.

더구나 이들이 내놓는 중국 사회에 대한 진단과 평가는 한국 사회에
서 감히 시도하지 못하는, 아니 역량 부족으로 산출해 내지 못하는 새로
운 관점과 중요한 판단 정보들을 풍부하게 담고 있다. 중국에 대한 명저
들이 이렇게 한 권의 평설로 집약되어 소개되는 것은 최초의 시도로 의
미가 깊다.

여러 저작들이 조명한 중국의 참모습은 크게 여섯 분야로 나누어 볼
수 있다. 각각의 큰 테마에 적합한 주제별로 최근의 책들을 엄선하여 평설
하였다.

제1부에서는 5천년 역사를 지닌 중국인에게 면면히 흐르는 민족적
정서나 근성, 이들의 사유 방식을 지배해 온 사회적 관념들을 그 연원부

터 살펴보았다. 중국을 대표하는 양심적 지식인 보양은 물론 일본의 석학 가토 도루와 미조구치 유조는 전제적 역사에 길들여진 중국인의 노예근성을 질타한다. 나아가 개인의 인권과 자유를 중시하지 않는 집단주의적 문화의 뿌리를 파헤치고 있다. 현대 중국 공산당 체제와 중국인 역시 오랫동안 체화된 사회 문화적 특질로부터 자유롭지 못하다는 점에서 현대 중국인의 행태를 예견하게 하는 등 의미 있는 시사점을 얻을 수 있다.

제2부에서는 급격하게 부상하는 중국 경제의 허실을 꼼꼼히 짚어볼 수 있다. 사회주의 정치체제와 자본주의 경제체제를 기묘하게 접목한 중국식 사회주의가 어떤 함의를 지니는지, 또 어떤 모순을 만들어내는지 구체적인 사례를 통해 확인할 수 있다.

'황하 자본주의'로 포장된 중국 시장경제는 중국 공산당의 일당 독재 체제를 위협하는 것이 아니라 오히려 더욱 공고하게 만들어 준다. 비약적인 경제 성장에는 과다한 거품이 끼었다. 그러나 인민들의 취약한 삶은 크게 개선되지 않고 있다. 홍콩의 저명 경제학자 랑셴핑은 중국 국유 기업의 횡포와 부동산 거품을 질타한다. 하지만 경제 위기의 근원을 일방적으로 미국 등 서방국가에서 찾는 우를 범하고 있다. 피터 나바로는 중국의 저질 상품 쓰나미로 미국인들의 일상이 위협받고 있고 중국이 미국의 고급기술을 빼가고 있다고 비판하고 있다.

제3부에서는 중국 공산당 일당 독재가 만들어내는 악폐와 불편한 진실들이 적나라하게 드러난다. 여러 저자들이 중국 공산당 절대 우위의 정치 패턴이 어떻게 형성되었으며, 일당 독재 체제를 고수하기 위해 어떻게 폭력적으로 인민들을 통제하고 억압해 왔는지 폭로하고 있다. 지금도 중국 공산당의 폭력적 통치 전략의 기조는 변함이 없다.

특히 프랑스의 석학 기 소르망은 중국 공산당이 전통적 유교 가치를 교묘하게 공산당의 통치력 강화에 활용하고 있음을 간파해 낸다. 중국 민주화의 아이콘인 류샤오보는 중국의 민주적 변혁을 가로막는 민족주의와 중국 공산당의 패악을 고발한다. 1989년 6월 4일 톈안먼 학살 현

장에서 항거하던 왕단은 중국 공산당의 기만과 폭력의 오랜 역사를 증
거하고 있다. 민주화의 물꼬를 트려던 자오쯔양은 자신이 어떻게 불법
적으로 숙청되었는지 그 비사와 권력층의 흑막을 낱낱이 토해낸다. 이
들 저자들의 한결같은 염원은 중국이 일당독제체제를 포기하고 자유민
주주의 체제로 전환하는 것이다. 그래야만 중국 인민의 보편적 인권과
자유, 행복한 삶이 담보될 수 있다고 믿기 때문이다. 하지만 그 가능성
은 절망스러운 상황이다.

제4부에서는 중국이 군사력을 대폭 증강하면서 동아시아를 넘어 세
계의 패권국가로 군사 대국으로 뻗어나가는 과정을 살펴볼 수 있다. 중
국은 가공할 군사력으로 일본을 압박하며 충돌 가능성을 높이고 있다.
나아가 미국과의 갈등 수위를 높여 동아시아 주변국을 불안하게 만든
다. 하지만 중국의 졸렬한 패권주의는 인민들의 민족주의 정서로 위장
되고 있다. 이 와중에 가장 고통스러운 상황에 처한 것은 한국이다. 쉬
즈위안이나 칼 라크루와 등이 중국의 이런 비틀린 행태를 조목조목 비

판하고 있다.

제5부에서는 중국의 힘의 외교 전략이 해부되고 있다. 근대 이후 중국의 150년 외교사가 체계적으로 분석되었다. 또한 갈수록 힘을 바탕으로 한 안보정책과 외교정책이 강화되고 있는 전략 기조가 소개되고 있다. 특히 중국의 군사적, 외교적 정책결정 시스템에 대한 분석과 중국과 북한의 '순치脣齒관계'를 통해 향후 한반도 유사시 중국 지도부의 대응 방향을 점칠 수 있다는 점을 주목해야 한다. 강성해지는 중국과의 관계에서 한국의 '핀란드화'를 우려하는 복거일의 통찰도 흥미롭다.

제6부에서는 주변국의 주권을 노골적으로 침탈하고 위협하는 중국의 패권적 행태가 여러 측면에서 조명되고 있다. 중국은 옛날부터 '화이지변華夷之變'을 강조하며 한족이 아닌 주변을 모두 오랑캐로 불렀다. 하지만 오히려 몽골족, 여진족, 거란족, 만주족 등 이민족에게 한족이 지배당하자 '중화민족'이라는 억지 논리로 한족의 굴욕의 역사를 희석시키고 있다. 한발 더 나아가 현재의 영토 안에 있었던 모든 과거 역사를 중

국의 역사로 둔갑시키고 있다. 고조선과 고구려의 역사를 중국의 역사로 침탈한 동북공정의 어처구니없는 실상을 확인할 수 있다. 티베트와 신장의 무력 합병을 고수하면서 한국의 이어도와 일본의 류큐를 중국의 영토라고 계속 강변하고 있다.

이 책에는 중국의 아킬레스건과 작동 체계, 현대 중국의 그늘진 치부, 그리고 새로운 중국의 발전적 방향에 대한 인류 보편적 열망을 펼쳐 보인 명저들의 핵심 요지가 압축적으로 담겼다. 또한 중국의 화려한 외양 뒤에 숨은 불편한 진실들을 적나라하게 보여준다. 이를 통해 중국 관련 전문가는 물론 일반 대중에게 새로운 안목과 식견을 넓혀 주는 게 목적이다. 음양으로 중국에 주눅이 든 지나친 친중적 시각이 급속히 확산되는 상황에서 우리가 간과하고 있는 것은 없는지 성찰해봐야 할 때다.

이 책이 현대 중국이 안고 있는 모순과 복합적인 문제, 변화 가능성을 종합적으로 인식하는 데 조금이나마 도움이 된다면 필자에겐 큰 기쁨이 되겠다. 중국을 상대로 비즈니스를 하는 기업인은 물론, 전문 학자, 중국관련 연구자, 학생들이 중국의 화려한 허상 뒤에 숨은 이중적 속성을 파악하는 데 도움이 되길 소망한다.

　중국을 총체적으로 진단해 볼 수 있도록 귀중한 책들을 저술한 35명의 지성들에게 심심한 경의를 표한다. 아울러 1년 6개월 여 동안 〈데일리안〉에 '중국 톺아보기'로 이 글들이 연재되는 동안 열독해 주신 독자 여러분께 감사드린다.

2014년 11월
한국정책평가연구원 연구실에서 박 경 귀

차례

제 5 부
굴종을 강요하는 힘의 외교

중국 아킬레스건,
중국의 베일을 벗긴다.

감추고 싶은
중국의 비밀 35가지

제 1 부

중국인의 '추악한'
병폐와 노예근성

01

중국인, 스스로의 부끄러운 DNA를 폭로하다

《다시는 중국인으로 태어나지 않겠다》, 종주캉 지음, 정우석 옮김,
포엔북(2012, 8쇄), 307쪽.

저자는 내수 부족의 기저에 국민의 삶과 인권을 경시하는 중국공산당 통치 권력의 전체주의가 똬리를 틀고 있음을 비판한다. 자유시장경제의 활력을 제대로 활용하지 못하는 통치 권력의 '아동적 사고능력'을 지적하면서, 국민에게 서양 문명의 보편적 가치와 영혼이 담긴 제품을 생산하는 건강한 자본주의의 정신을 가르치라고 촉구한다.

"당신은 다음 생애에도 다시 중국인으로 태어나겠습니까?" 몇 년 전 중국 3대 포털사이트 가운데 한 곳에서 중국인 네티즌에게 설문조사를 하면서 던진 질문이다. 중간 투표 결과 11,271명의 투표자 가운데 65.1%가 "다음 생애에는 중국인으로 태어나고 싶지 않다"고 응답했다. 중국 공산당 통치 하에서 가장 민감했던 이 조사는 사회적으로 엄청난 파장을 일으켰다. 그러자 당국에 의해 여론조사가 강제로 중지되며 관련 웹페이지도 삭제되고 이를 기획한 편집자들이 해고되는 사태가 발생하는 등 큰 여파를 남겼다.

《다시는 중국인으로 태어나지 않겠다》라는 이 책의 도발적인 제목은 저자 종주캉의 외침이 아니라, 바로 응답 네티즌 65% 중국인의 절규를 대변하고 있는 셈이다. 현대 중국인의 대부분이 중국인으로 다시 태어나고 싶지 않다고 한 이유가 이 책에 담겨있다. 이 책은 출간 즉시 중국 공산당에 의해 '1급 금서禁書'로 지정될 만큼 중국사회에 큰 충격을 주었다. 홍콩 태생의 중국인인 저자 종주캉鍾祖康은 중국인의 저열한 민족성과 중국 사회문화의 허위의 가면 뒤에 감춰진 부끄러운 민낯을 통렬히 비판하고 있다.

중국인은 '기회주의 집단의 노예'?

종주캉의 의도는 분명하다. 중국인이 철저하게 자신의 폐습과 치부를 성찰하지 않고서는 중국사회가 진정한 대국으로 성장할 수 없을 것이라는 관점이 깔려있다. 이 책을 통해 외국의 독자들은 막연하게 알고 있던, 그리고 국외자의 입장에서 차마 알고노 비판하기 어려운 중국인과 중국 사회의 곪은 모습과 민망하게 마주하게 된다. 중국인의 자성과 혁신을 요구하는 저자의 간절한 절규도 읽게 된다. 이 책이 수많은 중국인에게 열렬한 지지와 광적인 비난을 동시에 받는 이유이기도 하다.

저자가 보는 중국인의 악행과 고약한 습성은 다양하다. 가래침을 아무 데나 뱉는 더럽고 몰상식한 행동도 오랜 전통의 하나이다. 오죽하면 이백李白의 시에서 조차 침 뱉는 행위를 교묘하게 미화하지 않았나? 상대방을 보아가면서 처신하는 중국인의 기회주의적 태도도 보편적이다. 상대방의 인종, 신분, 권력, 재산 등을 세심하게 고려해서 각각에 맞는 다른 처세를 보인다. 저자는 중국인이 '기회주의 집단의 노예'라고 비판한다. 마음속에 불변의 양심이나 보편적 도덕 기준과 합리적인 행동기준이 없기 때문이다.

중국인들은 거의 다 무신론자다. 어른 아이 가릴 것 없이 부끄러운 줄 모르고 허풍과 날조에 능숙하다. 중국인들이 조화를 좋아하고 중용을 지키며, 우아하고 고상하다는 생각은 완전한 착각이라는 얘기다.

종주캉은 중국인이 관상과 운명을 맹신하게 된 화근의 하나로 "군자는 정신노동을 하고, 소인은 육체노동을 한다君子勞心 小人勞力"는 공자의 언명을 든다. 주어진 신분에 따른 직분을 다하도록 요구하는 이런 사고가 자신의 능력을 펼칠 도전적 생각을 억압시키고 관상학과 역술에 의지하는 무기력한 인간으로 만들었다고 보는 듯하다. 보통 사람들과 '나쁜 관상'을 가진 사람들이 냉대를 받고 자신의 재주를 펼치지 못하는 기형적 상황이 중국 역사에서 지속되고 있다. 청조清朝의 증국번曾國藩의 인물 채용법이나, 중국 공산당이 개인의 계급 성분으로 인간을 분류하고 운명을 결정하는 방식이 그 예시다.

저자는 중국인이 잔꾀와 권모술수에 능하다고 비난한다. 장생불로長生不老하기 위해 인체에 치명적인 납과 수은을 이용한 연단술이 고대부터 비전秘傳되어왔다. 생산도구는 물론, 식기구, 술잔 등에 납이 다량 함유된 청동기가 보편적으로 사용되었다. 납 성분의 유약으로 제조된 유약 도자기도 널리 활용되었다. 저자는 이러한 광범위한 납 사용 문화는 대중의 지능 발전을 저해시켜 순종하게 만들려는 우민愚民정책의 일환이었다고 질타한다.

중국의 급격한 경제성장의 이면에 숨은 조악한 짝퉁, 각종 환경 오염물질, 인체의 건강을 해치는 유해 식품과 공산품의 유통은 거의 '재난' 수준이라고 개탄한다. 저자는 이 모든 것의 원인은 사람을 중시하지 않는 중국의 저열한 문화에서 기인한다고 본다. 더구나 중국 공산당이 인성가치와 이상주의를 훼손시켰기 때문에 기만하고 빼앗고 속이는 못된 습성이 양심의 거리낌 없이 저질러지고 보편화 되었다는 얘기다.

'10억 노예 노동자'의 생활조건도 비참하다. 대중의 복리와 퇴직 보장이 극히 미흡하여 국민이 감히 소비를 못하고 과도하게 저축한다. 국가는 부유해져도 국민은 여전히 가난하다. 저자는 내수 부족의 기저에 국민의 삶과 인권을 경시하는 중국공산당 통치 권력의 전체주의가 똬리를 틀고 있음을 비판한다. 자유시장경제의 활력을 제대로 활용하지 못하는 통치 권력의 '아동적 사고능력'을 지적하면서, 국민에게 서양 문명의 보편적 가치와 영혼이 담긴 제품을 생산하는 건강한 자본주의의 정신을 가르치라고 촉구한다.

이상과 현실이 괴리된 허언의 문화

저자가 꼽는 중국 문화의 큰 특색중의 하나는 이상 문화ideal culture와 현실 문화real culture가 괴리된 허언虛言의 문화다. '교양, 예의, 위생, 질서, 도덕, 환경 등' 중국사회가 표방하는 가치들은 모두 '입에 발린 말'일 뿐, 현실에서 실행되지 못하는 것들이다. 잔혹한 형벌, 광적인 살생문화, 3~4천 년 간의 생태환경의 파괴, 전 국토의 오염화 등은 인간을 교화하고 자연을 숭상한다는 말과 판이하게 구현된 냉혹한 현실이다. 한마디로 저자는 "중국 문화는 사기성이 농후하다"고 단언한다. 그는 중국의 타락의 책임은 중국 문화 자체보다 중국공산당의 기만과 위선적 문화에 기인한다고 본다.

중국 문명은 지속가능할까? 저자는 중국의 유구한 역사가 만든 악폐가 오히려 보편적 현대 문명에의 적응을 어렵게 하고 있다고 말한다. 유가 사상이 중국에 끼친 해악도 덧붙인다. 효와 대가족주의, 자손 번성의 숭상으로 인해 인구가 급격하게 증가하고 생태자원을 심각하게 훼손시켰다는 것이다. 황당한 발상이긴 하지만 오죽하면 저자가 수백 년 전 중국에 흑사병이라도 발생했었더라면 이후 중국인들의 삶이 다소 행복해지지 않았을까 상상했을까?

수천 년 동안 황하의 범람을 야기한 이유는 황하 중상류 지역에서 유목 생활을 하던 한족의 무절제한 벌목으로 인해 토양 유실이 극심했기 때문이라는 것이다. 비옥했던 중국 서북부 지역의 황폐화도 중국 문명을 쇠퇴시킨 한 원인이라고 말한다. 저자는 15세기 초 명조明朝의 정화鄭和가 대규모 선단을 이끌고 해양으로 진출했었던 기회를 살리지 못함으로써 중국 문명이 비약적으로 발전할 수 있는 기회를 잃어버리게 되었다고 아쉬워한다.

　저자는 꺼젠슝葛劍雄 교수가 《분열과 통일》이라는 책에서 언급했듯 중국의 장기간 통일과 유럽의 장기간 분열이 16세기 이후 유럽이 중국을 능가하게 만든 요인이 되었다고 말한다. 역설적으로 분열 속에서의 경쟁과 대립이 각국의 발전에 긍정적으로 작용했다고 보는 것이다. 유럽의 분열이 계몽 운동을 낳고 문명을 약진하게 만들었다는 얘기다.

　저자는 이런 관점에서 중국 문명의 발전도 전국적 통일보다 분열이 더 기여했다고 본다. 춘추전국시대의 백가쟁명百家爭鳴이 중국의 사상과 문화의 터전을 만들어 주었다. 또 타이완이 떨어져 나가고, 홍콩과 마카오가 외국의 수중에 있었기에 그나마 중국의 폭정에서 벗어나 7천 만 명이 인권과 자유를 누리며, 더 나은 문화를 만들어낼 수 있었다는 것이다.

　저자가 타이완의 독립을 지지하는 이유도 이런 문명적 통찰에 기초하는 듯하다. 하지만 분열이 문명을 발전시키는 동력으로 작용한다는 저자의 관점을 확장시키면 중국 대륙의 민족적 분열까지 상상해야 마땅하다. 하지만 저자가 민족자결주의에 의해 중국의 55개 소수민족이 독립하는 완전한 '분열'의 모습을 상상하지 않는 것은 역시 한족다운 인식의 한계가 아닐까?

중국 공산당의 악행과 패권주의

저자는 공자의 유가사상儒家思想의 영향으로 인해 허위적 도덕이 종교를 대신하고 있는 중국의 현실을 개탄한다. 허례허식과 극단적 형식주의, 현세주의를 낳은 유가사상이 인류문명과 인류 행복을 위한 필수 조건인 종교를 받아들일 수 없는 환경을 만들었다는 것이다. 인간성으로 종교를 대신하려고 한 유가의 관점은 종교를 배척한 공산당의 이해와 맞아떨어진다. 이는 중국인이 그토록 쉽게 공산주의에 호감을 가지게 된 원인이 되었다. 중국 사상이 2천년 동안 유가에 독점 당함으로써 논리학과 자연과학의 발달이 저해되었다는 저자의 통찰은 날카롭다.

중국이 곧잘 내세우는 '중용의 덕' 또한 허위적임을 루쉰의 말을 인용해서 비판한다. "중국인은 권력이 있어서 다른 사람이 자신에게 어쩌지 못하는 것을 보거나 다수가 그를 보호하는 것을 보면, 잔혹하고 제멋대로 구는 폭군이 되어 일을 처리함에도 절대 중용을 지키지 않는다. '중용'을 보일 때는 세력을 이미 상실하고, '중용'을 지키지 않으면 어쩔 수 없을 때이다."

저자는 90년대 활약하던 홍콩의 민주화 인사답게 홍콩 민주화가 더딘 이유는 중국 통치 권력의 꼭두각시가 된 홍콩 입법회 의원들의 노예적 근성과 중국 당국의 철저한 정치 통제와 위장된 민주 선거제도 때문이라며 신랄하게 비판한다. 영국 식민지 시절의 홍콩 총독도 중국 공산당의 눈치를 보느라 홍콩인에게 민주주의를 허용하지 않았다. 현재 중국 공산당 행정장관 치하에서는 아예 자주권이 상실되었다고 말한다. 저자는 홍콩의 입법회 의원들의 민주적 분투를 촉구하지만 메아리는 없을 듯하다.

한편 저자는 타이완을 "가장 건전하고 귀하며 사라져가는 중국인 사회라는 원형을 지니고 있어 보호 받아야 할 곳"이라고 강조한다. 티베트와 위구르를 강제 점유하고 있는 중국의 무자비한 패권주의도 비판한다. 청조와 중국공산당의 이중적 잣대를 질타하는 것이다. 일본의 대륙 침략과 식민통치 등 타 국가의 중국 영토에 대한 침략에 대해서는 극심한 민족주의적 배타성을 보이면서, 정작 대륙 내 타 민족의 영토를 합병하고 식민통치하고 있는 중국의 제국적 행태를 꼬집는 것이다.

변방 이민족에 대한 중국의 잔혹한 악행과 패권주의에 대해 다양한 이해관계 때문에 침묵하고 있는 국제사회의 무관심을 함께 지적하는 대목에서는 우리도 뜨끔하지 않을 수 없다.

저자의 비판과 풍자의 칼날은 직설적이고 매섭다. 다양한 문헌과 체험적 관찰을 근거로 수천 년 동안 이어온 적폐와 현실의 문제점을 거침없이 드러냈다. 그 많은 악폐의 근원에 중국 공산당과 유가 사상의 일면이 자리하고 있음을 폭로하는 대목에 중국 당국이 더욱 당황스러워 할만도 하다. 저자는 20세기 초 중국인의 나태한 정신을 일깨운 루쉰과 386

세대의 정신적 스승으로 80년대에 중국의 전통문화에 내재된 열악한 근성을 공격한 보양의 대를 잇는 문화비평가로 평가받을 만하다.

저자의 중국인, 중국 사회에 대한 혹독한 자아비판은 중국의 위신을 해치는 무분별한 자해행위로 규탄도 받았다. 하지만 더 많은 사람들에게 중국인의 나쁜 민족성과 중국 사회의 어두운 그림자와 결별을 촉구하는 성찰의 계기를 만들어 주었다. 이 책은 중국에서 받은 환호 못지않게 한국에서도 주목받고 널리 읽혔다. 그 이유는 우리가 잘 안다고 생각하면서도 제대로 알지 못하던 '가깝고 먼 이웃' 중국인의 내면의 모습과 중국 사회의 추악한 일면을 저자가 숨김없이 드러냈기 때문이 아닌가 싶다.

하지만 저자의 독설과 양심선언이 자해용이 아님은 분명하다. 저자는 마지막 장에서 북유럽이 사회민주주의를 통해 국민의 복지와 민주주의를 모범적으로 구현해 나가는 있는 모습을 자세히 전달해 주고 있다. 중국처럼 허위적이지 않게 이상과 현실을 일치시켜가는 있는 북유럽을 중국이 지향해야 할 국가 모형으로 상정하고 있는 것처럼 보인다. 반체제 민주화 운동으로 18년간 옥고를 치르고 미국을 거쳐 현재 노르웨이에 거주하고 있는 저자의 대안적 제시 속에 중국에 대한 속 깊은 애정이 엿보인다.

|02
중국이 짝퉁 천국이 된 이유 알고 보니...

《패貝의 중국인 양羊의 중국인》, 가토 도루 지음, 한명희 옮김,
수희재(2007), 326쪽.

보통의 나라는 국민의 생활수준이 향상되면서 나름대로 민주화도 진전되는 것이 상례다.
하지만 중체서용中體西用의 중국에서는 이 공식이 빗나간다. 중국인에게 경제 발전이라는
'용'의 향상은 어디까지나 '체'를 강화하는 수단에 지나지 않기 때문이다.

중국은 일본과의 경쟁을 넘어 미국의 위상을 빠르게 추격하고 있다. 중국의 부상은 동북아의 정세 변화를 초래하고 있고, 다양한 방식으로 글로벌 영향을 만들어내고 있다. 중국은 나날이 성장하는 경제력과 군사력을 바탕으로 점차 패권적 국가의 면모마저 띠어가고 있다. 이는 불가피하게 주변국에 다양한 부정적 압박을 낳는다.

특히 한국, 일본 등 중국과 역사적 은원恩怨관계에 있던 나라의 경우 중국의 굴기에 적절하게 대응하지 못하는 과도기적 상황을 맞고 있다. 이런 시기에 중국의 표층의 모습만 보고 중국의 숨은 의도를 파악하지 못할 경우 예기치 못한 낭패를 볼 수 있다.

중국인의 민족성과 기질, 정서를 심층적으로 이해한다면 중국인과의 인간관계의 예측은 물론 중국의 국가 정책의 방향을 가늠하는 데에도 도움이 된다. 저자 가토 도루는 일본인의 시각에서 비교문화적 관점으로 양국민의 인식의 뿌리에 내재된 정서와 기질, 민족성을 파헤친다.

유목민족적 양羊의 문화와 농경민족적 패貝의 문화

특히 저자가 들려주는 중국인의 심성코드는 한국인에게 더욱 흥미를 끌만한 대목이 많다. 한국인의 기질은 어디에 가까울까? 어떤 면은 일본인과 비슷하고 어떤 면은 중국인을 닮았다.

저자는 중국인의 선조를 두 갈래로 본다. 중국인 기질의 원형질은 3천 년 전 황하 하류 지역에 위치한 은殷 나라와 상류지역에 터 잡은 주周 나라 국민들의 기질을 이어받아 만들어졌다. 저자는 풍요로운 땅에 살며 재화를 중시한 은나라 사람의 기질을 당시 화폐로 쓰이던 조개貝를 비유하여 '패貝의 문화'로 상징했다. 반면 중국대륙 서북부 유목민족과 친밀했던 주나라 사람들의 생활은 양羊과 깊은 관계가 있었다며 '양羊의 문화'로 규정한다.

은나라 사람들은 자신들의 왕조를 '상商'이라 불렀다. 이들은 주나라에 멸망당한 후 각지로 흩어진 뒤에도 재물 교환을 새로운 생업으로 삼았다. '상인商人', '상업商業'의 어원이 여기서 나온 것이다. 그렇다면 주나라를 이상국가의 모델로 보았던 공자가 농업을 최고의 가치로 삼고 상업을 천시했던 것도 이와 무관치 않은 듯하다.

저자는 패와 양의 문화적 특질이 현대 중국인의 기질로 이어져왔음을 예리하게 포착하고 있다. 중국인의 기질은 유목민족적 양의 문화와 농경민족적 패의 문화를 동시에 갖고 있다는 것이다. 양의 문화는 무형의 '주의主義'를 중시하는 반면, 패의 문화는 유형의 재물을 중시한다는 것이다. 양의 문화는 일신교적一神敎的인데 반해, 패의 문화는 다신교적이다. 물론 두 문화의 차이는 좋고 나쁨의 구분이 아니고 그저 삶의 환경이 만들어낸 기질적 특성의 '차이'일 뿐이다.

이질적인 두 가지 기질을 모두 물려받은 중국인의 문화적 특성이 본심의 패의 문화와 명분으로서의 양의 문화가 혼재된 상태로 표출되고 있다는 통찰은 중국인의 내면을 읽어내는 긴요한 키워드가 된다. 패와 양의 문화로 동시에 바라볼 때 중국인을 제대로 볼 수 있다는 얘기다.

저자는 중국문화의 특성과 중국인의 기질을 우호적으로 분석해 낸다. 하지만 필자는 저자가 제시하는 기질 코드를 현실의 중국의 제 현상과 행태의 단면 속에 숨겨진 의미를 찾아내는 단서로 활용하는 데 방점을 두었다. 패·양의 중국인의 기질 코드를 알고 나면 현실에서 목도하는 중국과 중국인의 모순된 다양한 행태를 보다 깊숙이 이해할 수 있고, 상황에 대한 대처는 물론 미래의 행태도 어느 정도 예측 가능하기 때문이다.

공산당 일당 독재로 사회주의를 유지하면서 자본주의 시장경제를 운용하고 있는 현실의 중국이 대개의 국가 발전 모델과 같이 자본주의의 성숙에 맞춰 정치 민주화를 이룰 수 있을까? 이 또한 패와 양의 코드로 보면 어느 정도 윤곽을 그려볼 수 있다.

감출 수 없는 몰염치의 본성

중국어로 '쫑티시용中體西用, 중체서용'이 있다. 이 말은 중화문명의 사상과 전통을 본체로 하고, 서양의 과학기술을 말절末節로 이용한다는 뜻이다. 중국공산당에 의한 사실상의 일당 독재 체제가 '체'라면 시장경제 체제는 '용'이다.

보통의 나라는 국민의 생활수준이 향상되면서 나름대로 민주화도 진전되는 것이 상례다. 하지만 중체서용의 중국에서는 이 공식이 빗나간다. 중국인에게 경제 발전이라는 '용'의 향상은 어디까지나 '체'를 강화하는 수단에 지나지 않기 때문이다.

따라서 중국인의 기질적 본성에 비추어 보면, 중국의 경제발전이 일당독재를 민주주의로 진화시키는 데 실효적 도움이 되기 어려울 것으로 전망하는 게 자연스럽다. 중국 공산당은 사회주의 이념을 양으로 삼고, 자본주의 시장경제를 패로써 양을 더욱 더 강화하는 전략을 기질적으로 잘 구사하고 있기 때문이다.

안타깝다. 그렇다고 중국에서 자유민주주의가 싹틀 기미가 전혀 없다고 절망할 필요는 없다. 경제적 풍요에 걸맞게 자유에 대한 인간의 욕구도 커지게 마련이다. 국민들의 의식수준이 향상되고 자유와 민주에 대한 각성이 어느 정도 임계점에 이르면 분명 사회주의 억압체제에도 변화가 오지 않겠는가?

중국에는 왜 짝퉁이 넘치고 남의 물건을 슬쩍하는 일이 비일비재할까? 중국인에게는 왜 지적소유권의 관념이 그토록 희박한 것일까? 이 또한 중국인의 숨길 수 없는 본성의 코드를 알고 나면 고개를 끄덕이게 된다.

저자가 든 사례가 재미있다. 중국인들은 아파트 단지에서 자전거를 계단 아래 세우지 않는다. 계단 아래에 두면 자물통이 채워져 있더라도 '방치 자전거에 준하는 것'으로 간주되어 도둑맞기 일쑤다. 저자는 중국인들이 '절도'를 범죄로 인식하지 않는 것이 아니라, 유달리 '나와바리なわばり, 영역' 의식이 크기 때문이라고 해명해 준다. 이와 유사한 절도 사건의 에피소드가 적지 않다니 우리로서는 이해하기 어렵다. 이는 주인이 관심을 쓰지 않으면 그냥 가져가는 무의식적 기질이 발동된다는 얘기가 아닌가?

이 대목에서 중국이 남지나해와 동지나해에서 일으기는 영토 분쟁이나, 이어도를 넘보는 야욕, 고구려 역사를 자국 역사로 편입시키려는 야만적 행태가 중국인들의 무절제한 '영역' 의식에서 비롯된 것이라고 추단하는 건 지나친 확장 해석일까?

결국 중국의 염치없는 '나와바리 의식'을 막아내려면 소유권자가 확실하게 관리하는 방법밖에 없다. 하지만 우리 현실은 반대로 흘러가는 예도 많다. 제주도에 우리 영토를 지켜내기 위해 해군기지를 건설하는 것조차 중국을 자극하는 것이라며 결사반대하는 사람들의 몰개념적 허위의식이야말로 중국인들에게 몰염치한 영역의식을 십분 발휘하라는 초대장에 다름 아니다.

저자가 중국 역사상 명멸했던 여러 왕조의 수명을 인구 증감에 비추어 해석한 대목도 흥미롭다. 중국 왕조의 수명은 10세대, 2백 수십 년이 한계였다. 3백년을 넘은 왕조가 하나도 없었다. 건국기를 지나 인구가 늘어나고 세수가 증가하는 전성기를 거쳐 인구의 포화로 백성이 곤궁해진다. 주변 민족의 침입으로 왕조가 멸망한 후, 전란이나 혼란기를 거쳐 새로운 왕조가 탄생하는 사이클을 반복했다.

시민혁명이 요원한 나라

저자는 인구 과잉이 중국 왕조 쇠망의 첫 번째 요인으로 보았다. 현재의 중국 공산당은 얼마나 존속할 수 있을까? 경제학자 마인추馬寅初, 1882~1982는 1957년 전국인민대표회의에 《신인구론》을 제출하며 인구 폭발을 억제하지 않으면 중국이 난관에 봉착한다고 경고했다. 하지만 미국과의 전면 핵전쟁을 예상한 마오쩌둥의 인해전술 전략에 따라 다산을 장려했던 정책이 중국의 인구 급증을 불러왔다. "한 사람을 잘못 비판한 탓에 3억 명이 잘못 늘어났다錯批一人, 誤增三億"는 말이 당시 유행했음을 상기시킨다.

13억에 이른 인구 대국 중국의 고민은 이 뿐만이 아니다. 저자는 현재 중국 공산당 정권이 이미 전성기에 접어들었다고 본다. 하지만 인구 증가 뿐만 아니라 빈부 격차의 확대와 환경 파괴, 소수민족의 독립 움직임 등 여러 문제가 중국 정부에 그림자를 드리우기 시작한 만큼, 당과 관료의 부패 일소와 천문학적 군사비의 증대를 어떻게 억제할 수 있느냐에 정권의 수명이 달려있다고 말한다.

부상하는 중국은 동북아에 어떤 영향을 미칠까? 중국 역대 왕조는 지정학적 여건에 따라 중국 본토와 인접 국가들을 직할령, 번부藩部, 책봉국으로 나누어 다스렸다. 현대 중국인의 영토의식은 이런 체제로 최대 영토를 지배한 청조淸朝가 심정적인 기준이 되고 있다.

청조의 관념으로 보는 중국인에겐 번부였던 티베트나 신장 위구르, 타이완이 중국 고유의 영토임에 틀림없다. 책봉국이던 조선, 베트남, 태국, 미얀마를 예전과 같이 속국으로 대하는 내심도 없지 않다. 하지만 이런 시각은 당사국 국민 정서와 엄청난 괴리를 보인다. 결국 민족주의의 대두 및 갈등을 야기하는 보이지 않는 요인이 된다.

중국이 고구려의 역사를 중국의 역사로 침탈해 가면서도 부끄러운 줄을 모르는 이유도 중국인이 현재 차지하고 있는 영토의 관념을 그대로 적용하려는 의식과 무관치 않다.

저자는 중국과 일본의 지배계층의 특성도 예리하게 비교해준다. 일본에서는 8세기 나라奈良 시대부터 16세기 말 오다 노부나가 시대까지 치열하게 계급투쟁이 벌어졌다. 구게公家, 지케寺家, 사무라이, 농민 등 다양한 계급이 나라의 헤게모니를 둘러싸고 쟁탈전을 벌이는 역사적 과정을 통해 계급 간 공존을 확립하여 한 계급이 국가권력을 독점하는 사태가 빚어지지 않았다.

하지만 중국에서는 문벌 귀족과 승려 계급이 10세기 까지 쇠퇴하고 과거제도에 의해 형성된 사대부가 국가 권력을 독점하는 역사가 지속되었다. 중국에서는 역성혁명이 여러 번 일어났지만 서양식의 시민혁명은 한 번도 일어나지 않았다. 혁명을 일으킬 경쟁하는 계급 자체가 없었기 때문이다.

자기 영달을 꾀하는 비굴한 사대부의 나라

황제와 그 일족은 사회의 최상층에 수면 위의 낙엽처럼 떠 있는 것에 지나지 않았지만 왕조가 멸망해도 중간 지배층인 사대부층은 불멸이었다. 유일 독점 계급인 사대부는 어떤 왕조이든 수용하고 다시 권력을 구가했다. 저자는 이런 모습을 들어 "한족은 정복당하는 습관에 너무 익숙해 있었다"고 꼬집는다. 그러다 보니 중국인들은 1억 정도의 인구를 갖고 있었지만 고작 20만 정도의 만주족인 청나라에 정복당했다.

중국의 사대부에게 불사이군不事二君의 충직한 신하의 모습을 기대하는 것 자체가 무리였다. 오랜 동안 권력을 향유해 온 사대부 계층에겐 두 임금을 섬기는 부끄러움보다 권력의 상실이 더 큰 모욕이었는지도 모른다.

이런 한족 사대부의 비굴하고 영악한 일면을 간파한 만주족은 과거제도를 유지하여 그들에게 달콤한 권력을 보장해주고 276년간 존속할 수 있었다. 이민족 지배층과 한족 사대부의 야합이 백성을 공고하게 지배하여 같은 시기에 일어났던 유럽의 시민 혁명과 같은 사회변동의 싹을 원천적으로 차단했다고 볼 수 있다.

중국을 지배해온 사대부 계급은 1911년 쑨원孫文의 신해혁명으로 소멸되었지만 1949년 중국 공산당이라는 단일 특권 계급으로 부활했다. 저자는 '공산당'을 '사대부'로 치환해 볼 때 중국사회의 본질이 과거와 크게 달라지지 않았다고 말한다. 이는 무엇을 의미할까?

계급이 다원화 되지 않는 국가에서는 진정한 의미의 권리를 자각한 '시민'이 나올 수 없어서 '민주주의'의 토양이 형성되기 어렵다. 중국 공산당이 현 지배체제의 권력의 단맛에 집착하면 할수록 비민주적 전제정치에 대한 맹신이 공고해 질 소지가 많다는 점이 안타깝다. 하지만 권력의 독점은 필연적으로 부패를 낳는다. 부패한 정권은 장수할 수 없다. 중국 역대 왕조를 보더라도 장수 왕조 다음에 이어진 왕조는 대개 단명했다는 점도 기억해 두자.

저자는 중국인에 대한 외국인의 불만과 비판을 다음과 같이 정리한다. 중국인의 기질과 특성을 정확하고 함축적으로 잘 나타낸다.

"중국인의 사고방식은 너무 주관적이다. 툭하면 논리보다 감정으로 치닫는다. 자부심이 강하지만, 열등감과 질투심도 세다. 장기적·대국적 시야를 갖지 못하고 성가신 문제는 뒤로 미룬다. 어느 조직이나 상하 수직 관계에 있고, 융통성이 적다. 본심과 명분이 모순되어도 그 문제를 해결하기보다 그저 양자를 가려 쓰는 것으로 그친다. 언질 주는 것을 두려워하고, 좀처럼 본심을 드러내지 않는다.

금발 백인에게 콤플렉스를 가지고 있다. 그런 주제에 서양의 계약 정신은 잘 받아들이지 않는다. 이럴 때면, '중국은 너희들 나라와 달라. 오랜 역사를 가진 우리 사회에서는 일이 그렇게 간단하게 되지를 않아'라고 말한다. 마치 자기 나라의 특수성이 면죄부라도 되는 양 생각한다. 그리곤 무슨 일이든 공산당의 지배를 당연시 한다."

저자가 심층적으로 들여다 본 총체적인 중국의 모습은 아직도 전근대 국가다. "언론의 자유는 있지만 언론 후의 자유는 없다." 당 조직과 군 등 '국가 내 국가'가 많다. 이런 점에서 진정한 의미에서 아직 근대국가라고 할 수 없다는 것이다.

하지만 중국은 이러한 치부를 능숙하게 은폐한다. 아니 오히려 패의 문화와 양의 문화를 능란하게 섞어 현란한 외양으로 위장한다. '중국식 민주주의' 운운하며 자유민주주의 국가의 보편적 가치나 행태, 제도로 발전해 나아가는 것을 교묘하게 회피한다.

따라서 중국이 내거는 명분 뒤에 숨은 본심을 간파하는 것이 중요하다. 3천여 년 이어온 패의 문화와 양의 문화에 내장된 숨길 수 없는 중국인의 DNA를 파악하는 일은 현대 중국 사회의 심층으로 들어가는 전제 조건이 되어야 하지 않을까?

03

장독에 빠진 중국인의 노예근성을 질타하다

《추악한 중국인》, 보양 지음, 김영수 옮김,
창해(2005), 355쪽.

보양은 중국인의 자질은 결코 나쁘지 않았지만 장독문화가 이런 자질을 소멸시켰고, 봉건
전제의 우민愚民정책이 지식인의 사고력을 더욱 쇠퇴시켰다며 오천년 중국문화가 남긴 것
은 전제와 공포정치, 내분과 노예근성뿐이라고 말한다.

개인마다 특징적인 성격과 취향이 다르듯 국가와 민족의 성원에게도 특이하게 두드러지는 인성이 있을까? 한 사회 성원의 성정性情의 특징을 한두 마디로 규정하는 것은 쉽지 않은 일이다. 관찰자의 주관에 따라 매우 피상적인 표현이 될 수밖에 없기 때문이다. 그럼에도 어떤 공통의 사회 문화적 환경에서 오랫동안 더불어 살다보면, 자기도 모르는 사이에 몸에 배어든 사회 성원 간에 유사한 인성과 특징이 드러나는 것도 자연스런 현상이다. 우리가 보통 국민성, 민족성이라고 부르는 것들이다.

국민성과 민족의 기질은 오랫동안 축적된 그 사회의 구성원들의 문화 행태적 특징을 보여주는 과거의 산물일 수 있지만, 그 사회 성원들의 미래의 사고나 행동을 예측하는 도구가 될 수도 있다. 따라서 문화비평적 차원에서 한 국가의 국민성을 진단해 보면 그 사회의 문화적 기질을 파악하여 그 사회를 더 잘 이해하게 되고, 그들의 미래의 행동 방식까지 어느 정도 전망할 수 있게 해주지 않을까.

중국인의 고질적 병폐인 장독 문화

사람들 누구나 다른 나라와 민족의 특징적 기질에 대해 나름대로 피상적 인식을 가질 수 있다. 하지만 다른 나라의 국민성, 민족성을 대놓고 이야기 하는 건 항상 조심스럽다. 자칫 민족 차별주의의 비난을 받을 수도 있기 때문이다. 반면에 자기 나라와 민족의 기질에 대해선 좋은 점만을 강조하고 고질적인 나쁜 심성이나 폐단은 감추는 게 상례이다. 하지만 중국의 문화비평가 보양柏楊, 1920~2008은 이런 금기를 단번에 깨부순다.

보양은 중국 386세대를 이끈 정신적 스승으로 존경받는 지식인이다. 그는 다른 나라 사람들이 이야기하기 거북한 중국의 민족성에 대해 신랄하게 자아비판을 했다. 그가 관찰한 중국의 민족성은 한마디로 '추악한 중국인'으로 규정된다. 이 책은 루쉰의 《아Q정전》 이후 중국인과 중국 문화에 대해 가장 통렬한 비판을 가함으로써 중국 사회에 큰 충격을 주었다. 보양이 중국 사회의 저변과 중국인의 심성과 행태의 깊숙한 곳에 숨겨져 있던 치부를 직설적으로 드러냈기 때문이다.

보양은 중국인의 심성을 '폐병 3기 환자'와 같은 상태라고 진단한다. 썩을 대로 썩은 나쁜 병폐의 장독에 빠져 허우적대고 있다고 힐난한다. 중국인이 감추고 싶은 상처를 아프게 찌르는 그의 독설은 다른 나라 사람들이 듣기에도 민망할 정도다. 그는 중국인에게 자신의 추악한 모습을 똑바로 보라고 다그친다. 보양이 중국인의 품성을 모독하려는 독한 마음에서 그러는 것일까? 그의 속내는 정반대인 듯싶다. 중국인이 나쁜 사고와 행동방식을 과감히 떨쳐버리고 가려져 있던 중국인의 총명함과 저력을 제대로 발휘하라는 애틋한 염원이 깔려있다.

보양이 진단하는 중국인의 추악한 품성과 행태는 도대체 어떤 것들일까? 중국인의 첫 번째 특징은 '더럽고 무질서하고 시끄럽다'는 것이다. 한국인이 경험적으로 수긍하는 대목이다.

또 단결정신이 강한 일본에 비해 자기들끼리 싸우는 '내분'이 많다는 점이 중국인의 두 번째 특징이다. 중국인은 내면적인 단결의 중요성을 근본적으로 이해하지 못한다는 것이다. "한 사람만 떼어놓고 보면 돼지 같은 일본인이 세 사람이 모이면 용이 되"는 데 반해, "한 사람의 중국인은 모두 훌륭한 용이지만 세 사람 이상이 모이면 돼지, 벌레가 된다"는 것이다. 서로 다투는 이런 나쁜 근성에 대해 일찍이 쑨원孫文도 중국인은 '쟁반에 흩어진 모래알'이라고 한탄한 적이 있다.

세 번째 특징은 유대인처럼 부지런하다는 것이다. 하지만 이 근면한 덕성마저 문화대혁명으로 자취를 감추고 말았다고 한탄한다.

체면을 중시하여 죽어도 잘못을 인정하지 않는 것도 대표적인 중국인의 나쁜 근성이다. 사과할 줄 모르는 것은 중국인이 잘못을 인정하는 능력을 상실했기 때문이다. 중국인은 사과는 커녕 자신의 잘못을 덮기 위해 더 큰 잘못을 저지를 수밖에 없고 더 많은 죄과를 발생시키는 경향이 있다는 것이다.

큰소리치기 좋아하고, 과장하여 허풍을 떠는데 익숙하며 동족에게 살벌하고 끔찍한 말을 퍼붓기 좋아하는 습성도 지적한다. "중국인은 쉽게 부풀어 오르는 민족이다." 그릇이 작기 때문이다. 평등에 대한 관념도 희박하다. 보양이 더욱 통탄하는 것은 중국인들의 노예적 근성이다. 독립적으로 사고하는 훈련을 받지 않았기 때문에 창의적이고 독립적인 사고를 두려워한다. 그러다보니 모든 일을 적당히 처리하고 시비를 가릴 줄 모른다는 것이다. 왜 그렇게 되었을까?

여기서 보양은 중국문화의 뿌리 깊은 유교적 폐습의 영향을 지적한다. 후한시대(25~220년)에 "모든 지식인의 발언이나 변론, 문장은 스승의 가르침을 벗어나서는 안 된다"는 '사승師承'의 규정이 있었다. 이로 인해 중국 지식인들의 상상력과 사고력이 말살되었다고 말한다. 이런 문화의 영향으로 공자 이후 2천년이 넘도록 한 사람의 걸출한 사상가도 배출하지 못했다는 것이다.

유교의 '사승'의 통제가 나쁜 중국문화를 만들었다는 것이다. 공자의 학설에 주를 달거나 그 제자들의 학설을 해석할 줄만 알았지 자기만의 독립된 의견을 내놓지 못했다는 것이다. 깊이 고인 물에서 생존을 추구할 수밖에 없었던 이 문화가 바로 보양이 말하는 '장독문화'이다. 장독에서 나는 고약한 냄새가 중국인을 못나고 속 좁게 만들었다는 것이다.

보양은 중국인의 자질은 결코 나쁘지 않았지만 장독문화가 이런 자질을 소멸시켰고 봉건전제의 우민愚民정책이 지식인의 사고력을 더욱 쇠퇴시켰다는 것이다. 결국 오천년 중국문화가 남긴 것은 전제와 공포정치, 내분과 노예근성뿐이라고 말한다. 특히 "중국 공산당 통치 기간이 중국인의 가장 열악한 품성이 유감없이 빛났던 시기"라고 비판한다. 나쁜 민족성의 형성에 유교의 통치이념에 의한 전제정치와 공산당의 전제정치가 가장 큰 영향을 미친 것으로 보는 듯하다.

보양은 중국에도 당연히 '민주民主'가 있지만, '너는 민民, 나는 주主'만 있다고 자조한다. '당은 국가 아래 있어야 하고, 인민과 정부는 권리와 의무의 관계여야 한다'는 명제를 현실에서 구현할 수 있어야 한다는 얘기다. 하지만 거꾸로 공산당이 국가 위에서 군림하며 인민을 우민화해왔음을 질타하는 것이다.

죽은 물은 흐르지 못하는 데다 증발하기 때문에 오염의 농도는 더욱 짙어만 간다. 중국의 장독문화가 더욱 깊고 짙어진 것은 관료의 이익을 우선시하는 봉건사회의 영향력이 오랫동안 발휘되었기 때문이다. 오랫동안 장이 독 바닥에 고인 상황이 중국인을 의심 많고 자기만 아는 존재로 변질시켰다. 나아가 중국인의 고루한 사상과 판단, 좁은 시야가 장독을 벗어나지 못했고, 중국인 대다수가 시시비비를 가릴 능력과 도덕적 용기를 상실했다는 것이다.

장독문화에 갇혀있던 중국인을 처음으로 일깨운 건 아편전쟁1840~1842이었다. 보양은 이 국치國恥야말로 중국의 장독문화에 가해진 강력한 충격이었다며, 그런 충격이 없었더라면 중국인은 장독 밑바닥에 깊이 박혀 질식사하고 말았을 것이라고 말한다. 그나마 아편전쟁 이후 서양문명의 수용을 통해 민주, 자유, 인권, 법치의 새로운 관념을 접할 수 있었고, 새로운 물질문명을 받아들일 수 있었다는 것이다.

하지만 중국인들은 서구의 합리적인 문물과 정신을 제대로 수용하지는 못했다. 장독문화가 너무나 깊고 지독해서 자기감정에만 빠져 새로운 문명을 소화하고 흡수하는 능력을 상실했기 때문이라는 것이다. 서양의 좋은 점을 본받자고 주장하면 '서양을 숭배하고 외세에 꼬리친다'는 '숭양미외崇洋尾外'로 몰아붙였다. 보양은 서양의 합리적 생활방식과 언행, 민주적 제도들을 배우려하지 않고 '숭양미외'의 언어폭력을 퍼붓는 중국인의 삐뚤어진 고질적인 근성을 한탄한다.

유교 문화에 찌든 '추악'한 병폐

저자는 여러 대목에서 유교의 전통이 만들어낸 부정적 민족성을 지적한다. 공자가 도마 위에 오르는 것은 피할 수 없다. 공자가 중국인 머리 위에 떨어뜨린 최초의 재앙은 '과거에 의탁해서 제도를 개혁한다'는 '탁고개제托古改制'의 관념이다. 공자는 조상숭배와 정치를 결합하여 이 관념을 만들어냈다.

조상숭배 자체는 영성이 충만한 행위다. 하지만 무조건적인 숭상과 복종의 관념이 중국인을 늘 '한 걸음 뒤로' 물러나 생각하게 만들었다. 이런 관습이 '앞으로 나아가려는' 노력이나 창조적 개척정신을 저해했다는 것이다.

보양은 중국인의 미덕은 아주 많지만 안타깝게도 모조리 책 속에 있을 뿐이라고 조롱한다. 표방하는 이상을 정작 현실에 구현시키는 것에는 관심이 없는 중국인들의 자기 기만적 습성을 지적하는 것이다. 더구나 무엇이든 다 과거에 있었다는 생각이 알게 모르게 전수되어 5천년 역사를 들먹이며 천박하고 허풍만 떠는 교만한 민족이 되고 말았다는 것이다. 저자는 이런 폐습과 민족성이 송나라 왕안석의 개혁이나 청나라 말기 100일 유신 등을 실패하게 만들었다며 애석해 한다.

보양은 인간의 존엄성을 파괴해온 봉건제의 유습이 만들어낸 나쁜 관념으로 두 가지를 꼽는다. 군주는 곧 아버지와 같다는 군부君父사상과 재상에서 보잘것없는 백성에 이르기까지 사소한 잘못이라도 하면 끌고 가서 곤장을 치고 갖은 고문을 가하는 정장廷杖이다. 정장과 군부사상의 결합이 중국인의 자존심을 거의 절멸시켰다는 것이다. 인권을 멸절시킨 잔인한 형벌은 현대의 중국 공산당에까지 전수되었지 않은가?

중국문화 가운데 역사상 다른 나라에는 없는 기이한 현상은 또 있다. 다름 아닌 '관장官場'이다. 즉 과거제도를 통해 만들어진 '관료사회', '관료판'이다. 이들이 충성하는 대상은 국가나 통치지가 아니다. 오로지 자신에게 자리를 마련해준 사람에 대해서만 충성할 뿐이다. 왕조와 정부가 바뀌어도 관료사회는 변하지 않았다는 것이다. "중국인은 자신에게 자리를 줄 가능성이 있는 사람이라고 판단되면 바로 굴복하여 달라붙는다. 민족의식이니 인간의 존엄성이니 하는 것은 전부 내팽개친다."

관료에게 나라의 멸망보다 자신의 자리 보존이 더 중요한 관심사였다. 만주족이 한족 사대부의 비굴하고 영악한 불치병을 간파하고 과거제도를 유지시켜 통치할 수 있었던 것도 관장의 문화를 적절히 활용했기 때문이다. 한족이 어떤 민족이든 포용했다고 자랑하지만 속사정을 살펴보면 중국문화의 기이한 관장문화와 소수 이민족 통치자들의 야합이 만들어낸 현상에 불과할 수 있다는 얘기다.

보양은 60년대부터 중국 문화의 병리현상과 관료의 추악한 현상을 통렬하게 비판했다. 1968년 '인민과 정부의 감정을 도발'했다는 죄목으로 체포되어 소위 '집행되지 않는 사형'을 선고받기도 했었다. 1977년 출옥 이후에도 중국 전통문화의 병폐와 대만사회의 어두운 면에 대한 비판을 그치지 않았다. 결국 1985년《추악한 중국인》을 출간하여 중화권에서 엄청난 파장과 논쟁을 불러일으켰다. 곧바로 중국 공산당에 의해 금서禁書로 지정되었고, 2004년에야 해제되었다. 우리나라에서 2005년에 뒤늦게 출판될 수 있었던 것도 이런 배경과 무관치 않다.

보양이 지독한 독설을 쏟아낸 지 20여 년이 지났다. 그가 적나라하게 해부한 중국인의 부끄러운 국민성의 맨얼굴은 중국인들에게 큰 충격을 주었다. 그는 루쉰의 '오염된 항아리 문화'를 계승하여 '장독문화'를 제기했다. 루쉰은 문학적 작품과 평론을 통해 비유적으로 중국인의 노예근성을 비판했다. 하지만 보양은 전면적이고 단도직입적으로 중국의 전통문화에 내재된 열악한 근성을 거침없이 공격했다.

보양이 중국인을 장독문화에 찌든 '추악한' 민족이라고 지탄한 이유는 중국인의 나쁜 근성을 뿌리뽑아버리는 진정한 문화혁명을 희구한 때문이었다. 처절한 자기 성찰이 없으면 결코 새로운 중국문화를 만들 수 없기 때문이다. 중국인들이 보양을 5.4운동 정신의 계승자로 재평가하고 있는 까닭이 여기에 있다.

보양이 명쾌하게 지적한 중국인의 추한 근성이 이제 그들의 내면에서 완전하게 추방되었을까? 한때 일었던 중국 사회의 문화적 자성은 중국 전통문화의 병통病痛을 얼마나 치유했을까?

중국의 봉건왕조는 수천 년 동안 전제적 문화와 전제적 정치체제를 바탕으로 존속되어 왔다. 그 와중에 보양이 설파한 지독한 악취를 풍기는 장독문화를 만들어냈다. 중국인은 아편전쟁이후 서구문명과의 조우를 통해 새로운 문화와 문물로 현대 중국을 만들어가고 있다. 이 과정에 중국의 전통문화가 긍정적 측면으로 변모하는 부분도 많겠지만, 중국인의 내면에 똬리를 틀고 있는 고질적 근성도 적지 않게 남아있을 듯싶다. 특히 안타까운 점은 보양도 누누이 지적했듯이, 중국 공산당의 전제적 '관장' 지배 아래에서는 중국인이 타고난 총명함과 미덕을 발휘하기가 더욱 힘들 것이란 점이다.

04 | 인민사찰로 집단 우울증에 걸린 중국인

《우울한 중국인》, 량샤오성 지음, 고상희 옮김,
가치창조(2012), 488쪽.

중국인들이 우울한 이유는 우울함 그 자체보다 오히려 사회적 불만을 배출할 수 있는 출구와 방법이 차단되어 있기 때문일 것이다. 기껏해야 "현실에서 우울하고 답답하여 화가 나고 속이 타 들어가면 인터넷에서 한바탕 욕설을 퍼부으면서 화를 발산한다. 그러고는 현실로 돌아와 다시 현실의 온갖 규칙과 암묵적인 약속을 지키며 살아간다."

"중국인은 얇은 종이를 연상시킨다. 짓눌린 심리상태가 얼굴에 고스란히 드러나는 것이다. 그 얼굴에 떠오른 표정은 자아를 잃은 우울함뿐이다. 모두가 이 시대에 우울해하면서도 어쩔 수 없이 이 시대의 잡다한 규칙에 순응해야 한다."

비약적인 경제성장의 그늘에 가린 중국인의 우울한 내면의 초상화가 나왔다. 화가는 작가이자 중국 베이징 어언語言 대학교의 교수인 량샤오성梁曉聲이다. 1997년《중국사회 계층 분석》에서 중국의 경제적 계층 분화 현상을 해부하면서, 개혁 개방 이후 극단적인 부의 불평등을 가져온 '중국 특색 사회주의'의 그늘을 조명하여 세계의 주목을 받은 바 있다.

중국인을 더 우울하게 하는 노예근성

우울함은 욕구 불만이 밖으로 해소되지 못하고 내면에 쌓여 정신을 피폐시키는 심리적 현상이다. 중국인의 '우울함'은 어디에서 오는 것일까? 일단 저자는 국가의 성격을 완전히 바꿔놓은 중화인민공화국이 택한 '사회주의의 길'에서 그 실마리를 찾는다. 그렇다면 "정신이 제대로 박힌 정직한 사람이나 조금이라도 독립적인 사고를 가진 사람이라면 누구나 전에 없이 우울했던" 문화대혁명이 그 시원일까?

중국인을 우울하게 하는 것들은 무엇일까? 공유재산을 사유화하는 과정에서 돈이 없어 주식을 살 수 없었던 대다수 중국 노동자는 우울함을 넘어 분노를 느꼈다. 수확량을 늘리기 위해 화학비료를 사려는 농민은 돈이 없어 우울하고 헐값에 곡물을 수매당하는 것이 슬프다. 국가가 집을 나누어 주던 시절도 있었다.

하지만 이제 갓 취업한 젊은이들은 집을 구할 돈이 없어 우울하다. 또 극심한 취업난에 인맥 쌓기에 열을 올릴 수밖에 없는 대다수 중국인은 좌절한다. 정계에서는 파벌과 비호세력을 형성하기 위한 부정부패가 판을 친다. 외제차에 명품으로 휘감은 화려한 부자들의 갖가지 행태들... 중국인을 우울하게 하는 것들은 일일이 열거하기 힘들만큼 많다.

하지만 이런 일들은 정도의 차이만 있을 뿐 어느 사회에서든 국민들의 행복감을 저해하는 요소로 어느 정도 존재한다고 봐야한다. 저자가 정작 자조하는 것은 이런 우울한 사회를 스스로 개선해 내지 못하는 중국인들의 '열등한 국민성'이다. 이런 열등한 국민성이 중국인의 우울증을 개선시키지 못하고 오히려 심화시키고 있다고 보는 것이다.

저자는 중국인의 열등한 국민성의 뿌리에 '노예근성'이 자리하고 있다고 본다. 송나라 이후 금, 원, 청나라 등 오랫동안 이민족의 지배를 받으면서 한족의 기개와 활기찬 기질을 잃어버리고 집단적인 노예근성이 생겨났다고 진단한다. 그럼에도 고질적인 노예근성을 치유하려는 노력은 지지부진하다.

과거 5.4 운동에 참여했던 지식인이나 루쉰魯迅, 1881~1936, 량치차오梁啓超, 1873~1929 역시 중국인의 노예근성을 질타하고, 조국의 비애를 슬퍼하면서도 아무도 나서지 않는 현실에 분개했었다. 청나라가 멸망한 이후 유사 이래 처음으로 국민이 제 목소리를 낼 수도 있었다.

한 때 일부 '진보인사'와 '진보학생'도 있었다. 인민의 목소리를 가장 잘 대변한 쑨원孫文, 1866~1925도 있었다. 하지만 중국 공산당이 집권하면서 당의 결점을 비판하도록 장려하는 '대명대방大鳴大放' 운동을 시작해 놓고, 각계각층에서 비판이 쏟아지자 모두 우파분자로 몰아 숙청했다. 그 이후로 인민들은 입도 뻥긋 못하게 됐고 노예근성이 여전히 현대 중국인의 내면에 든든하게 똬리를 틀고 있다.

중국인들이 우울한 이유는 우울함 그 자체보다 오히려 사회적 불만을 배출할 수 있는 출구와 방법이 차단되어 있기 때문일 것이다. 기껏해야 "현실에서 우울하고 답답하여 화가 나고 속이 타 들어가면 인터넷에서 한바탕 욕설을 퍼부으면서 화를 발산한다. 그러고는 현실로 돌아와 다시 현실의 온갖 규칙과 암묵적인 약속을 지키며 살아간다." 이것도 그나마 인터넷을 활용하는 젊은 세대들의 소심한 분노의 배출 양태일 뿐 대다수 인민은 그런 간편한 배출구조차 갖고 있지 못하다.

지식인들의 사회적 행태는 더욱 우울하다. 역사적으로 통치자를 비판하면 구족九族을 멸하던 '문자옥文字獄'의 트라우마trauma로 인해 지식인들의 모든 의사표현에 '완곡함'이 길들여졌다. 이리저리 비틀어 한참을 추측해야 겨우 본뜻을 알 수 있는 곡필曲筆은 중국 공산당 일당 독재체제 속에서 살아남기 위한 지식인의 생존 전략이 되었다. 사정이 이러하니 중국인들의 우울함을 풀어줄 지식인들의 통쾌한 논설과 체제 비판, 현실 개혁의 추동력을 기대할 수 없게 되었다.

우울증의 완화책, 중산층의 책무인가?

하지만 량샤오성 자신 역시 이런 비판에서 자유로울 수 없을 듯하다. 그 역시 중국 사회의 우울한 병증을 에둘러 진단하고 있고 처방은 더욱 문제의 본질에서 크게 벗어나기 때문이다. 중국 사회의 심각한 빈부격차의 문제에 대한 그의 인식과 대안이 그런 예의 하나다. "현재 중국이 당면한 현실적인 문제는 심각한 빈부격차에 강한 불만을 품은 하층민이 중산층에게 분노를 발산하려 한다는 점이다." 이런 상황에서도 중국의 중산층은 하층민들의 분노를 누그러뜨릴 어떤 역할도 못하고 있다.

저자는 "민주, 자유, 평등, 박애, 그리고 사회 진보에 대한 책임감"을 갖고, 서구의 중산층이 그랬듯이 중국의 중산층이 자신을 희생하고 무언가 역할을 담당해 내지 않으면 안 된다고 강조한다. 하지만 서구 사회의 중산층이 해냈던 역할을 중국의 중산층에게 기대하는 것은 불가능하다고 비관한다.

이렇듯 량샤오성은 중산층의 각성을 통한 문제 해결의 가능성을 짚어보려고 한다. 그런 차원에서 최근의 국학 열풍이나 공자 아카데미 열풍이 중산층의 새로운 가치관 형성에 전혀 도움이 되지 않는다고 비판하는 것이다. 국학 열풍과 공자 배우기가 일반 국민을 순치시키기 위한 교육과, "어떻게 하면 안빈낙도를 실천할 수 있는지 설교하여 하층민을 어르고 달래기 위한 것에 지나지 않는다"는 것이다. 이 시대에 정작 필요한 배려와 동정, 평등과 경외심 같은 중산층의 보편적 가치관을 어디서고 찾을 수 없다는 것이다. 이런 관찰은 날카로운 통찰이다.

하지만 량샤오성의 중국 중산층에 대한 주문은 적합한가? 물론 중국의 중산층이 자신들의 존재가치를 인식하고 하층민의 아픔에 관심을 가져야한다는 당위에는 수긍한다. 하지만 빈부 격차로 인한 사회적 갈등 요소를 완화시키는 정치, 사회적 개혁을 추동할 진정한 책임은 중국의 절대적 통치권을 장악하고 있는 중국 공산당에게 있는 게 아닐까? 이를 외면한 채 그 책임을 중산층인 인민에게 전가시키는 저자의 처방은 문제의 핵심에서 크게 벗어난 것이다.

중국인을 평생 옥죄는 개인사찰

량샤오성은 자신의 작가적 역량을 최대한 발휘하여 주변에서 흔히 볼 수 있는 사람들의 비정상적이고 억눌린 삶의 단편들을 조명한다. 오로지 자신의 편리함이나 이익을 쫓아 남의 불편이나 공동의 질서를 파괴하는 공중도덕과 공민의식이 희박한 사람들, 명품으로 치장하거나 사치한 생활을 하면서 일반 서민을 철저히 무시하는 '속성 귀족', 학생과 교사가 서로 이간질하는 파탄된 교육 사례, 혐오스러운 엘리트 집단의 사교 모임 등을 소설가답게 흥미진진한 다큐멘터리로 풀어낸다. 모두 중국 인민을 우울하게 하는 천박하고 볼썽사나운 모습들이다.

하지만 이런 일상의 우울한 치부보다 치명적으로 심각한 것은 모든 중국인의 사상과 행동을 철저하게 감시하고 옥죄는 사찰제도다. 바로 신분을 증명하는 호적과 별개로 작성되는 두 번째 호적인 개인이력기록이다. 중국인 개개인의 당성黨性 검증서인 동시에 생활기록부인 셈이다.

중학교 때부터 누군지 모르지만 지정된 공신당원에 의해 '작성된' 개인 이력은 평생 중국인을 따라다닌다.

"특정한 시기의 업무 성과나 생활태도, 도덕성, 정치적 발언과 행동 등에 대해 왜곡되거나 악의적인 '결론'이 덧붙고 심지어 전말이 조작된다고 해도 당사자는 이런 사실을 전혀 알 길이 없다." 이런 상황에서 중국 공산당에 대한 비판적 언사나 행동을 하기는 쉽지 않다. 공산당의 블랙리스트에 오르는 순간, 그의 인생에 어떤 좌절과 고통이 가해질지 모르기 때문이다.

개인이력기록제는 중국 공산당이 전체 인민을 철저하게 통제해 나가는 효과적인 도구다. 국가 공권력이 대놓고 하는 철저한 개인 사찰제도인 셈이다. 21세기 대명천지에 이런 일이 버젓이 벌어지고 있는 게 중국이다. 특정 시기에 민간인 몇 사람의 행위를 추적한 '민간인 사찰'로 전 국민의 분노를 산 우리의 상황과 비교하면 도저히 이해할 수 없는 해괴한 제도임에 틀림없다.

량샤오성의 소박한 소망에서 개인이력기록부의 폭력적 위력을 여실히 엿볼 수 있다. "자신의 기록부에 뭐라고 기록되어 있는지 원한다면 언제든 확인할 수 있는 날이 하루빨리 왔으면 좋겠다. 자신의 기록부를 확인하는 것이 도서관에서 참고도서를 빌리는 것처럼 극히 일반적이고 기본적인 권리가 되었으면 하는 바람이다."

이런 반인권적, 전체주의적 개인사찰제도는 당장 폐지되어야 한다고 주장하지 못하고, 그저 '볼 수만 있었으면 좋겠다'는 저자의 소박한 바람이 애처롭다. 그래도 명망 있는 작가이자 교수인 저자가 이 정도의 '새가슴'이라면, 대다수 인민과 소심한 지식인들에게 무엇을 더 기대할 수 있겠는가? 작가적 양심을 제대로 표현조차 하지 못하는 중국의 이런 상황이 바로 우울증의 근원이 아닐까? 빅 브라더의 관찰과 감시에 가위눌린 량샤오성의 이런 인식의 한계는 이 책의 전편에 걸쳐 나타난다.

권태감에 빠진 무력한 지식인

저자는 중국이 사회주의 시장경제를 채택하면서부터 모든 예술과 문학마저 상업화에 물들어 갈수록 현실에 대한 비판의 목소리가 나올 수 없게 되었다고 자조한다. 저자 자신도 한때 '사상해방'의 선봉에 선 적이 있었다. 1970년대 말부터 1980년대 초까지만 해도 정치적 열망에 고무되어 중국의 '개혁·개방'에 기여하기 위해 나름대로 분투했었다고 고백한다.

하지만 '개혁·개방'이 상업화를 불러오고 중국인들을 자본에 대한 탐욕으로 부풀어 오르게 하고 화려하고 경박한 삶으로 질주하게 했다. "중국인이 갈팡질팡하고 당황하고 낙심하고 분노하게 된 이유"다. 또 저자와 같은 '의식 있는' 작가들이 갈수록 외로워지는 이유이기도 하다. 중국의 어설픈 자본주의의 거대한 물결에 휩쓸려갈 수밖에 없는 상황에서 번민하는 중국 지식인들의 모순된 심리상태를 말해주는 듯하다.

저자는 정신적으로 지체되고 있는 중국사회의 제 현상을 여러 각도로 관조하고 있다. 권력층의 권력 남용과 부패는 갈수록 심화되고, 문화

예술의 콘텐츠는 날로 상업화, 저속화되어간다. 인간의 양심과 생명은 존중받지 못하고 있다. 저자는 이런 모든 상황이 오래 지속된 나머지 중국 사회에 육체적, 심리적으로 권태감이 만연하게 되었다고 말한다.

하지만 인민들이 활력을 잃은 근본원인에 대해 저자는 직설할 용기가 없다. 다만 "민주가 제도화되어야만 합법화될 수 있고, 민주가 합법화되어야만 인민이 공민으로 격상되어 공민으로서의 공권력을 가질 수 있다"고 에둘러 말한다. 저자는 원론적 발언을 통해, 중국인의 우울함과 권태감이 개개인의 자유로운 삶이 박탈당한 데에서 오고 있다는 점을 독자들에게 은유적으로 보여주고 있을 뿐이다.

중국인의 우울증, 욕망의 절제로 치유될까?

저자는 상업화가 만들어낸 중국인의 '허열증虛熱症'을 비판하면서 중국인들에게 '비범함'을 추구하지 말고 평범한 삶을 추구하라고 권유한다. 이런 처방은 중국인의 우울함의 근원을 직시하지 못하는 저자의 무기력한 인식만큼이나 필자를 허탈하게 한다. 저자는 유려한 이야기 솜씨로 우울한 중국인의 내면의 아픔과 외로움에 대해 공감을 보낸다. 하지만 그의 힐링healing은 거기까지다.

중국인의 우울함에 대한 량샤오성의 치유약은 왠지 허전하다. 그는 작가답게 동서양의 다양한 문학작품에 나타난 인간의 헛된 욕망이나 과욕이 인간을 파멸시킨 수많은 사례를 들면서, 욕망의 절제와 관리를 통해 우울함을 치유할 것을 권고하고 있다. "젊은 시절부터 3할의 욕망과

7할의 이성을 가진 사람이 되어야 한다"고 강조한다.

중국 공산당이 만들어낸 전체주의적 정치, 사회, 문화적 지배체제가 만들어낸 결과물로서의 중국 사회의 거대한 우울증을 한갓 개인의 욕망의 절제로 치유하려하는 그의 순진한 접근에 실소를 금할 수 없다. 중국 공산당의 인민의 순치順治 논리에 충실하게 복무하는 저자의 사고방식에 '때리는 시어미보다 말리는 시누이가 더 밉다'는 우리 속담이 떠오른다.

량샤오성은 그저 감수성이 풍부하지만 소심한 작가에 불과하다. 그는 중국인들의 우울한 내면에 근접하면서도 근원적 원인에 대해서는 날카로운 메스를 대지 못하고 있다. 사회 문제에 대한 적확한 진단을 바탕으로 한 효과적인 사회과학적 처방을 내놓지 못한다. 오히려 국가적 문제를 개인적 각성의 차원으로 의도적으로 왜소화 시키는 그의 사고방식의 한계가 빅 브라더에 길들여진 중국 지식인의 한 단면을 보여주는 듯해 씁쓸하다.

결국 우울한 중국인에 대한 그의 힐링과 우울증 처방전은 변죽만 울린 셈이다. 몰라서일까 아니면 알고도 말할 수 없어서일까? 어쩌면 정치협상회의의 위원이 된 량샤오성 자신의 정체성과 한계를 그대로 드러내는 주는 것인지도 모른다.

저자는 서구의 민주주의가 인류에게 문명적인 의의를 갖고 있음을 잘 안다. 나아가 "민주란 한 나라가 사상적으로 깊은 잠에 빠지지 않도록 만드는 '각성제'인 것"임도 명확히 인식하고 있다. 이는 그가 자유민주주의가 중국 사회의 미래를 여는 중요한 변동 기제라는 섬을 알고 있고, 또 이러한 방향으로의 정치개혁이 절실함을 인식하고 있다는 점을 확인시켜 준다.

하지만 그는 이를 추동할 과감하고 유효한 실천방안을 언급하지 못하고 있다. 중국의 양심적인 지식인들의 설 자리가 얼마나 협소한 지 확연히 느끼게 한다. 중국의 지식인들이 감당해야 할 책무는 공산당 일당 독재체제의 근본적 모순을 지적하면서, 중국 사회에 자유와 평등의 근대적 가치를 진작시키는 일이 아닐까? 이 책의 본문에 조차 담지 못하고 후기에 언급한 량샤오성의 목소리가 더 애잔하고 공허하게 느껴지는 이유다.

"걸핏하면 파이를 키우자고 말하면서 파이를 인간적으로 공평하게 나누자는 이야기는 입 밖에 내지도 않는 일부 중국인은 중국에 현재만 있고 미래는 찾아오지 않기를 간절히 바란다. 이런 중국인들의 애국적 몸짓은 사실 연기일 뿐이다. 이렇게 연기하는 이유는 개인 혹은 이익집단의 이익을 할 수 있는 한 키우기 위해서다. 생동감 넘치는 애국자 연기를 하면서도 중국의 현재만 사랑하여 현재를 변화시켜야 한다는 목소리에 노발대발하는 중국인은 중벌로 다스려야 할 국가의 죄인이다. 현재를 바꾸지 않고 어떻게 미래가 있을 수 있겠는가? 한 나라의 미래를 가로막으려는 사람이 국가의 죄인이 아니고 무엇인가?"

05

중국의 허울뿐인 '선공후사 공평무사' 왜?

《중국의 공과 사》, 미조구치 유조 지음, 정태섭·김용천 옮김,
신서원(2004), 278쪽.

현대 중국의 '공'의 자리엔 황제 대신에 중국 공산당이 똬리를 틀고 있을 뿐이다. 과거 황제 개인이 참칭하던 '공'을, 무사無私, 평등을 명분으로 하여 공산당이 차지하고 있다. '군주의 사'가 '공산당의 사'로 바뀌었을 뿐이다. 이런 상황에서의 '공'은 늘 기만적일 수밖에 없다.

중화인민공화국의 경제적 성취는 비약적이다. 하지만 인민의 자유와 인권은 매우 취약하다. 이는 공산당 일당이 지배하는 전제적 정치체제에서 기인한다. 특히 사회주의에 기초한 국가 자본주의는 국가와 개인 사이의 관계를 기형적으로 만들어낸다. 현대 중국에서 공공과 개인의 영역의 의미와 관계를 사회주의의 틀 속에서만 바라보는 것은 단편적일 수 있다. 따라서 국가와 개인의 관계를 바라보는 중국인의 오랜 인식의 뿌리를 추적해 볼 필요가 있다. 국가와 개인의 관계의 정립은 진정한 근대의 시작을 의미한다는 점에서 더욱 그렇다.

'공公'을 독식한 군주의 '사私'

국가와 개인의 관계는 공公과 사私의 인식관認識觀으로 설명될 수 있다. '공'을 앞세우고 '사'를 뒤로 두는 '선공후사先公後私'나, 사사로움을 버리고 공의公義를 받드는 '멸사봉공滅私奉公'의 관념이 의구심 없이 내면화되어 온 동양 문화권에서 '사'는 늘 부정적인 의미에 머물러야 했다. 공과 사의 진정한 의미는 어떻게 형성되고 변화되어 왔을까? 또 현대 중국 사회에 어떤 그늘을 만들고 있을까?

동경대 교수를 역임한 일본의 중국사상 전문가인 미조구치 유조는 《중국의 공과 사》를 통해 중국인과 일본인의 공과 사 개념의 전개과정을 비교 분석했다. 그가 제공하는 공사公私 개념의 변천사와 영향분석을 통해 우리는 중국인의 공사 개념이 현대에까지 어떻게 이어져 왔는지 재인식하게 된다. 오랜 기간 존속되어온 중국의 공, 사의 개념은 한국에게도 큰 영향을 주어왔다는 점에서 우리에게도 흥미로운 주제다.

　중국 후한시대 허신許愼, 30~124이 편찬한 최초의 자전字典인《설문해
자說文解字》는 사를 '간사姦邪'의 의미로 풀이했다. 공은 '편사偏私'에 대비
되는 '공평公平', '평분平分'의 뜻으로 사용되어 왔다. 여럿이 공동으로 한
다고 할 때의 '공共'을 의미하기도 했다. 이는 전통적인 중국의 공과 사의
개념에 윤리적 판단이 개입되어 있음을 말해준다. 진나라의 여불위呂不
韋, ?~BC 235가 "천하는 한 사람의 천하가 아니라, 천하 사람의 천하다"라
고 말한 것도 통치자에게 "자기 자신만을 위해 일하지 않는" '공'적인 정
치적 덕성을 주문한 것으로 볼 수 있다.

　이러한 윤리성을 띤 중국의 공, 사 개념은 송대宋代에 들어와 새롭게
확장된다. "군주 한 개인의 정치적 덕성 안에 수렴되었던 공이 더욱 보편
화되어 안으로는 개인적인 내면세계로부터 밖으로는 사회적 생활에 관
련된 인간 일반의 윤리규범으로 비약적인 횡적인 폭을 넓혀간다." 즉
송학宋學의 "천리天理의 공, 인욕人慾의 사"라는 보편적 명제로 굳어진다.

　'천리'는 우주만물의 본래의 올바른 모습으로 '자연自然'이라는 특수
한 중국적 개념과 긴밀히 연결된다. 물론 이 때의 '자연'은 "개체사물의
생성원인이나 본질로서 해석된 유럽적 자연"의 개념은 아니다. 어쨌든
공 개념이 천리의 추상적 개념과 결합함으로써 '공'은 더욱 자연스러운
것, 치우침이 없는 보편적인 존재방식으로 인식되게 된 듯하다. 반면에
'인욕人慾'은 천리와 이율배반적인 관계다. 따라서 공에 대응하는 '사'는
공평한 천지자연의 마음에 어긋나는 사사로운 욕망에 사로잡힌 상태로

간수된다.

'사'를 경원시하는 송학적 관념은 인간의 자연적, 사회적 욕망을 긍정하지 않는다. 사적 소유욕이 긍정되면 '자연이라고 하는 천리'로서의 '천하의 공'의 위상이 역전될 수 있기 때문이다. 더구나 무수히 많은 개별적인 다양성을 전통적 공은 포괄해 낼 수 없기 때문이기도 하다.

사에 대한 긍정은 명대의 사상가인 황종희黃宗羲, 1610~1695에 이르러서야 등장한다. 그는 "만일 군주가 없었다면 사람은 각각 스스로 사사로이 할 수 있으며自私, 각각 스스로 이득을 얻을 수 있었을 것自利"이라며 자사자리自私自利를 주장했다. 황종희는 공이 '평분'을 보장하는 것이 아니라 사의 소유권 보장 자체가 이득을 가져올 수 있다며 사를 긍정한 것이다.

"천하의 사를 합하여 천하의 공을 이루었는데 이것이야말로 왕도정치라고 할 만하다"는 고염무顧炎武, 1613~1682의 주장도 같은 맥락으로 이해할 수 있다. 이는 공과 사를 "이율배반적인 것이 아니라, 사를 내포하고 사를 황제 한 사람만이 아니라 '민民'까지를 포함해서 함께 충족시키는 한 차원 높은 공"이어야 함을 의미한다. 하지만 공의 개념의 확장이 '자사'의 개념을 보편적인 사적 권익이 용인되는 수준으로 나아가도록 추동하진 못했다.

중국의 전통적 공의 개념은 전제군주가 공을 빙자한 사의 개념적 측면이 강했다. 청조말 무명씨의 《공사편公私篇》이 이를 정확히 짚어낸다. "중국인은 공천하주의公天下主義를 취하여 사람마다 나라를 사사로이 하지 않았지만, 군주 혼자서 사사로이 하도록 방치하였기 때문에 결국 군주의 사의 구실밖에 하지 못하였다." 이런 상황이 서구의 근대적 공, 사개념에 다가갈 수 있었던 기회를 차단하고 있었던 셈이다.

청말의 개혁가 캉유웨이康有爲, 1858~1927는 "천의 공리公理를 가지고 말하면, 사람에게는 각자 자주독립의 권한이 있으니 평등하다"며 자유 평등의 중요성을 강조했다. 하지만 그가 말하는 자유 평등은 사적 권리를 보장하는 시민적 자유를 의미하는 것은 아니었다. 더구나 개인과 개인 사이의 권리를 보장하는 시민적 평등을 뜻하지도 않았다.

따라서 서구에서 개인의 사적 권리와 평등을 전제로 한 계약의 관계로 태동한 공동체로서의 공의 개념과는 거리가 있다. 캉유웨이는 황제의 사적私的 공을 공격하는 방편으로 무사無私를 강조했을 뿐이다. 다시 말해 소수 만주족이 지배하던 청조의 전제를 사私로 보고, 한족의 반전제反專制 의식을 각성시키기 위한 것이었을 뿐 '자유 평등의 공'이 개개인의 자유와 평등에 대한 인식에서 나온 것은 아니란 의미다.

따라서 청말 시기에 개인을 부정하는 반개인적 차원의 민권운동은 개인의 권리와 자유를 보장하는 서구적 개념의 공사관公私觀으로 나아가지 못했다. 오히려 개인이 부재한 천하보편의 공으로 환원된 측면이 강하다. 이는 결과적으로 개인의 사적 권리와 자유의 보장에 대한 관심보다 인민 전체로서의 평등에 대한 관심만 높여주어, "당초부터 사회주의로의 지향을 유연하게 했다."

태평천국운동과 손문의 신해혁명 역시 이런 사상적 상황 아래서 사회주의적 경향을 띄지 않을 수 없었던 것이다. 물론 저지는 "천하보편의 공이 청나라 말기에 반개사反個私=반전제反專制라는 국민적 '자유평등의 공'으로서 중국적으로 근대화되었던 것"이라고 옹호하고 있긴 하지만 설득력이 약하다.

'공'을 참칭한 중국 공산당의 해악

개인을 잉태하지 않은 자유 평등의 공은 후진적일 수밖에 없다. 중국 공산당이 사회주의를 쉽게 도입할 수 있었던 것도 이런 사상적 전통과 무관하지 않다. "중국의 천하적 공의 전통은 그 천하전체성으로 인해 본디부터 사회주의적이었다"고 말할 수 있기 때문이다. 이 점은 중국에서 개인과 공동체간의 계약적 공사 관념의 태동을 저해하는 근본적인 제약 요인이다. 동시에 중국 공산당 일당 전제에서 자유민주주의로의 전환 가능성에 대한 전망을 어둡게 하는 요소이기도 하다.

미조구치 유조는 "나는 중국을 연구함으로써 세계의 편견과 싸우고 편견을 없애기 위해 중국을 연구하는 것"이라며 자신의 목적을 분명히 한다. 나아가 중국의 '근대'과정이 아편전쟁부터 시작된다는 서구의 인식이 '신화'일 수 있음을 환기시키면서 중국의 독자적인 근대 과정을 발굴하려 애썼다. 중국의 공사관을 탐구하는 이유도 거기에 있다. 그럼에도 불구하고, 이 책은 저자의 주장 속에 숨은 행간에서 오히려 중국의 전통적 공사관의 한계를 명확히 인식하게 해준다.

중국에서는 지금까지 "개인 사이의 계약을 공원리公原理로 이해하는 국가론, 사회론을 볼 수 없"었다. 어떤 의미에서 중국에는 왕조와 지배계층의 교체만 있었을 뿐 진정한 혁명은 단 한 번도 발생하지 않은 셈이다.

현대 중국의 '공'의 자리엔 황제 대신에 중국 공산당이 똬리를 틀고 있을 뿐이다. 과거 황제 개인이 참칭하던 '공'을, 무사無私, 평등을 명분으로 하여 공산당이 차지하고 있다. '군주의 사'가 '공산당의 사'로 바뀌었을 뿐이다. 이런 상황에서의 '공'은 늘 기만적일 수밖에 없다.

진정한 무사無私는 자유와 평등에 기초한 개인들 간의 계약적 관념에 의해 태동되는 공동체 속에서만 달성될 수 있다. 특정계층이 폐쇄적 연대 속에서 권력을 독점하는 '공'이 아니라, '사'의 대표자이자 대리인으로서 언제든지 국민의 직접적 동의와 신임에 의해 진퇴가 결정되는 '공'만이 보편적 천하의 공이 될 수 있기 때문이다.

특정 이해를 공으로 포장한 '선공후사先公後私'의 관념은 개인의 자유와 인권을 질식시킨다. 중국의 진정한 근대는 인류보편적 공과 사의 개념을 정립하는 순간부터 시작된다. 중국 공산당이 이런 혁명적 근대화를 스스로 만들어 낼 수 있을까?

중국 아킬레스건,
중국의 베일을 벗긴다.

감추고 싶은
중국의 비밀 35가지

제 2 부

거품경제로 심화되는
빈부격차와 부패

06

황하자본주의 찬양하는 어용 지식인은 누구?

《중국은 무엇을 생각하는가》, 마크 레너드 지음, 장영희 옮김,
돌베개(2011), 231쪽.

중국의 많은 친체제 엘리트들은 중국 공산당의 '자기 방어 본능'을 자극해서 일당 독재정
치를 '중국식 사회주의'로 포장해주고, 서구식 민주주의의 관점을 뒤집기하려고 노력한
다. 한마디로 중국의 통치자나 관변지식인 사이에 자유민주주의는 공산당 일당 독재 체제
를 붕괴시킬 수 있는 '트로이 목마'인양 인식되고 있는 듯하다.

중국의 경제적 부흥이 세계인의 주목을 받으면서 고도성장의 비결에 대한 관심도 높아졌다. 더군다나 엄격한 사회주의 통제시스템과 자본주의 시장경제체제가 병존하는 기이한 국가통치 방식이 바탕이 되고 있다는 점에서 더욱 그렇다.

이러한 '중국 방식'의 통치체제에선 중국 공산당 최고지도부 등 정치엘리트의 역할이 가장 큰 역할을 한다. 이에 못지않게 국가발전 전략의 청사진과 논리를 제시하는 사상가와 지식인들의 역할 또한 무시할 수 없다. 따라서 이들의 생각과 주장을 파악하는 것은 중국을 이해하고 앞날을 예측하는 데 도움이 된다.

중국 옹호하는 황하 자본주의의 억지 논리

이 책에는 바로 중국 공산당의 국가정책의 수립과 집행, 경제적 부상에 직·간접적으로 많은 영향을 미치고 있는 지식인, 국가 싱크탱크의 연구자들이 중국사회의 발전 방향에 대해 쏟아내는 고민과 논쟁이 담겨있다. 또 이들의 담론을 국가정책에 수렴해 나가는 중국 통치자들의 암중모색과 국가전략을 엿볼 수 있다. 하지만 저자 마크 레너드는 이 책에서 중국 지식인 사회에 현존하는 다양한 지성과 사상을 종합하여 균형적으로 보여주지 못하고 있다. 저자가 중국의 사상 지형에서 '자유주의파'와 '신좌파'의 견해를 부분적으로 대조해 보여주곤 있지만 역시 신좌파의 주장에 무게를 두고 논의를 전개한 점이 한계다.

특히 여기서 열거된 지식인들은 '자유주의파'나 '신좌파' 모두 중국 공산당의 체제에 순응적인 '체제 내 지식인'이다. 더구나 저지의 분류는 근본적으로 대립적 사상 지향을 갖는, 즉 본질적 의미에서의 사상적 분파를 유형화 해내지 못하고 있다. 실질적 자유주의파인 반체제 지식인들이 애초에 배제되었기 때문이다. 이로 인해 중국 지식인의 넓은 사상적 스펙트럼을 보여주지 못하고 있다.

따라서 저자는 이 책이 중국 내 지식인의 다양한 관점을 보여주려는 것이 아니란 점을 솔직히 고백한다. "중국의 지식인 중 많은 사람이 투옥되었고, 위협과 망명으로 목소리를 낼 수 없게 되었"기 때문이라는 것이다. 또 그나마 남아있는 사상가들은 중국 공산당의 엄격한 검열과 통제에 순치된 '체제 안에서 움직이는 사람들'이기 때문이다. 이에 현대의 중국 지식인들이 '사회적 양심'으로서의 역할을 잃어버렸다는 저자의 비판에 동의한다. 독자들이 이 책의 시사점을 해석할 때 유의해야 할 대목이다.

한마디로 이 책은 좌파적 시각에서 쓴 책이다. 저자 자신이 '사상적 자주성을 추구하려는 중국의 노력이 새로운 모델의 세계화를 형성하는 데 어떤 작용을 할 것인지 보여'주는 것이 이 책의 취지라고 밝히고 있다. 따라서 '중국 모델'의 합리성에 대한 다각적 조명을 통해 중국에 대한 경계심과 비판을 완화시키려는 저자나 역자, 감수자의 의도가 감추어지지 않은 채 여기저기서 읽힌다. 한마디로 중국 공산당을 칭송하는 '용비어천가'다.

따라서 우파적 시각을 가진 독자의 경우 중국 공산당의 국가경영의 이론적 토대를 제공하는데 복무하여 친공산당 지식인들의 논리와 관점을 홍보해 주는 이 책을 굳이 주목할 필요가 있을까 의문을 가질 수 있다.

하지만 저자나 역자, 출판사의 의도가 거북하더라도 인내하며 읽어야 할 이유가 있다. 중국 공산당의 통치 방식의 사상적 논리와 토대를 확인하고 체제 옹호 지식인들이 이를 어떤 방식으로 강화시키기 위해 노력하는지, 아울러 이들의 세계관과 지적 경향이 어떤 것인지 파악하는데 도움이 될 수 있기 때문이다.

또 저자가 소수의 비판적 지식인의 목소리를 통해 간간이 들려주는 지적 논쟁점과 들쳐지는 중국 사회의 맹점을 통해 중국 통치체제의 공고함과 취약점을 동시에 살펴볼 수도 있기 때문이다. 따라서 이 책은 거꾸로 읽으면 맥락적 의미가 더 잘 파악되는 책이기도 하다.

저자는 이 책에서 유럽인답게 미국이 주도하는 보편적 자유민주주의와 시장경제시스템의 한계를 중국식 세계관이 대체할 수 있으리라는 전망과 희망을 감추지 않는다. 부분적으로 비판적 시각도 나타내지만 궁극적으로 중국 모델(베이징 컨센서스)의 적실성을 부각시키고 옹호하려는 의도를 갖고 논의를 전개하고 있다. 독자가 이 점을 간과하면 어느덧 중국 친체제 지식인들이 주장하는 논리에 동화되어있는 자신을 발견하게 될지도 모를 만큼 저자의 논의의 전개가 은근하다.

이 책은 중국 모델의 요소로 '황하 자본주의, 협의형 독재정치, 종합국력'을 든다. 저자는 중국 위협론이나 붕괴론에 맞서 세계에 모범이 될 중국 모델의 중요성을 부각시키려 애쓰며 중국 모델을 빚어내는 친체제 지식인들의 합창을 들려준다. 과연 중국 모델의 제 요소에서 보이는 중국 체제 내 지식인들의 문제의식과 처방은 국내적 실용성을 넘어 국제 사회의 전범이 될 만큼 보편적 당위성을 갖고 있을까?

먼저 저자가 조어造語한 '황하 자본주의'의 실체부터 살펴보자. 덩샤오핑鄧小平이 개혁 개방정책을 펼친 1980년대에 중국은 미국식 대중소비주의를 받아들이고 세계화가 가져다주는 경제적 이득을 취하는데 열중했다. '부자 되는 것이 영예로운 일'이란 등소평의 언명은 국가와 인민이 모두 시장경제에 몰입하게 만들었고, 사회변화의 전 영역으로 확대되어 소위 '문화열文化熱' 현상으로 불리기도 했다.

황하를 소재로 중국 전통에 전면적인 비판을 가했던〈하상河殤〉이라는 6부작 다큐멘터리가 중국 중앙방송 채널에서 방송되면서 대학생들이 각 편에서 제기된 문제에 대해 토론을 벌이고, 대본은 순식간에 5백만 부가 팔릴 정도로 선풍적인 인기를 끌었다. 이 과정에서 중국의 발전을 저해했던 전통 사회의 부정적 인습과 행태가 집중적으로 비판받았다. 개혁주의자였던 자오쯔양趙紫陽이 과정에서 재방송을 지시하여 '문화열'이 절정에 이르렀었다.

하지만 '문화열'에 젖어있던 대학생, 노동자, 시민 등이 문화대혁명 이래 지속되어온 마오쩌둥의 절대화 풍조에 대해 반발하여 봉기한 1989년 톈안먼天安門 시위가 인민군의 무자비한 살상으로 진압된 이후 개혁파 지식인은 양대 파로 나뉘게 된다. 독재정치체제는 인정하되 자유시장의 확대를 요구한 신우파와, 시장의 자유를 희생하더라도 평등과 정치적 민주주의를 우선하자는 신좌파가 그들이다. 하지만 저자의 이런 구분은 독자들에게 착오를 불러일으킨다. 실제로 신우파, 신좌파 모두 사회주의 정치체제를 옹호하고 인정하는 측면에서는 모두 좌파이기 때문이다. 저자가 단지 경제적 관점의 작은 차이를 보이는 집단을 정치적, 경제적 관점을 통합한 차원의 대립적 견해를 가진 것으로 사상의 좌표를 분류한 데서 오는 착시일 뿐이다.

일당 독재가 '협의형 민주주의'?

아무튼 중국이 시장경제체제를 도입한 이후 발생한 경제적 불평등, 도농 간의 격차, 환경오염, 교육, 의료, 사회보장제도의 열악화 등의 이슈에 대한 지식인들 간의 논쟁이 정치지도자들에게 영향을 준 것만은 틀림없다. 후진타오 주석이 '조화로운 사회'화해사회, 和諧社會를 캐치프레이즈로 내건 건 시장경제와 홀대받던 사회주의적 가치 사이의 균형을 회복하려는 노력을 보인 것은 좌파 지식인들의 주장과 맥을 같이한다고 볼 수 있다.

저자는 이런 정책 기조의 변화가 바탕이 된 중국 경제운용체계를 '황하 자본주의'라고 일컫고 있다. 하지만 저자는 중국의 경제정책의 초점의 변화과정을 보여주면서도 '황하 자본주의'라고 명명할만한 구체적 개념과 정책적 특징을 분명하게 제시하지 못하고 있다. '황하 자본주의'의 실체적 개념이 없다.

그럼에도 저자는 '황하 자본주의'의 개념이 자유방임적 자본주의의 발전을 지지하는 서방세계에 도전장을 내민 것으로 높이 평가한다. 더구나 '제11차 5개년 계획'이 '황하 자본주의의 견본품'이라며, "황하 자본주의가 전 세계 개발도상국의 갈 길을 밝히는 등불"과 같다고 칭송하는 논리적 비약은 황당하기까지 하다.

현대 중국이 시장경제체제 도입 후 야기된 사회적 모순에 대한 구체적 개혁이 실체를 드러낸 것은 아직 없다. 스칸디나비아식의 획기적인 사회복지 모델을 제시한 것도 아니고 빈부 격차 해소를 위한 특별 시책이 나온 것도 아니다. 막연히 성장보다 분배를 강조하는 정책지향은 여느 자본주의 시장경제 국가들의 노력들과 다름없다. 따라서 신자유주의의 폐해를 극복한 특별한 이념적 처방이 담긴 것처럼 과대 포장한 '황하 자본주의'의 메아리가 허전하다.

저자가 서구 자유민주주의의 대안으로 칭송하고 싶어 두 번째로 제시하는 중국 모델의 요소는 '협의형 독재정치'이다. '협의형 독재정치'는 스탠포드 대학교 제임스 피쉬킨 교수가 주창한 '협의형 민주주의'라는 개념을 활용하여 정당 간의 경쟁과 선거제도 없이도 민주적 가치를 실현할 수 있다는 주장이다. 즉 공산당 일당 독재체제를 유지하면서 협의형 메커니즘을 보충하면 경제발전과 정치발전을 동시에 이룰 수 있다는 생각이다.

저자도 현재의 중국 공산당의 통치체제가 독재정치체제인 점은 부인하지 않는다. 하지만 '협의형 독재정치'는 조어 자체가 모순 형용이다.

중국의 친체제 지식인들이 서방세계에 대해 중국이 자유민주주의의 대안을 갖고 있다는 것을 설득하기 위해 억지로 만들어낸 개념이다. 실상을 보면 별개 아니다. 민주적 방식을 시늉 낸 인민의견 수렴 제도를 '협의형 독재정치'로 과대 포장해서 미화하고 있다. 마치 의사결정 자체가 인민과의 협의에 의존하여 이루어지는 것처럼 착시를 불러일으킨다.

하지만 공산당 일당독재정치의 속성상 권력적 정책결정행위를 협의방식으로 진행할 수 없음은 분명하다. '협의형 민주주의'는 존재할 수 있어도 '협의형 독재정치'가 존재할 수 없는 건 자명하지 않은가?

그럼에도 저자는 중국이 점진적 민주주의의 실험을 계속하고 있다며 향촌의 당서기 선출 제도를 당내 민주주의의 한 예로 든다. 하지만 저자가 인정하듯 핑창현의 실험을 전국의 나머지 2,499개의 다른 현이 전혀 따라하지 않는다. 실효성이 없는 선전용이라는 생각이 든다. 즉 외부세계에 공산당 내의 민주적 숨통이 존재한다는 것을 보여주어 공산당 일당 통치의 정당성을 포장하려는 게 아닌가싶다.

근본적으로 유일 정당인 공산당의 지배방식에서 민주주의의 도입은 사실상 불가능하다. 국가체제의 전반에 민주주의를 도입하는 급진적 방식은 차치하더라도 우선 당내 민주화에 대한 의지 자체가 없기 때문이다. 전국적 단위의 선거제도를 도입하지 않는 것이 이를 웅변한다. 이는 근본적으로 자유민주주의에 대한 중국 통치지도자들의 뿌리 깊은 반감에서 비롯된다. 판웨이范偉의 주장이 이를 대변한다.

그는 고르바초프가 주도한 정치적 자유화 이후 뒤따라온 구 소련의 붕괴, 문화대혁명 시기의 소위 '인민 민주주의'에 대한 부정적 기억, 타이완 독립을 추동할 위험성에 대한 인식이 중국 공산당이 자유민주주의를 채택하기 어려운 이유라고 말한다. 중국이 반자유민주주의를 추구할 수밖에 없는 3대 트라우마trauma를 잘 보여주는 셈이다.

더 큰 속내는 자유민주주의를 도입하게 되면 타이완의 완전한 이탈은 물론, 신장 위구르와 티베트의 독립의 분위기를 조성시켜 중국 국가 자체를 와해시킬 수 있다는 점을 두려워하는 것이다. 중국의 많은 친체제 엘리트들은 이런 논리로 중국 공산당의 '자기 방어 본능'을 자극해서 일당 독재정치를 '중국식 사회주의'로 포장해주고, 서구식 민주주의의 대안이라도 되는 것처럼 호도한다. 한마디로 중국의 통치자나 관변지식인 사이에 자유민주주의는 공산당 일당 독재 체제를 붕괴시킬 수 있는 '트로이 목마'인양 인식되고 있는 듯하다.

저자가 열거하듯 극히 일부 향촌에서의 선거제도, 정책결정과정에서의 인민의 의견 수렴, 전문가 인터뷰, 설문조사, 충칭시의 대중과의 협의제도 확대 등이 중국 공산당의 정치 개혁의 본보기로 선전된다. 이런 미시적 요소들을 '협의형 독재정치'의 증거인양 옹호하는 친체제 지식인들의 마비된 비판의식만 두드러진다. 저자와 중국의 친체제 지식인들의 결정적 오판은 민주적 대의제도 없이도 민주적 가치가 실현될 수 있다고 생각하고 있다는 점이다. 이는 중국 공산당이 '무오류'의 신적 존재가 아닌 한 불가능한 일인데도 말이다. '협의형 독재정치'에서의 협의는 인민의 의사가 권리로서 존중받는 적극적 관계가 아니라, 오로지 정책결정자의 선량하고 합리적 판단에 기댈 수밖에 없는 소극적이고 무기력한 관계이기 때문이다. 중국 공산당이 민주주의를 도입하지 않으면서 법치를 강조하는 것은 자유민주주의의 싹을 원천적으로 막는 일이다.

특히 중국공산당은 반동사상으로 탄압하던 공자 등 유가사상의 복고를 추진하고 있다. 나아가 한비자의 법치 사상을 강조하는 이유는 결국 권력에 순응하는 사회윤리를 강화하고 공산당의 법령을 준수토록 하여 일당체제를 유지하는데 활용하기 위한 측면이 강하다. 오히려 유가사상과 한비자 사상을 통해 공산당 일당 독재체제가 보다 정교해져서 자유민주주의와의 거리를 점점 더 멀어지게 하는 결과를 초래한다.

중국이 일당독재체제를 유지하기 위해 몰두하는 것은 전통 사상의 부활에만 있는 것이 아니다. 인민들의 사고와 행태에 막대한 영향을 끼치는 사이버 공간의 장악과 통제의 수준은 더 놀랍다. 전 세계가 하나로 이어질 수 있는 트위터나 페이스북 같은 SNS를 절대 용인하지 않는다. 또 공산당에 위해한 웹사이트를 차단하고 이메일을 검열하는 등 철저하게 인터넷을 감시하고 있다. 이런 상황에서는 오렌지 혁명이든, 자스민 혁명이든 일어날 수가 없다.

저자의 말대로 10만 명에 육박하는 사이버 경찰 부대가 '소름이 끼칠 정도'의 통제를 수행하고 있다. 세계화 시대에 인민과의 기본적인 소통 도구마저 원천적으로 봉쇄하고 있다. 따라서 여론조사나 인터넷 자문, 공청회 등 몇몇 미시적이고 초보적인 의견수렴 방식을 두고 '협의형 독재정치'로 미화하며 자유민주주의의 대안이 될 수 있으리라는 저자의 희망은 지나친 착각인 듯하다.

종합 국력 추구는 은밀한 위장 전략?

세 번째 중국 모델의 요소는 '종합 국력'의 추구다. 중국사회과학원과 주요 외교정책 싱크탱크는 각국의 국력을 수치로 평가하기 위한 지표를 고안해 냈다. 국력 측정의 공식은 'P= K×H×S'이다. P는 파워, K는 협조발전계수로 제반 분야에서 국가 지도자들의 협조능력, H는 하드 파워적인 부분, 즉 인구, 국토면적, 과학기술능력, 경제 능력, 군사 능력 등을 말한다. S는 소프트 파워적인 부분, 즉 정신과 지력 형태를 띠는 요소로, 국가 전략목표, 국가 지도체제, 국민 의지 등을 말한다.

이들 3개의 계수 아래 64개의 지표로 다양한 요소를 측정한다. 2011년 중국사회과학원은 중국의 국력을 세계 6위로 평가한 바 있다. 미국, 영국, 러시아, 프랑스, 독일, 중국, 일본, 캐나다, 한국, 인도 순이다. 경제력에 있어 G2로 평가받는 중국이 스스로 종합국력을 6위로 평가하고, 한국을 9위로 평가한 점이 이채롭다.

중국은 왜 종합 국력의 순위 측정에 집착하는 것일까? 국력은 경제력, 군사력뿐만 아니라 정치, 경제, 사회 문화적 요소가 종합적으로 측정되어야 한다고 본다. 중국은 외부 세계의 G2 평가에 대해 부담스러워한다. 강대국으로 부상하고 있다는 사실에 대해 언급 자체를 회피하는 경향이 많다.

'화평굴기和平崛起'라는 모순적 언술이 '화평'보다, '굴기'의 용어가 부각되어 국제사회의 경계심을 불러일으키는 요인이 되었다고 본다. 이제 '굴기'대신 '발전'이라는 완곡어법으로 전환하고, '도광양회韜光養晦, 빛을 감추고 어둠 속에서 힘을 기른다'라는 덩샤오핑의 노선으로 태도를 바꾸고 있다.

중국이 종합 국력을 고안해 국제사회의 과도한 평가를 경계하며 스스로 부족한 영역이 많은 국가로 엄격하게 자기 평가하는 이유는 뭘까? 이는 국내적으로 국가적 발전 아젠다agenda의 지속적 발굴과 추동 의지를 강화하고, 대외적으로 중국에 대한 견제를 완화할 수 있다는 차원에서 명분과 실익을 모두 얻을 수 있는 현명한 전략인 것 같다.

하지만 여기에도 서구와의 대결에서 승리하기 위한 은밀한 전략이 숨어있다. 저자는 중국이 종합국력의 향상을 위해 소프트파워의 강화에 집중한다고 말한다. 즉 국제사회에서의 다자주의적 전략을 통해 중등경제국과 개발도상국들을 친중국적 세력으로 흡인하고 있다는 것이다. 저자는 각국의 주권과 국가이익을 존중한다는 명분과 실질적 경제적 지원을 쏟는 중국의 양면적 외교 전략이 실효를 거두고 있다고 진단한다.

하지만 중국이 포섭하는 국가들을 들여다보자. 서구 식민주의에 종속되었던 경험이 있는 아프리카, 동남아시아, 중동 국가, 남미 국가와 북한, 수단, 짐바브웨, 미얀마 등이다. 공통적으로 독재 불량국가들이란 점에서 1국 1표의 의사결정방식이 작동하는 유엔체제에서 반미주의적 전략동맹을 구축하려는 중국의 의도가 읽힌다.

예를 들어 저자의 고백대로 러시아, 카자흐스탄, 키르기스스탄, 타지키스탄, 우즈베키스탄, 중국이 묶인 상하이협력기구 같은 경우, "인권보호와 민주주의의 확산이라는 명분으로 다른 나라의 내정에 간섭하는 서구의 시도를 좌절시키는 역할을 수행할지도 모른다." 결국 중국이 저개발국과 독재국가들을 다자주의라는 평화적 언어로 포장한 채 독재권력 체제의 유지를 후원하고 경제지원을 강화하는 매력적 공세를 통해, 국제사회에서의 연대와 영향력을 강화해 나가고 있다고 봐야한다.

저자가 이런 불량 독재국가들이 중국 모델을 따르려 한다는 점을 강조함으로서 중국 모델의 당위성을 설명하려는 것은 오히려 설득력을 더 약화시킨다. 이들 국가의 통치자들에게는 중국의 비민주적 통제 및 통치의 노하우를 전수받는 것이 자신의 독재체제 유지와 강화에 유효하겠지만, 국민의 자유와 권리의 신장 등 사회적 진보를 심각하게 가로막는 것이기 때문이다.

방벽 세계 쌓아가는 중국의 패권

저자도 궁극적으로 중국이 중심이 되는 패도覇道적 질서의 구축이 중국 공산당의 목표임을 숨기지 않는다. 그렇다면 중국 공산당이 전파하려는 국가 주권 존중의 패러다임은 허위적이다. 보편적인 국제 질서를 무시한 채 개별 국가의 주권과 배타적 권리가 그 안에 살고 있는 국민의 인권보다 더 중시되어야 한다는 잘못된 가치관의 표현에 다름 아니기 때문이다. 이는 인류 보편적 관점에서 사라져야 할 독재 불량국가들을 '개별 국가의 주권 존중'이라는 허울로 자유민주주의 국가로부터 격리시키려는 시도로 봐야 한다. 불량 독재국가들의 적극적 후원자 역할을 하고 있는 중국이 국제사회의 지도적 규범국가로 올라서지 못하게 하는 결정적 약점인지도 모른다.

저자는 경제, 정치, 국제관계 분야에서 중국이 추구하는 전략적 특징을 '황하 자본주의', '협의형 독재정치', '종합 국력'이라는 개념으로 압축·설명하고 있다. 이러한 중국의 세계관을 특징짓기 위해 '성벽으로 나뉘는 세계walled world'라는 말을 만들어냈다. 미국식 신자유주의적 세계관을 나타내는 '평평한 세계flat world'와 차별성을 보여주기 위해서다. 하지만 필자는 이 두 개념을 쉽게 '닫힌 세계'와 '열린 세계'의 의미로 이해하고 싶다.

더구나 'walled world'를 '성벽으로 나뉘는 세계'로 번역하는 것은 아무런 개념적 연상을 불러오지 못하는 모호한 표현이라고 생각된다. 오히려 중국이 만리장성을 축성하면서부터 지향해온 외부 세력에 대한 본능적 방어의식이 현대에 이르러 전 세계적 차원에서 더욱 정교하게 확대·강화되고 있는 현실을 담아내지 못하고 있다.

즉 통제지향의 전통적 중국 사상의 조류를 국제사회로 확대 적용하려는 노력이 은닉된다. 나아가 중국이 서구 사회의 자유민주주의 사상과 제도의 침투를 방어하려는 노력을 전방위적으로 전개하고 있는 점을 감안한다면, '방벽防壁 세계'란 표현이 더 중국의 전략 지향의 맥락과 부합되는 용어가 아닐까 한다.

저자는 '방벽 세계'는 민족 국가가 세계 시장에서 상호 무역을 진행하변서도, 사신의 경세, 정치, 외교 정책에 내해 스스로 지배권을 가져야 한다는 사고를 대변한다고 말한다. 이는 '평평한 세계'라는 자유주의적 다자주의를 추구하는 미국적 이상과 유럽적 이상 모두에 대한 이념적 도전이라고 규정한다. 나아가 중국 모델을 찬양하면서 서구의 자유주의적 가치를 전파하려는 의도와 방식의 조정을 요구한다. 하지만 필자는 중국 모델 그 자체의 허구성에 주목한다. 중국 공산당이 스스로 보편적 가치의 세계화를 방어하는 '방벽 세계'를 구축하여 일당 체제를 유지하려 하고 있고, '방벽 세계'를 '중국식 사회주의'를 방어하는 논리로 치장하고 있는 게 아닌가싶다.

더군다나 '중국식 사회주의'를 추종하는 이러한 '방벽 세계' 다자주의라는 명분을 국제사회 곳곳에 심어, 이들과의 연대를 통해 서구세계와의 대결적 양상에서 우위를 점하려는 전략을 구사하고 있다고 볼 수 있다. 여기에 친체제 지식인과 사상가들이 지속적으로 부응 논리를 개발해 내는 모습을 이 책은 적나라하게 보여주는 듯하다.

이 책을 가만히 뒤집어보면 중국 모델의 허구성이 그대로 드러난다. 특히 현대 중국의 체제를 떠받드는 체제 순응적 지식인들의 생각을 간파할 수 있게 해준다. 이들의 사상과 가치관이 인류 문명의 보편적 가치관과 거리를 둔 채, 중국의 독자성, 특이성만을 강조한 나머지 중국 공산당의 통치 전략을 무비판적으로 수용하고 대변하고 있다는 점이 매우 아쉽게 확인된다.

07

세계는 지금 중국의 거짓행복에 속고 있다

《부자 중국, 가난한 중국인》, 랑셴핑 지음, 이지은 옮김,
미래의 창(2011), 334쪽.

저자는 중국 경제 취약점의 근본 요인을 중국 경제의 내재적 모순에서 찾기보다, '신제국
주의적' 방식으로 중국을 압박하는 미국과 유럽 세계에 소재하고 있음을 중국 국민과 정
부에게 각성시키려 애쓴다.

경제대국으로 부상하는 중국의 성제적 실상을 신랄하게 파헤친 책이다. 랑셴핑郎咸平 홍콩 중문대 석좌교수는 '미스터 마우스'로 불리는 중국에서 가장 영향력 있는 경제학자 중의 한 사람이다. 그는 중국 경제의 화려한 외면 뒤에 가려진 취약점과 치부를 거침없이 보여준다.

특히 저자는 중국의 서민이 피부로 느끼고 있는 경제현안 16가지를 선정하여 문제의 원인을 규명하는 본질적 질문을 던진다. 그는 크게 5개 영역으로 나누어 중국 경제가 직면하고 있는 병폐에 메스를 댄다. 저소득에 시달리는 팍팍한 중국 서민의 삶, 중국 기업들의 고충과 날로 심각해지는 환경오염과 물 부족 등 환경 문제, 그리고 국제무대에서 곤경에 처한 중국 정부와 난항을 겪고 있는 의료개혁, 교육개혁, 부동산개혁 등이 진단과 수술의 대상이다.

중국 경제에 대해 막연한 환상이나 두려움을 가졌던 사람들은, 중국 경제의 허황된 모습을 통렬하게 비판하는 저자의 진단과 주장이 통쾌할 만하다. 하지만 저자가 중국 경제의 약점을 드러낼 때 느끼는 안도감이나 후련함이 자칫 중국 경제의 근원적 문제를 가릴 수 있다는 점에 주의해야 한다.

정말 저자가 중국 경제를 비관적으로 보고, 중국 정부를 신랄하게 비판하기 위해서 이 책을 썼을까? 반드시 그렇지만은 않다. 저자 주장의 행간에는 중국 경제의 제반 문제점을 솔직하게 드러내되, 중국 정부와 경제학자 및 지식인들에게 문제의 심각성을 주지시켜 문제 해결 노력을 촉구하려는 의도가 더 짙게 배어있다.

특히 그는 제반 문제를 야기하는 근본적인 원인의 대부분이 미국과 유럽 등 선진국의 '신제국주의적' 제도와 행태에서 비롯되는 것으로 규정한다. 외양상 중국 경제의 신랄한 비판서인 듯 보인다. 하지만 실질적으론 미국 등 서방세계의 경제 전략에 대한 성토의 목소리가 더 강하게 깔려 있다. 중국 당국과 국민들이 랑셴핑 교수를 열광적으로 칭송하는 이유를 알 듯싶다.

중국인의 삶은 왜 이리 고달픈가?

일단 각각의 세부 경제 현안에 대한 그의 문제의식은 매우 날카롭다. 가장 먼저 비판의 도마에 오른 것은 중국인의 삶을 고달프게 하는 열악한 경제 환경이다. 중국인의 GDP 대비 근로소득 비율(2009년 기준)은 한국의 44%, 일본의 53%, 미국의 58%에 비해 형편없이 낮은 8%에 불과하다. 근로시간은 연평균 2,200시간으로 세계 최고수준이지만 시간당 임금수준은 독일 30.6달러, 일본 20.68달러, 한국 9.99달러에 비해 0.8달러로 가장 낮은 수준이다.

랑셴핑이 중국인들이 가장 오랫동안 일하고 가장 적은 임금을 받는 '불쌍한 민족'이라고 자조하는 것도 이해할 만하다. 저자는 이렇게 중국 노동자가 저임금, 과노동過勞動에 시달리게 된 원인이 판매가격을 마음대로 결정하는 "유럽과 미국의 착취에 있다"고 몰아붙인다. 맞는 말일까? 현실을 보자. 중국이 외국 제조업체를 중국 내 생산으로 흡인하는 경쟁력의 원천은 풍부한 노동력이다. 풍부한 노동력을 비교우위로 삼아 세계의 공장 역할을 자처하면서 남아도는 노동력이 임금 지하 요인이 되는 그늘은 외면하고 있다. 넘치는 노동력이 자국 제조업체간에 과당 경쟁의 부메랑으로 작용하고 있는 근본요인은 슬그머니 감추고 일방적으로 중국이 수탈당하고 있다고 주장하는 것은 견강부회牽强附會가 아닐까?

랑셴핑은 중국에서 공공재를 제외한 자동차, 컴퓨터, 운동화, 사치품 등의 일부제품들이 다른 국가보다 지나치게 비싸 서민들의 일상생활을 위협한다고 말한다. 세계가 경제 대국 중국인의 '거짓 행복'에 속고 있다는 얘기다. 예를 들어 영화 표 값조차 미국보다 훨씬 비싸다. 영화 제작사 입장에서는 중국에 영화 한 편을 팔면 소수의 관객이 비용을 분담해야 하기 때문에 티켓 값을 높게 책정할 수밖에 없다. 동일한 외산 자동차도 미국보다 중국에서 훨씬 비싸다. 가뜩이나 가난한 중국인들의 소비를 위축시키는 요인이다.

랑셴핑은 중국 정부가 인프라 건설보다 서민들을 부유하게 만들어야 내수 시장이 확대되고 상품가의 거품을 뺄 수 있게 된다고 주장한다. 공산품뿐만 아니라 채소 가격은 왜 이렇게 비싼가. 마늘, 녹두 등 저장식품은 물론 채소 등 농산물 가격은 급등과 급락을 거듭한다. 이유는 물량과 시장 가격을 좌지우지하는 중간 도매상들의 농간 때문이다. 저자는 미국의 썬키스트 모델처럼 종자, 농약, 수매, 저장, 도소매를 모두 아우르는 농업 분야의 통합된 산업망 구축의 혁신이 필요하다고 제안한다.

2010년 '폐식용유' 파동이 보여주듯 중국의 먹을거리의 안전도 극히 취약하다. 중국에서 유통되는 폐식용유의 한 해 수익이 15~20억 위안에 달한다고 한다. 저자의 표현대로 "돼지도 먹지 않는 것을 사람이 먹고 있다는 것을 생각하면 비참하기 짝이 없다." 이는 상혼에 물든 폐식용유 수거업자들이 "세계에서 가장 완벽하게 통합된 산업망"을 갖추고 있어 정부가 이를 쉽게 근절시키지 못하고 있기 때문이다.

2010년의 멜라닌 분유 사건과 다이옥신이 함유된 것을 순수 한방제품인 것으로 허위 광고한 바왕 샴푸의 사태가 대표적이다. 중국 제품의 불량과 저품질 문제가 개선되지 않고 있고 '짝퉁 천국'의 이미지도 불식시키지 못하고 있다. 저자는 중국 당국의 허술한 식품 감독체계, 신뢰할 수 없는 제품인증체계와 언론의 감시기능 부재를 질타한다. 하지만 시장경제의 경험이 일천한 관료와 기업인의 윤리의식의 부재가 정작 더 중요한 요인은 아닐까?

아울러 저자는 중국의 젊은이들이 심각한 배금주의 사고에 빠져 있고, TV 등 매체들이 부자 선남선녀들의 짝짓기 프로그램을 통해 경쟁적으로 비뚤어진 결혼관을 부채질한다고 지적한다. 여기에 날로 심각해지는 도농都農 간의 소득 격차가 중국 청년들이 성공할 기회를 가로막고 있다는 것이다.

중국의 기업은 왜 이리 힘든가?

랑셴핑은 가난한 중국인들의 삶을 한탄하지만, 중국의 기업 또한 힘들기는 마찬가지다. 2010년 13명의 근로자가 연속 투신자살한 '팍스콘'

의 비극을 통해 중국 근로자들의 열악한 근로조건과 기업 생존을 위협하는 구조적인 문제를 제기한다. '팍스콘'은 애플 아이폰과 아이패드 등을 하청 생산하는 세계 최대 규모의 주문자상표 부착 생산OEM, original equipment manufacturing업체이다.

팍스콘은 군대식 경영으로 근로자의 작업 강도가 매우 높았다. 투신 자살 사건에 대해 중국 언론은 팍스콘의 잘못된 경영방식을 집중적으로 질타했다. 하지만 저자는 많은 수익을 가져가는 애플이 팍스콘의 근로조건을 악화시켜 근로자의 투신자살을 야기한 원흉이라고 강력히 규탄한다.

외국의 주문업체와 OEM업체 간의 상생 부족을 질타하는 것이다. 물론 저자의 진단 취지에 공감하는 부분이 있다. 하지만 한국 등 다른 많은 나라에서도 빚어지는 유사한 상황이다. OEM업체가 겪을 수밖에 없는 여러 가지 불평등한 구조적인 문제를 원사업자의 탓으로만 돌리는 것은 무리가 아닌가 싶다.

하지만 저자가 '팍스콘의 비극'의 한 요인이 조립생산 라인의 비인간적 작업 조건에 기인한다고 보고 작업자가 기계화되지 않고 인간다운 작업 환경을 만들 것을 대안으로 제시한 점은 주목할 만하다. 하나의 조립 라인에서 제품의 여러 공정을 한꺼번에 처리하여 제품을 완성시키는 캐논의 '셀cell 생산방식'이 바로 그것이다.

랑셴핑은 중국기업이 세계 시장에서 경쟁력이 부족하다는 점도 꼬집는다. 기술력의 미비와 기업 노조에 대한 몰이해를 그 요인의 하나로 든다. 시장을 내어주고 기술을 습득하려는 중국 기업들의 전략에서 합자 방식이 선호되고 있다. 하지만 시장만 잠식당하고 기술 이전도 제대로 받지 못해 중국 업체들이 세계 시장으로 진출하지 못하는 장애가 되고 있다는 것이다.

대표적인 예로 중국의 자동차 산업을 든다. 포드가 인수 후 11년 만에 내친 볼보를 중국의 중저가 브랜드 지리吉利 자동차그룹이 인수했다. 하지만 "시골뜨기가 스칸디나비아의 아름다운 귀부인을 신부로 맞이하는 것과 다름없다"는 비판이 제기되며 인수 전략의 성공에 회의적이다. 특히 노조와 싸워본 경험이 없는 중국 기업가가 강성한 유럽의 노조를 이겨낼 수 없으리라는 판단이 가세한다.

랑셴핑은 상하이 자동차가 한국의 쌍용자동차를 인수했다가 두 손 들고 돌아간 사례도 든다. 당시 쌍용자동차의 SUV 기술을 빼어가면서 '먹튀' 논란까지 빚었다. 그는 2009년 당시 쌍용자동차 노조의 파업 목적이 단순히 근로자 임금인상, 복지 개선에 있었다고 보지 않았다. 노조의 파업의 "궁극적인 목적은 이명박 정부에 대한 불만을 드러내기 위해서"였고, "노동자들은 '유혈 사태'를 일으켜 정부가 외국 자본의 편에 섰다는 인상을 일반 국민에게 심어줌으로써, 우파 정부를 견제하려면 좌파가 국회로 들어가야 한다는 당위성을 확보하려고 했다"는 것이다. 당시 노조 파업의 정치성을 예리하게 지적했다.

랑셴핑은 한국 노조가 자신들의 정치적 자산을 챙기거나 좌파 정당과의 연대를 강화하는 차원에서 파업이나 노조활동을 활용하는 측면이 있음을 정확하게 간파하고 있다. 이렇듯 노소와 정치 세력 사이에 얽히고설킨 관계를 중국 기업가들이 근본적으로 이해하지 못하기 때문에 중국 기업의 리스크가 클 수밖에 없다는 얘기다.

저자는 중국의 쓰레기와 오염물질로 몸살을 앓고 있는 심각한 환경 문제도 경고한다. 중국의 도시 중 3분의 2가 쓰레기에 포위되어 있다. 쌓아둔 쓰레기의 누적량은 5억 제곱미터에 달한다. 이는 2008년 중국 전역에서 일반분양 주택의 면적과 같은 수준이라는 것이다. 쓰레기의 90%가 단순 매립처리 되고 있고, 플라스틱 등을 소각해서 다이옥신 등 유해물질을 배출하는 것도 심각한 문제로 지적한다. 이를 개선하기 위해서 독일의 쓰레기 처리 기술의 도입이나, 다양한 광물을 함유한 가전 기기의 수거와 같은 일본의 '도시광산업都市鑛産業' 개념의 적용과 가전제품 재활용의 촉진을 대안으로 제시한다.

국제무대에서 곤경에 처한 중국 정부

랑셴핑이 중국적 시각을 보다 확실하게 드러내는 부분은 미중美中 간의 환율 문제와 신에너지 사업이다. 저자는 미중 간 전략경제회담에서 중국 정부가 미국에 지나치게 양보하고 있다고 불만이다. 위안화의 평가절상에 대한 양국 간의 시각차가 좁혀지지 않는 상황에서, 중국과 미국이 신에너지의 성과를 공유하기로 한 것은 환율 문제에 신경 쓰다 정작 예기치 않았던 신에너지 시장을 미국에 내어주는 허를 찔린 것이라고 평가한다.

세계 10대 태양전지 생산업체 가운데 상위 5개 기업 중 3개 기업이 중국 기업이다. 저자는 중국이 미국에 앞서있는 신에너지 분야에 대한 과학기술의 교류는 신에너지 초기 연구비용을 중국에게 떠넘기기 위한 미국의 속셈이라고 말한다. 미국 태양전지 업체인 퍼스트 솔라 사가 중국 정부의 동의를 얻어 네이멍구 오르토스에 200만 킬로와트의 세계 최대 태양전지 생산기지를 세웠다. 이를 미국에 건설할 경우에 비해 70~80억 달러의 비용 절감을 가져 올 수 있다고 말한다.

또한 웨스팅하우스가 개발한 최첨단 원자로 API1000이 미국정부의 기술 검증이나 심의가 완료되기도 전에 중국 정부가 해당 기술 도입을 결정한 점을 비난한다. 중국 당국의 원전사업과 원전기술 표준화에 대한 과욕과 성급함을 지적하는 것이다. 이렇듯 저자는 중국과 미국의 신에너지 분야의 협력 사업이 단기적으로 미국에 지나치게 이익이 편중되고 있다고 본다. 이런 시각은 중국이 세계 시장 진출의 기회를 확대하기 위해 미국과 유럽 국가로부터 '시장경제지위Market Economy Status'를 인정받기 위한 저자세에서 비롯되는 것이 아닌가 하는 의구심에서 나오는 듯하다.

하지만 저자가 주장하듯 중국의 신에너지 분야의 기술이 미국의 협력을 전혀 필요로 하지 않을 만큼 압도적인 기술우위를 점하고 있을까? 또한 중국의 원자력 기술도입에서 중국 당국이 저자가 지적하는 사항들을 전혀 고려하지 못했을 만큼 어리석었던 것일까? 과연 저자가 의심하듯 신에너지 분야의 미·중 협력이 중국이 '환율 조작국'이라는 오명에서 벗어나기 위한 거래 카드로 내민 것이라고 볼 수 있을까? 저자의 주장에 쉽게 수긍하기 어려운 대목들이다.

랑셴핑은 독일에 대해서도 비판의 칼날을 세운다. 중국에 진출한 중국 기업에 대한 특혜가 지나치게 많다는 것이다. 중국 당국의 '시장-기술 교환' 전략, 즉 시장을 내어주고 기술을 획득하는 저기술국가의 전략이 실효를 거두고 있는가에 의문을 제기한다. 독일 기업이 자국의 기술은 보호하면서 중국내 조달시장을 잠식할 것을 우려하는 것이다. 하지만 중국 측에서 독일 합자 회사들에게 기업의 기밀 기술을 공개하라고 강제하는 것은 더 큰 문제다. 선진 기술만 빼어가고 내치는 중국 기업의 '먹튀' 행태에 대한 학습효과를 독일도 안다. 그런 독일 측에서 "중국 내 해외 기업의 투자 결정에 부정적 영향을 줄 수 있다"고 반발하는 게 무리일까?

중국의 3대 개혁은 왜 난항을 겪는가?

랑셴핑은 중국 사회가 시급히 추진해야 할 마지막 과제로 의료개혁, 교육개혁, 부동산 개혁을 든다. 약값이 너무 비싸 서민들이 병원 문을 두드릴 엄두를 내지 못하는 이유는 제약업체와 의사간의 검은 결탁 때문이다. 이 점은 한국도 유사한 상황이어서 흥미롭다. 미국처럼 의료관리국이 의사를 직접 관리, 감독하여 환자에게 처방전을 써 줄 때 참고하는 약품 리스트를 작성토록 개선해 보라고 주문한다. 그러나 이 또한 쉽지 않아 보인다. 중국의 부패한 관료체계에서 더 많은 부패의 기회를 주는 것일 수도 있기 때문이다.

행정중심의 교육체계를 대학의 자율성을 높이는 방향으로 개혁할 필요성도 제기한다. "백발이 성성한 노교수가 교직원 앞에 머리를 바짝 숙이는 일조차 부지기수로 벌어"지는 중국 공산당체제 아래의 지나치게 관료화된 교육행정체제를 저자는 개탄한다. 나아가 '탈행정화'와 교수의 학문의 자유, 대학 재정의 효율적 사용, 취업에 연계될 수 있는 교육의 질 제고를 위한 혁신이 절박한 상태라고 주장한다.

언제 터질 줄 모르는 부동산 시장의 거품은 중국 서민들의 생존을 위협하는 또 하나의 시급한 현안이다. 치솟는 부동산 시장을 안정시키기 위해 중국 정부가 긴급 처방한 정책은 두 가지다. "제 돈을 주고 땅을 구입해도 직접 건물을 세울 수 없고, 반드시 주택 개발업체를 통해 집을 구입"하도록 한 제도와, 서민용 주택과 저렴한 임대주택 수를 줄이는 것이다.

랑셴핑은 이를 부동산 화산을 폭발시키지 않고 마그마를 자연스럽게 분출시키기 위한 두 개의 파이프로 비유했다. 두 가지 안정화 정책 역시 실효를 거두지 못했다. 과잉 생산으로 인해 기업의 자금이 실물 경제를 떠나 부동산 시장으로 흘러 들어와 오히려 화산을 폭발시키듯 부동산 가격 급등을 야기했다는 것이다.

게다가 토지를 국가가 소유하고 있으면서 주택에 대해 부동산세를 부과함으로써 서민들에게 내 집 마련의 기회마저 위협하고 있다는 것이다. 저자는 부동산세가 일시적으로 부동산 화산 폭발을 억누르는 운석의 역할을 하고 있지만, 화산 전체가 폭발하고 마는 부동산 거품 붕괴를 경고한다. 대규모 공공임대주택 사업을 벌이고 있는 충칭重慶 모델에 한 가닥 희망을 걸지만 전국적인 부동산 시장의 거품을 순조롭게 완화시킬 지는 미지수다.

중국 경제의 문제가 서방의 책임?

괄목할 만한 성장을 거듭해 온 중국 경제의 휘황한 외양 속에 감춰진 치부와 아킬레스건을 들춘 저자의 예리한 진단은 겉으로 기술된 액면 그대로 중국 경제에 대한 부정적 인식을 확산시키기 위한 것이 아님은 분명하다. 날카로운 비판 뒤에 새로운 해법에 대한 고민과 선진국의 대안적 방식을 권고하고 있다는 점에서 저자의 중국 경제에 대한 속 깊은 애정을 엿볼 수 있다.

결국 저자는 중국 경제의 치부를 밝혀 중국 정부를 망신 주는 데 목적이 있는 것이 아니다. 오히려 중국 경제의 건강한 성장과 발전을 위해 중국 경제가 안고 있는 갖가지 문제의 근원적 요인을 제거하는 실효적 대안을 모색하도록 중국 당국을 압박하는데 일차적 방점을 두고 있다.

랑셴핑은 그 과정에서 중국 경제의 취약한 근본 요인을 중국 경제의 내재적 모순에서 찾기보다, '신제국주의적' 방식으로 중국을 압박하는 미국과 유럽 세계에 소재하고 있음을 중국 국민과 정부에게 각성시키려 애쓴다. 결국 중국인의 삶을 고달프게 만드는 문제를 파헤치는 고백서인양 보이지만 실제로는 문제의 원인이 미국 등 서방에 있음을 지나치게 강조하고 있다는 점이 거스른다.

한마디로 중국 정부가 스스로 대놓고 말하지 못하는 중국 경제의 취약점을 드러내는 대신 중국을 불편하게 하는 세계 경제규칙과 경제 원리를 미국 등 서방세계의 불공평한 압박이라고 힐난하는 중국적 관점을 분명하게 대변하고 있는 것으로 보인다. 이런 기조가 이 책 전반에 깔려 있음을 감지하지 못하면 저자 주장의 핵심을 놓치게 된다.

랑셴핑의 글을 읽노라면, 중국의 시장경제 체제의 여러 모순과 병폐가 '사회주의 시장경제체제'의 경직성, 관료들의 심각한 부패와 비합리적 행정체제, 시장경제에서의 소비자와 기업의 바람직한 윤리의식의 부재 등에서 비롯되고 있지 않는가 하는 생각이 든다. 중국 경제는 분명이 과도기적 성장통을 겪고 있음에 틀림없다. 이 책이 중국 경제의 맹점과 한계를 분명하게 파악하게 하여 중국을 상대하는 관료, 투자하고자 하는 기업인, 생활 연고를 갖고자 하는 사람들에게 여러 가지 리스크를 줄일 수 있는 시사를 주는 점은 덤이다.

08

잘나가는 중국 경제의 아킬레스건은 바로...

《벼랑 끝에 선 중국 경제》, 랑셴핑·쑨진 지음, 이지은 옮김,
책이있는풍경(2012, 3쇄), 550쪽.

랑셴핑은 중국 경제의 아킬레스건을 들춰내고 철저한 개혁을 주문한다. 그가 진단하는 중
국 경제의 핵심적인 병폐의 본질은 중국 정부의 지나친 관치와 국유기업들의 독점의 폐해
다. 이를 혁파하기 위해 그가 제시하는 해법은 가장 자유로운 시장경제체제를 작동시키
고 있는 미국식 해법들이다.

최근 중국 경제의 침체와 경착륙에 대한 어두운 전망이 끊이지 않는다. 얼마 전 한 포럼에서, 미국 프린스턴 대학의 폴 크루그먼Paul Krugman 교수가 중국 경제에 대해 "소비가 뒷받침되지 않은 상황에서 투자만으로 일궈온 초고속 성장이 이제는 한계에 이르렀다"며 성장 둔화에 따른 우려를 표명한 바 있다.

혹 차이나 쇼크가 닥치지 않을 까 염려하는 이들이 나오는 것도 무리가 아니다. 리커창李克强 총리가 경제 성장률을 낮춰 잡고, 지방정부 부채의 축소, 금융시스템 개선 등 개혁의지를 밝히고 있는 것도 이런 맥락에서 이해할 수 있다. 이러한 상황에서 중국 경제의 거품 성장 속에 가려졌던 근본적인 취약점과 위기요인을 신랄하게 비판하며 미국식 해법을 제시한 책이 나왔다.

국제금융학 분야에서 주목받고 있는 좌파 경제학자인 홍콩 중문대 교수인 랑셴핑郎咸平과 그의 학술 조수 역할을 하고 있는 쑨진孫晉이 공동으로 펴낸《벼랑 끝에 선 중국 경제中國經濟到了最危險的邊緣》란 책이다. 그는 이미 국내에 소개된《부자 중국, 가난한 중국인》,《자본전쟁》으로 널리 알려진 학자다.

중국 경제의 위기의 주범, 인플레이션과 부동산 거품

랑셴핑은 중국 경제가 침체의 늪을 헤매는 원인을 다각적으로 진단한다. 원인은 많다. 만성적인 인플레이션과 과열된 부동산 시장과 문제투성이의 금융정책에 도사린 고질적인 취약점이 드러나고 있다. 게다가 폭리를 취하면서도 개혁을 외면하는 국유기업, 위기에 직면한 민영기업도 골치 덩어리다. 저자는 이런 복합적인 경제 문제와 침체 요인들을 극복하는 방안을 미국 등 선진국의 사례에서 찾고 있다.

최근 중국 경제가 사면초가에 내몰린 첫 번째 요인은 철도 건설과 같은 대형 프로젝트에 막대한 재원을 투입한 데 있다. 중국의 철도부는 4만 1,000km에 달하는 고속철 및 복선 전철 건설 사업에 2조 4,000억 위안을 쏟아 부었다. 그럼에도 추가 비용을 조달할 수 없게 되자 국가 보조금을 요청하는 상황이 되었다. 게다가 4조 위안에 달하는 경기부양책과 10대 산업 진흥책도 실효를 거두지 못하고 있다.

고속철이나 고속도로 같은 대규모 토목 사업 추진을 위해 10조 위안이나 되는 돈을 찍어내면서 인플레이션이 촉발됐다. 2010년 말부터 본격화된 인플레이션은 식품, 과일, 의류 등 생활물가 상승으로 나타났다. 2011년 말에는 '돼지고기 대란' 등 인민의 실물 경제에까지 심각한 여파를 미쳤다.

랑셴핑은 중국의 인플레이션이 '나선형 인플레이션'의 특성을 보여 해결 기미가 보이지 않는다고 분석한다. 처음 식품 가격이 올라 서민 생활이 팍팍해지면서 임금 인상을 요구하게 된다. 임금인상은 제조업과 농업 부문의 원가상승으로 이어진다. 결과적으로 생활필수품 가격을 상승시키는 악순환이 반복되어 해결을 어렵게 한다는 것이다.

하지만 인플레이션의 원인에 대한 중국의 경제학자들의 진단은 한목소리가 아니다. 베이징대 국가발전연구원 저우치런周其仁 원장은 과도

한 외화예금이 주원인이라며 외인론外因論을 제기했다. 반면 국무원 발전연구센터 금융연구소장을 맡고 있는 샤빈夏斌은 공급 부족으로 물가가 인상되었다는 내인론內因論을 주장했다.

저자는 이 두 가지 원인론이 현실의 인플레이션을 충분히 설명하지 못한다고 비판한다. 이에 비이성적인 정부 투자가 과도한 통화 발행의 도화선이 되었다며 '정부투자론'을 새롭게 제기했다. 그가 지방정부의 악성 채무의 구조조정이 시급함을 강조하는 이유다.

부동산 시장도 붕괴 직전의 조짐을 보인다. 토지개발권을 독점하고 있는 중국 정부가 의도적인 부동산 경기 활성화를 통해 중국 경제를 견인했다. 이는 부동산 관련 대출을 촉진시켜 전체 신용대출의 절반에 해당하는 약 20조에 육박하게 되었다. 이런 상황에서는 부동산 거품이 빠질 경우 집값 폭락과 대규모 금융위기로 이어질 위험성이 크다.

중국 경제의 암, 국유기업의 독점의 횡포

국유기업의 비효율도 한계에 이르고 있다. 정부의 직접 보조금은 수혜기업으로 하여금 신용대출, 토지 임대, 자원세 등의 막대한 부를 통해 엄청난 폭리를 취할 수 있게 해주었다. 중국의 대표적 거대 국유기업인 페트로 차이나, 시노펙, 차이나 모바일 등이 그런 특혜를 받았다. 이들 기업의 보수 수준도 과도하게 높다. 2009년 상장한 중앙 국유기업 경영진의 연봉은 민간업체보다 61%나 높았다.

국유기업의 최고의 폐단은 역시 이들이 시장독점을 통해 가격 상승을 좌지우지 한다는 데 있다. 페트라 차이나는 산하 기업 쿤룬가스를 통해 가스 공급량을 조절해가며 도매가격을 인상해 소매 업체의 가격 인상을 압박했다.

3대 자동차 국유기업인 창안자동차長安汽車, 장링자동차江鈴汽車, 상하이자동차는 외국계 자본 유입을 합자형태로 규정한 중국 정부의 보호 아래 시장을 독점하며 몸집을 키웠다. 하지만 국유기업들의 독점적 지위는 이들 기업의 경쟁력 강화에 큰 도움이 되지 못했다. 30년 동안 합자의 경험에도 불구하고 자체 기술 개발은 저조했다. "진정한 의미의 자체적인 지적재산권을 보유한 자동차를 단 한 대도 만들어내지 못하고 있다." 외국 업체에 자국의 시장을 내주고 기술을 전수받겠다는 전략마저 실패한 셈이다.

송전 네트워크 시장의 80%를 독점하고 있는 국가전력망공사는 독점이익을 토대로 닥치는 대로 기업을 집어삼켰다. 3대 통신업계 거물인 차이나 모바일, 차이나 유니콘, 차이나 텔레콤은 기간망 사용료를 마음대로 올렸다. 또 광대역 통신 서비스 업체의 네트워크 사용 요금을 쥐락펴락하며 아예 네트워크 공급을 중단하기도 한다.

랑셴핑은 중국의 다양한 국유기업들의 횡포와 폭리의 근원은 독점에 있다고 질타한다. 특히 시장 질서를 바로잡아야할 중국 정부가 국유기업에 대해서 감독기관으로서의 제 역할을 하지 못했다는 것이다. 결국 전력, 통신, 항공 등에서 요금 인상과 서비스의 저하를 불러와 무고한 서민만 고통을 받는다는 것이다.

저자는 국유기업 독점의 폐해를 해소하기 위한 방안을 미국, 영국, 독일 등 선진국의 경제 운용 사례에서 도출한다. 누구든지 발전소를 세울 수 있도록 하되 정부가 감독을 철저히 하는 방식이다. 환경보호에 관한 항목을 중점적으로 체크하여 사업 허가 여부를 심사하거나, 다양한 전문가로 구성된 심사팀에서 전기 요금의 조정을 심사토록 하는 것이다. 저자는 이런 미국의 합리적 방식을 본받을 것을 요구한다.

폭리 취하는 무자비한 괴물 은행과 불안정한 중국 증시

2012년 중국의 민간 신용대출 시스템은 극도의 혼란에 빠졌다. 살인적인 고금리가 주범이다. "장쑤성 쓰훙현 지역의 월 대출이자는 중국에서 가장 높은 50%를 기록했다." 100위안을 빌렸을 때 연 이자는 원금보다 여섯 배가 많은 600위안에 달했다. 하지만 민간 신용대출 시장의 과열은 중국 은행과 국유기업의 고리대에서 비롯되었다고 해도 과언이 아니다. 은행뿐 아니라 중국의 국유기업들이 대놓고 고리의 대출사업에 참여하고 있는 마당에 민간 자본의 고리대 사업을 규제하기 어려운 상황이 되었기 때문이다. 서민이나 사정이 급한 중소기업들이 울며 겨자 먹기 식으로 민간 신용대출에 매달리는 상황으로 내몰린 것이다. 정부의 은행시스템에서 대규모 민간 프로젝트에 신용대출을 쉽게 제공하지 않았기 때문이다.

중국 당국이 2008년에 '대출만 가능하고 예금은 취급하지 않는' 소액 대출 업체의 설립을 허가함으로써 3천여 개의 소액 대출 업체가 생겨났다. 하지만 자본금에민 의존한 대출 능력은 제한될 수밖에 없어 이들 업체의 지속적 경영이 가능할 지 의문이다. 중국이 민간 자본의 은행업 진출을 막고 있는 건 정상적인 시장 경제의 금융시스템 구축에 결정적인 장애물이다.

중국 증시의 불안정성도 중국증권관리감독위원회의 지나친 관치에 기인한다. 저자는 중국 증시를 개혁하려면 상하이증권거래소와 선전증권거래소의 경쟁을 허용하고, 위원회가 갖고 있는 구조조정 및 주식 추가 발행 심사권을 폐지해야 한다고 목청을 높인다. 미국처럼 상장을 폐지할 수 있는 권한을 투자자의 손에 돌려줘야 한다는 것이다.

중국 민영기업들의 허약한 체질도 심각한 문제다. 2011년엔 중국 유명 가구의 대명사인 다빈치 가구가 싸구려 가구를 해외의 고가 명품 가구로 속여 판 사실이 폭로됐다. 마구잡이식으로 해외 제품들을 베끼기에 열중하는 중국 기업들의 안이한 경영 행태의 표본적 사례다. 이는 지적재산권을 보호하는데 무신경한 중국 정부에게도 책임이 크다.

또한 부가가치세 이외에 부과되던 영업세 등 중소기업 및 소기업들에게 부과되는 높은 세율, 중소기업에 대한 신용대출의 제한, 잦은 원자재 가격 파동 등이 민영기업들의 성장을 가로막고 있다. 저자는 개선방안으로 중소기업의 진흥을 위해 정부에서 종합적인 납세상한법을 내놓거나 업계와 상품에 따라 부가가치세 세율을 설정하는 방식을 제시하고 있다. 이런 방안은 우리에게도 시사점을 준다.

민주화 없는 경제 자유화는 없다

랑셴핑은 중국 경제의 아킬레스건을 들춰내고 철저한 개혁을 주문한다. 그가 진단하는 중국 경제의 핵심적인 병폐의 본질은 중국 정부의 지나친 관치와 국유기업들의 독점의 폐해다. 이를 혁파하기 위해 그가 제시하는 해법은 가장 자유로운 시장경제체제를 작동시키고 있는 미국의 해법들이다.

저자가 제시하는 해법들은 매우 구체적이다. 미국, 영국, 홍콩, 독일의 실제 사례를 구체적으로 설명하면서 중국 당국에 이를 본받을 것을 주문하고 있다. 중국 경제의 제 현상에 대한 구체적인 분석과 유사한 부문에서의 미국의 효과적인 제도를 비교해 줌으로써, 중국 경제 운영의 낙후성을 부각시키고 실효성이 큰 제도를 수용할 것을 촉구하고 있는 것이다.

왜 랑셴핑은 모든 부분의 개혁의 비법으로 최고의 경쟁 상대인 미국의 경제 운용 사례를 들고 있을까? 미국식 방식의 핵심은 자율과 경쟁이다. 결국 그는 중국 경제가 살 길은 독점의 폐해를 줄이고 민간의 활력을 극대화해야 한다고 주장하는 것이다. 그 역시 시장의 '보이지 않는 힘'을 믿고 있는 셈이다.

랑셴핑이 제시한 각 부문별 해법은 일견 적절해 보인다. 하지만 중국 경제의 암적 존재들을 혁신하기 위한 보다 근본적인 처방을 내놓지 못하고 있다는 점에서 탁상공론이 아닌가하는 생각도 든다. 그는 경제의 제반 문제점을 경제적 측면에서만 조명하고 그에 따른 해법을 모색했다는 점에서 결정적인 한계를 안고 있다.

랑셴핑은 경제 제도의 운용이 국가의 정치적 제도와 사회문화적 환경과 시민의 역량과 무관하지 않다는 점을 간과하고 있다. 중국 경제 기반의 취약점은 이들이 자유주의 시장 경제 운용의 작동 원리를 제대로 체득하지 못한 데에 기인한다. 시장경제의 외피를 갖고 있지만 실상은 사회주의 계획경제 운용의 잘못된 관성에 오랫동안 길들여져 있기 때문이다.

랑셴핑이 주장하는 개혁방안의 핵심에는 자유주의 시장경제 운용의 철학인 독점의 완화와 경제 자유화의 기조가 공통적으로 깔려있다. 하지만 중국이 이를 구현하려면 공산당 일당독재와 국유기업과의 끈끈한 유착을 깰 수 있어야 한다. 또 경제 자유화와 소비자의 자유로운 선택권을 중시하는 시장경제 철학의 내면화가 선행되어야만 한다. 나아가 이를 뒷받침할 민주적 법질서의 확립이 요구됨은 두말할 필요가 없다. 하지만 삼권 분립과 대의민주주의의 기본적 정치원리조차 외면하고 있는 중국 공산당의 통치철학이 이를 수용할 수 있을까?

이 책을 읽어나가면서 내내 아쉬웠던 점은 저자가 중국 경제의 각 부문별 혁신 방안으로 미국의 사례를 꼬박 꼬박 들면서, 정작 그러한 제도가 미국에서 작동될 수 있는 환경이 어떤 것인지, 그것이 무엇을 의미하는지에 대해 진지하게 통찰하고, 이러한 근원적 환경 조성을 위해 중국 정부가 해야 할 정치영역의 창조적 혁신을 왜 주문하지 않는가 하는 점이었다.

중국은 경제체제는 물론 국가통치체제의 근본적 개혁이 필요한 시점에 직면하고 있다. 정부주도의 공급 중심의 경제 운용방식에서 민간 주도의 소비자 중심의 경제 운영 방식으로의 대전환이 요구된다. 새롭게 요구되는 경제 운용방식은 필연적으로 현재의 공산당 일당독재의 정치체제와 불화를 빚을 수밖에 없다. 랑셴핑 또한 이를 모를 리 없다. 현재의 공산당 독재체제로는 한계에 직면한 경제적 비효율성을 결코 근본적으로 혁신할 수 없기 때문이다.

랑셴핑이 정말 혜안과 양심을 갖춘 지식인이라면 경제개혁의 전제조건으로 다당제와 국민의 민주적 참여가 보장되는 민주국가체제로의 변화를 촉구했어야 마땅했다. 하지만 랑셴핑은 미국식 해법을 주문하면서도 정작 미국에서 배워야 할 시장경제의 밑바닥을 흐르는 도도한 철학과 이를 뒷받침하는 정치체제, 사회문화적 준칙들에 대해서는 끝내 한마디도 하지 않고 있다.

중국 공산당의 비위를 거스르지 않으려는 좌파 경제학자의 충실한 자기검열 때문일까? 아니면 그는 정말 경제적 문제가 오로지 경제적 논리로만 모두 해결될 수 있다고 믿는 '헛똑똑이'이기 때문일까?

09

서서히 미국을 죽이는 중국의 전략 대공개

《중국이 세상을 지배하는 그날》, 피터 나바로·그렉 오트리 지음, 서정아 옮김,
지식갤러리(2012), 392쪽.

이 책을 읽노라면 중국의 부도덕하고 야비하고 치밀한 전략이 만들어내는 결과에 대한 미국인들의 분노에 공감하면서도 선악을 떠나서 미국을 코너로 몰아붙이는 중국의 거대한 국가권력에 전율을 느끼게 된다. 미국인의 공포가 단순한 엄살이 아님은 분명하다.

미국인에게 중국은 어떤 나라일까? 중국은 유독성 저질 제품으로 미국인의 생명을 위협하며 환율 조작으로 미국의 무역적자를 늘리고 제조업의 기반을 붕괴시킨다. 군사력의 강화로 미국을 세계의 경찰국가에서 끌어내린다. 정말 중국은 미국의 안보를 위태롭게 할 만큼 가공할 힘을 가진 고삐를 걸 수 없는 티라노사우루스tyrannosaurus라도 되는 걸까?

세계적인 경제학자인 피터 나바로Peter Navarro는 중국이 정치, 경제, 군사적 부문 등 전방위적으로 전 세계를 상대로 휘두르는 추악한 행태와 가공할 횡포를 고발한다. 그는 중국인과 중국의 악행으로 미국이 가장 직접적이고 큰 피해를 받고 있다고 주장하면서 다양한 사례를 들어 이를 입증한다. 미국의 생존전략을 힘주어 촉구하기 위해서다.

《중국이 세상을 지배하는 그날Death by China: Confronting The Dragon - A Global Call to Action》은 중국이 무자비하게 살포하는 위협이 여러 영역에 걸쳐 다양한 양태로 전개되고 있음을 고발한다. 특히 미국인, 나아가 세계인의 경각심을 일깨우면서 중국을 제지하기 위한 행동에 함께 나설 것을 호소하고 있다. 이 책에는 한국인들도 직접 경험하였거나 대략적으로 인지하고 있던 내용들이 상당히 구체적으로 제시되고 있어 공감을 느끼게 하는 대목들이 많다.

미국의 일상을 위협하는 중국의 위해 상품 쓰나미

도대체 미국 대륙을 덮치고 있는 중국의 '죽음의 그림자'는 무엇일까? 중국산 저질 제품의 대량 공급으로 미국과 전 세계인의 건강과 안전을 위협하는 일은 이제 새로운 일도 아니다. 저자는 암을 유발하는 등 인체에 치명적으로 해로운 납이나 카드뮴 등이 기준치 이상 함유된 수많은 중국 제품들이 미국인의 생명을 위협하고 있다며 구체적인 피해사례를 들어 비난한다.

저자가 고발하는 중국의 기상천외한 품질 사기 실태는 이루 헤아릴 수 없이 많다. 분유에 산업용 멜라민 넣기, 혈액 응고제 헤파린에 과황산화 콘드로이틴 황산 넣기, 사과 농축액에 중금속 물 타기, 플라스틱 합성수지로 가짜 쌀 만들기, 수출어류에 일산화탄소 처리하기, 납과 중금속을 함유한 다양한 공산품, 검 스트립이 들어가지 않은 타이어 제작 등등.

중국인의 이런 추악한 행태에 식품위생과 안전을 최고의 가치로 생각하는 미국인들이 죽음을 연상하는 위협을 느끼는 것도 무리가 아니다. 저자는 이런 어처구니없는 일들이 버젓이 자행되는 데에는 여럿에게 책임이 있다고 지적한다. 돈벌이에만 혈안이 된 파렴치한 중국기업인, 각종 환경 및 안전 기준 등에서 글로벌 기준을 무시하고 있는 중국 공산당, 수입품 안전 감독을 제대로 해내지 못하는 미국 규제 당국이 그들이다. 저자는 결국 저질 중국 상품을 신뢰할 수 없고 중국 제조업체에 하청을 맡기는 미국 기업도 믿을 수 없다며, 중국산 또는 중국 원자재 제품에 대한 소비자의 철저한 확인과 예방조치를 주문한다.

중국산 제품이 미국인의 일상을 위협하지만, 저자가 더 심각하게 우려하는 것은 미국의 제조업 기반이 무너지고 있다는 점이다. 미국의 제조업체들이 중국으로 공장을 이전하면서 수많은 미국인의 일자리가 빠르게 소실되고 있다는 것이다. 미국 국내총생산에서 제조업이 차지하는 비중은 과거 25%에서 오늘날 10%에 불과한 수준으로 줄어들었다. 저자는 이런 현상을 가속화 시키는 주범으로 중국의 극심한 자국이익 중심의 중상주의 정책과 보호무역 정책을 지목한다.

특히 이를 중국의 '일자리 파괴 8대 무기'라며 신랄하게 공격한다. 각종 불법 수출 보조금 지급, 환율 조작, 저작권 침해, 약탈적인 가격정책과 덤핑, 보호주의 만리장성, 국제표준에 못 미치는 근로자 보건 안전 기준 등이 대표적이다. 한마디로 중국이 자유 무역의 외양을 갖추었지만, '자유'가 없는 국가자본주의가 빚어내는 무차별 악행을 양산하고 있다고 비난한다. 이를 강력히 규탄하는 이유는 구체적이다. 미국의 연간 무역적자에서 중국에 대한 무역적자가 차지하는 비중이 50% 가까이 되고, 석유 수입분을 제외하면 75%에 이른다. 미국이 영업일 하루 당 중국에 대해 기록하는 무역적자는 10억 달러에 달하는 천문학적 숫자다. 중국의 환율 조작을 '환율 핵폭탄'이라며 공포감을 드러내는 이유가 이해될만 하다.

하지만 모든 책임이 중국에만 있을까? 저자는 "도둑에게 명예심을 기대할 수 없다"며 중국의 무자비한 중상주의 공격을 비난하지만, 더 나쁜 행위자는 미국의 '변절기업'이라고 힐난한다. 중국의 값싼 노동력의 치명적 매력에 이끌려 생산시설의 중국 이전 및 총체적인 아웃소싱인 오프쇼어링off-shoring을 광범위하게 시행하는 미국의 기업가들이야말로 중국의 불공정 무역 관행, 방만한 환경 안전 정책을 더욱 부추기는 사람들이라는 것이다.

첨단 기술 빼가는 중국의 '먹튀' 전략

저자는 "중국을 이길 수 없으면 중국과 손을 잡아라"는 유행에 빠져있는 미국 기업가들에게 중국의 거대 시장에 대한 환상에서 깨어나라고 촉구한다. 이어서 중국 공산당의 자주혁신 정책에 명시된 3개 보호주의 조항의 피해자가 될 것이라는 경고가 뒤따른다.

중국의 전략수순은 이렇다. ①소수 지분 합작을 통해 합작 기업의 모든 영업기밀과 정보에 접근하도록 한다. ②강제 기술 이전을 명시하여 중국 합작 업체에 지적 재산을 넘겨주도록 한다. ③강제 기술 이전에 보호주의를 첨가하여 연구개발 기술과 시스템을 수출하도록 강제한다. 미국 기업들이 중국의 이런 외국 기업 유치전략 속에 숨은 음험한 술수의 함정을 읽지 못하면 결국 미국 기업의 자살행위가 될 수 있다는 것이다.

이런 중국식 중상주의 전략의 미끼에 넘어간 전형적인 미국의 '변절 기업'은 이름만 들어도 알만큼 글로벌 기업들이다. 중국에 원자로 4대를 건설한 웨스팅하우스, 항공 전자 산업을 이전한 제너럴 일렉트릭, 굴착기 생산 공장을 이전한 캐터필러, 태양 발전 시설을 이전한 에버그린 솔라가 그들이다. 저자는 이들 기업이 중국으로 공장, 관련 업체, 연구개발 시설을 옮기면서 미국의 일자리가 날아가고, 공장 폐쇄 비용마저 공적 자금이 투입되어야 하는 어처구니없는 상황을 불러왔다고 개탄한다.

이들 기업들이 개별 기업차원에서 단기적 이익을 볼 수 있을 것이다. 하지만 장기적으로 중국의 중상주의 전략의 희생양이 되어 결국 핵심기술을 중국에 모두 빼앗기고, 이전 받은 기술로 중국이 가장 강력한 경쟁자로 부상하게 될 상황을 간파하는 저자의 통찰은 날카롭다.

한국도 유사한 경험을 하지 않았던가? 상하이 자동차가 쌍용자동차를 인수했다가 쌍용자동차의 SUVsport utility vehicle 기술을 쏙 빼어가면서 '먹튀' 논란까지 빚었다. 하지만 저자의 미국 기업의 근시안적 행태에 대한 신랄한 질타에도 불구하고 오프쇼어링의 폐해가 쉽게 줄어들 것 같진 않다. 개별 기업에게 아무리 애국심을 촉구한들 눈앞의 이익에 눈이 멀고 마는 현실이다. 값싼 노동력을 치명적 매력으로 치장한 중국의 유혹이, 장기적인 중국의 음험한 전략, 즉 기술 빼가기에 대한 경계심을 앗아가고 있기 때문이다.

중국에 대한 저자의 분노가 더 큰 두려움으로 변하는 영역은 군사 분야이다. 중국은 항공모함 등 원정형 해군 무기를 증강하고 스텔스 기능을 갖춘 최첨단 전투기를 대량 생산한다. 미국의 위성시스템을 마비시킬 우주를 기반으로 한 5차원 무기체계도 개발 중이다. 저자는 중국의 무기개발 실상을 자세히 소개하면서 가공할 군사력의 약진이 낳는 공포감을 전달한다.

하지만 저자는 중국의 무기 확충 방식의 야비함을 더 힐난한다. 러시아 Su-27 전투기를 그대로 카피한 선양 J-11B, Su-33 전투기를 모방한 함재기 선양 J-15의 탄생비화를 보자. 당초 중국은 러시아와 Su-27과 Su-33의 구입 계약 및 라이선스 사용 계약을 체결한다. 이어 수호이를 받자마자 이를 분해해서 설계도를 파악하고 곧바로 계약을 해지해버렸다. 러시아가 격분했음은 물론이다. "도둑과 폭력단에게는 지켜야 할 명예가 없다는 것을 보여주는 사례"다.

청두 J-20 스텔스 전투기 또한 1999년 세르비아에서 격추된 미국의 스텔스 전투기 잔해에서 기본적인 스텔스 기술을 얻어냈다. 중국이 최초로 생산한 항공모함 바랴크Varyag 역시 홍콩에서 중국의 사주를 받은 것으로 추정되는 전직 중국군 장교들이 꾸민 음험한 계략의 결과물이다. 먼저 가공회사를 만든 후 마카오의 대형 해상 카지노를 개조한다는 명목으로 수입토록 한 뒤, 마카오가 아닌 다렌항으로 빼돌려 현대식 항공모함으로 리모델링한 것이다. 저자는 첨단 무기의 개발을 위해 수단과 방법을 가리지 않는 중국의 저열한 행태를 막아내지 못하는 미국의 무능을 질타한다.

우주 개발에서의 중국의 부상도 가공할 수준이다. 미국이 빈 라덴 잡기에 골몰하고 있는 동안, 중국은 미국의 GPS체계를 무력화 할 수 있는 위성 공격용 무기 개발을 추진했다. 전자기 펄스 폭탄으로 전자 인프라를 마비시키는 계획은 물론 우주에서 원자폭탄을 투하하는 기술 개발까지 포함하고 있다. 중국은 우주항공 분야에서 미국의 군사력에 비대칭전 기법으로 대응하고 있다. 이것이 '평화적 부상'이라는 포장 뒤에 날카로운 비수를 숨겨두고 있는 중국의 전략인 셈이다.

중국의 군사적 부상의 이면에는 미국을 상대로 벌이는 중국의 광범위한 첩보활동과 붉은 해커 여단의 무차별적 사이버 테러가 자리하고 있다. 중국이 스파이망을 통해 훔쳐낸 기술과 공정은 헤아릴 수 없이 많다. 이지스 유도 미사일 구축함의 하부 시스템, 중성자 폭탄의 내부 설계도, 우주왕복선 설계도, 항공모함 추진시스템, ICBM 유도 장치 시스템 등 핵심 군사기술이 다수 포함되어 있다.

붉은 해커 여단이 사이버 스파이 활동의 선두에 있음은 두말할 나위가 없다. 중국 정부의 은밀한 비호를 받고 있는 대규모 해커들은 미국정부, 기업, 연구소, 군 등의 네트워크를 넘나드는 기술을 갖고 있다. 저자는 요로의 컴퓨터에 꼭두각시 칩을 심을 능력을 갖고 있는 이들 해커부대가 미국의 전력망 등 국가중요시설을 일시에 마비시킬 우려가 있다고 경고한다.

저자가 분통을 터트리는 것은 한마디로 총성 없는 첩보 전쟁에서 미국이 처참하게 패배하고 있다는 점이다. 방첩 활동은 방만하며 정치권은 중국의 불법 행위에 대해 보복조치를 취하지 않는다. 게다가 대다수 연구기관들과 국민들은 중국의 경제 발전을 찬양할 뿐 미국의 고급 정보를 블랙홀처럼 빨아들이는 중국의 스파이망의 경악할 활동에 무지하다는 것이다.

중국이 초래하는 환경 재앙

저자의 중국 비판은 겉으로는 직접 미국에 위해를 주지 않을 것 같은 중국 내부의 문제에 까지 치고 들어간다. 극심한 환경오염, 티베트, 신장 위구르, 네이멍구 등 소수민족의 말살정책 및 인권 침해, 열악한 노동자 생활 실태 등을 고발한다. 이는 중국 내부의 문제가 아니라 전 지구적 재앙으로 이어질 수 있는 심각한 문제라고 인식하기 때문이다.

중국이 만들어내는 '지구 공유지의 비극'은 환경 분야에서 더욱 심각하게 노정되고 있다. 중국은 에너지 수요의 75%를 석탄에 의존하여 이산화황 배출의 90%를 차지한다. 강, 호수 등 70%와 지표수의 90%가 오염된 이유는 중국의 제조업체들이 끊임없이 유해물질을 배출하기 때문이다. 환경오염의 심화로 티베트–칭하이 고원의 빙하가 매년 7%씩 녹아내리고 있다. 이런 모습들이 바로 중국이 지구 온난화에 제왕적 주범 역할을 하고 있음을 반증하고 있다는 것이다. 중국이 초래하는 환경 재앙이 '지구 행성의 종말'을 재촉할 수 있음에도 중국 공산당은 전혀 개선 노력을 보이지 않고 있다. 저자는 3가지 이유로 분석한다. 먼저 중국 공산당은 '성장 우선, 보호는 나중에'라는 근시안적 정책의 불문율을 갖고 있다. 더구나 수자원과 땅에 폐수와 폐기물을 방출하는 대다수 악질적인 존재가 국유 기업이란 점이다. 또 환경을 철저히 무시하는 그릇된 전통적 자연관도 환경오염의 비극을 가중시키고 있다. 마오쩌둥 주석의 영도아래 파종 곡식의 피해를 막는다며 수백만 명의 농민을 동원하여 참새잡이에 나서게 했던 웃지 못할 사례도 그 예이다.

중국에 대한 저자의 전방위적 비판은 역설적으로 미국의 위기의 심각성을 웅변해 주고 있는 듯하다. 저자에게 포착되는 중국은 사기와 위선이 판치고, 국가자본주의에 의해 완벽하게 통제되는 '자유'가 없는 불완전한 시장경제가 지배하는 기이한 나라다. 갖가지 위법과 부조리가 만연한 중국이 세계를 지배하는 악몽을 경계하기 위해 저자는 목소리를 높인다.

검은 대륙 아프리카를 접수해 나가고 있는 사례도 중국의 세계 지배의 전초적 활동의 하나다. 과거 10년 동안 중국인들은 75만 명이나 아프리카로 진출해 정착했다. 중국은 차관 제공의 유인책으로 아프리카의 지하자원을 쓸어 담아가고 있다. 중국은 원자재와 자원을 제공받고, 이를 바탕으로 중국산 완제품을 수출하는 이중의 이익 창출로 해당 국가를 경제적 예속으로 떨어뜨린다. 저자는 이런 상황을 '중국식 식민주의'라고 규탄한다.

문제는 중국의 마수가 아프리카 등 독재자가 지배하는 불량국가들에서 호주, 브라질, 남아공 등 민주주의가 확립된 신진 산업국에까지 뻗치고 있다는 점이다. 저자는 이런 과정에서 미국이 과거 전 세계에서 보여 준 '소프트 파워'가 상실되고 있음을 통찰해 낸다. 미국의 퇴조 속에 중국이 세계 곳곳의 희귀자원들을 독식해 가면서 신흥 식민 제국으로 질주해 나가는 것을 우려하는 것이다. 하지만 중국 때리기가 저자의 핵심 목적은 아닌 듯하다. 그는 중국의 위법, 탐욕, 위선을 세계인들에게 경고하는 한편, 가장 직접적인 피해를 입으며 생존의 위기에 몰리고 있는 미국의 정치가, 기업가, 개인들에게 중국과 공존하기 위한 생존지침을 제시하는 데 방점을 둔다.

이 책의 말미에 중국산 저질 제품과 독극물에 의한 죽음을 피하는 법, 중국의 일자리 파괴 무기를 해제시키는 법, 중국의 스파이와 사이버 전쟁 대처법, 중국의 군사적 위협에 대응하는 법, 중국이 자국민을 죽이지 못하게 하는 법 등 구체적인 대응 전략을 제시하고 있다. 특히 전반적으로 위기의식이 부족한 미국의 정치지도자들과 미국인들의 각성을 촉구하는데 주력한다.

저자는 제2차 세계대전 당시 독일이 세계 최고의 기술과 무기 체계를 갖고 있었지만 대규모 공업생산력을 갖고 있던 미국의 물량 공세에 패배할 수밖에 없었던 교훈을 잊지 말자고 호소한다. 현재 중국이 미국에 비해 첨단 기술력에서 다소 뒤지고 있지만, 중국이 막대한 공업생산력으로 미국을 압도하고 있어 과거 독일과 미국과의 경우처럼 양이 질을 압도하는 결과가 재현될 수도 있다는 경고인 셈이다.

바보야! 문제는 미국이야

이 책을 읽노라면 중국의 부도덕하고 야비하고 치밀한 전략이 만들어내는 결과에 대한 미국인들의 분노에 공감하면서도 선악을 떠나서 미국을 코너로 몰아붙이는 중국의 거대한 국가권력에 전율을 느끼게 된다. 미국인의 공포가 단순한 엄살이 아님은 분명하다. 이웃인 한국으로서는 중국의 모든 악행의 여파를 강 건너 불 보듯 할 입장도 아니다.

특히 우리는 저자가 미국이 처한 작금의 위기가 미국 내 '중국 옹호론자 연합'의 잘못된 행태에서 초래된 점이 많다며 각성을 촉구하는 대목에 주목할 필요가 있다. 그는 '중국을 민주화시킨 다음에 길들이자'는 잘못된 포용론을 펴는 진보주의자들이나, '자유 무역 원칙만 준수하면 중상주의라도 상관없다'는 보수파의 잘못된 맹신 모두를 혹독하게 비판한다. 이들이 중국이 야기하는 문제점을 국민들이 똑바로 보게 하는데 장애가 되고 있다고 말한다.

저자가 질타했듯이 중국인을 묵인하고 열렬히 옹호하는데 앞장서는, 우리에게도 널리 알려진 파리드 자카리아, 톰 프리드먼, 조지프 스티글리츠의 행태나, 자유 무역 원칙을 맹신하며 중국의 불공정 무역관행을 묵인하는 카토 연구소, 해리티지 재단의 연구자, 하버드 대학의 맨큐 교수, 스탠포드 대학의 맥키넌 교수 등의 허술한 이념도 모두 타산지석으로 삼아야 한다. 중국에 경도되어 가는 미국 사회를 각성시키려 애쓰는 저자의 노력은 우리에게도 시사하는 바가 많다. 우리 역시 중국에 굴종적 자세를 취하는 지식인들이 점점 더 늘어나는 현실을 맞고 있기 때문이다. 저자의 주장들은 마치 우리에게 중국에 예속되지 않기 위해 위해가 되는 인적 인프라부터 정비하라고 조언하는 듯하다.

미국 조야와 전문가, 국민들에게 죽비를 내리치듯 하는 저자의 일갈은 정확한 상황 진단에서 나온 만큼 정신을 번쩍 들게 할 만하다. 구체적인 정책 대안을 제시하면서 미국인의 각성과 정책적 변화를 촉구하는 저자의 인식은, 문제의 근원은 중국이 아니라 미국에 있다는 시각이다. 중국의 영향력의 위력을 나날이 실감하는 한국도 미국의 상황에서 전략적 방향의 시사를 얻을 수 있지 않을까?

중국은 세계인의 존경을 받는 '도덕 국가'로 진화할 수 있을까? 현재 세계 곳곳에서 불협화음을 낳고 있는 중국 전략에 대한 진지한 성찰이 없는 중국공산당이 지배하는 한, 정보와 기술, 권력, 부를 독점하고 철저히 통제하는 반 시장적 국가자본주의 체제를 유지하는 한, 사악한 '빅 브라더big brother'의 흉측한 모습에서 벗어나기는 쉽지 않을 듯싶다. 중국인 스스로 지금의 체제 속에서 이룬 경제적 성장이 만들어내는 자부심에 취하여 중국이 만들어내는 기괴한 결과물들이 세계인에게 어떤 위협과 악영향을 만들어 내고 있는지 전혀 관심이 없기 때문이다.

중국 아킬레스건,
중국의 베일을 벗긴다.

감추고 싶은
중국의 비밀 35가지

제 **3** 부

공산당 일당독재의
불편한 진실

10

공산당이 국가 위에 군림하는 당-국가 체제

《중국의 당과 국가》, 니시무라 시게오·고쿠분 료세이 지음, 이용빈 옮김,
한울아카데미(2012), 342쪽.

현대 중국은 공산당이 절대적으로 영도하는 일당독재체제다. 저자는 이런 중국의 정치체계를 '당-국가party-state 체제黨國體制'로 부른다. 이는 사회주의 이념의 공산당이 국가에 대해 우월적 지위를 갖고 당과 국가가 유착된 이중적 지도체계다.

감추고 싶은
중국의 비밀 35가지

우리는 중국의 정치체계의 속성을 얼마나 알고 있을까? 유사 이래 애증이 교차해 온 가장 가까운 이웃 국가인 중국에 대해 가장 잘 이해하고 있는 듯하면서도, 실상 중국의 본질에 대해선 정확하게 모르고 있는 듯싶다. 중국 공산당에 대한 진지한 사회적 담론이 턱없이 부족하기 때문이다. 중국 현대사와 정치체계에 대한 연구 성과가 풍성한 구미와 일본과 비교하면 우리 학계의 연구 상황과 성과물은 초라하기 그지없는 수준이다.

《중국의 당과 국가》는 일본의 중국정치 연구를 이끌고 있는 대표적인 석학 고쿠분 료세이 교수와 중국 근현대정치사의 전문가인 니시무라 시게오 교수가 협력하여 저술한 중국정치 연구의 역저다. 이 책은 현재의 중화인민공화국을 평면적으로 관찰하지 않았다. 청조淸朝, 중화민국의 시기까지 거슬러 올라가 국가 형성 과정을 맥락적으로 추적했다. 이를 통해 중국 정치체제 속의 역사적 경향성을 추출하여 중국 정치의 특장을 명확히 짚어준다.

저자는 현대 중국 공산당의 정치체제의 정치적 정통성의 뿌리가 어디에서 발원하고, 어떤 방식으로 이어져 왔는지 역사적 고찰을 통해 그 내막과 어두운 그림자까지 규명해 준다. 따라서 이야기 전개 자체가 중국 현대사의 수수께끼를 풀어가는 과정이다. 편년체적 서술로 연대기적 사건들의 전개과정을 통시적으로 기술하면서, 때론 역사적 사건들이 어떤 전기와 영향을 만들어냈는지 기년체적 서술을 병용하고 있다.

국가 위에 군림하는 공산당

현대 중국은 공산당이 절대적으로 영도하는 일당독재체제다. 저자는 이런 중국의 정치체계를 '당-국가party-state 체제黨國體制'로 부른다. 이는 사회주의 이념의 공산당이 국가에 대해 우월적 지위를 갖고 당과 국가가 유착된 이중적 지도체계다. 저자는 이 같은 체제가 공산당이 국가와 국민 전체를 대표한다는 일종의 신화에 기초한 '대행주의적' 이데올로기에서 비롯되었다고 말한다. 이는 중국 공산당이 보편적 가치를 멀리하면서 '중국적 특수성'을 강조하는 근거가 된다.

'당-국가 체제'의 연원은 청말 입헌·헌정 운동의 역사, 쑨원孫文의 삼민주의를 기반으로 하여 입헌공화제가 주창되었던 정치적 자장磁場의 변질과 연관이 있다. 사실 중국에도 보편적 가치에 기초한 근대 국가를 형성할 소중한 기회가 다가온 적이 있었다. 바로 아편전쟁1840~1842으로부터 시작된 중국 근대화 시기다. 신정神政과 헌정憲政이 혼재하던 청말 왕조는 쑨원이 주도한 신해혁명1911에 의해 붕괴하고, 최초의 입헌공화제 국가인 중화민국이 탄생한다.

헌법 시행 전에 예비된 '중화민국 임시 약법'은 '주권 재민', '의회제와 책임내각제', '사법 독립' 등의 입헌공화제의 정치체제를 설계하여 아시아 최초의 '주권 재민'의 헌법을 만들어냈다. 하지만 근대 입헌주의의 기본적 규범을 실천해 낼 자유롭고 경쟁적인 선거에 의해 선출된 대표에 의해 구성되는 국회와 '정당정치체'를 만들어 내지 못했다. 결국 민주공화국의 창출에 실패하고 만 것이다. 이는 군사력을 갖춘 위안스카

감추고 싶은
중국의 비밀 35가지

이가 대총통의 권한을 독단적으로 행사하여 '홍헌洪憲 황제'가 되고자 한 야욕 때문이었다.

다행히 위안스카이 사망이후 쑨원이 1919년 5.4운동을 통해 입헌공화제의 법통 복원을 추동하고, "공화를 공고히 하고 삼민주의를 실행하는 것"을 목적으로 하는 중국국민당을 조직함으로써 새로운 정치적 정통성을 구축하게 된다. 1925년 쑨원이 사망한 후 장제스蔣介石의 국민정부는 각 지역 군벌의 정치 기반을 무너뜨린다.

이 과정에서 러시아 혁명의 영향으로 사회 저변에 팽배해진 계급혁명의 관념을 뒷받침하기 위해 "삼민주의를 본체로 삼고 러시아의 공산당체제를 도구로 활용하는" 정치체제를 만들게 된다. 이는 1920년대 초반까지 존재했던 입헌공화제에 기반을 둔 '대총통'과 '국회'제도에 대한 정통성의 관념을 완전히 부정한 것이다. 바로 비극적인 '당–국가 체제' 탄생의 씨앗이 된다.

이는 당시 정치체계의 취약성을 여실히 보여준 것으로 공화주의자들의 가슴을 치게 하는 대목이다. 특히 쑨원이 생존했더라도 상황은 마찬가지였을 것이다. 그는 사망하기 1년 전에 출간한 《삼민주의·민주주의》에서 대의代議 정치체제는 중국에 도입할 수 없다고 보았다. 오히려 러시아 혁명으로 등장한 '인민독재'의 정치체제가 대의 정치체제보다 개선된 것으로 평가했다. 이런 상황은 당시 중국 혁명지도자들이 민주적 공화정치체계에 대한 이해와 통찰이 매우 부족했던 시대적 한계를 단적으로 보여준다.

'당에 의한 국가 수립'을 거쳐 '당에 의한 국가봉지'로 나아가고, '당을 국가의 위에 두어야 하는 것'의 필요성을 강조하는 쑨원의 인식은, 군정軍政, 훈정訓政, 헌정憲政의 3단계 정당론으로 귀결된다. 현재의 중국 공산당의 '당-국가 체제'의 뿌리가 쑨원과 장제스의 국민당에 닿아 있음을 볼 수 있다. 중국 정치체제의 '잘못 꿰어진 첫 단추'가 너무나 아쉽기만 하다.

저자는 장제스의 국민당과 마오쩌둥의 공산당의 쟁투과정과 정치체제의 변동과정을 상세히 기술한다. 특히 장제스의 중화민국의 정치체제가 훈정에서 헌정으로 이행하지 못하고 좌절된 상태에서 중국 공산당에 쫓겨 대만으로 밀려감으로써 공화적 정치 변동의 동력이 완전히 소멸하게 되는 과정을 보여준다. 그나마 근대 민주주의와 친화성을 가졌던 국민당의 패배는 중국 정치체제의 발전 경로에서 뼈아픈 손실이었다.

물론 국민당과 공산당의 쟁투과정에서 몇 번의 역사적 전기를 만들 기회가 전혀 없었던 것은 아니다. 특히 1947년 1월 1일 공포된 중화민국헌법에 명시한 정치제도의 기반은 획기적 정치사상을 담고 있었다. 제1조에 "중화민국은 삼민주의에 기초하며, 민유民有, 민치民治, 민형民享, 즉 인민의, 인민에 의한, 인민을 위한 민주공화국이다"라고 천명한 입법주의 헌정체제는 당시로서는 혁명적인 것이었다. 특히 민선 대의제인 '삼원제 국회'가 탄생하고, 행정원, 입법원, 감찰원을 두어 견제와 균형을 도모한 국가체계도 세계 조류에 순응한 권력체계였다. 중국 민주주의의 초보적인 기초가 만들어 진 셈이었다.

하지만 정치체계의 재편성이 국민당 내부의 권력 투쟁과 예산 편성 및 자원의 재분배 과정에서 정치적 갈등과 모순을 증대시켜 정치적 정통성이 와해되기 시작한다. 게다가 공산당과의 전투에서 패퇴하여 공화정의 꿈은 완전히 좌절된다. 저자는 국민당의 실패요인으로 세 가지를 꼽았다. 첫째, '내전'을 주도하여 평화를 소망한 민중의 민심을 잡지 못했다. 둘째, 헌법 제정 과정에서 민주동맹 등 중도적 정당과 정파를 배제함으로써 정통성을 확립하지 못했다. 마지막으로, 농민들에게 토지를 주는 개혁적 토지정책을 실시하지 못했던 점이다.

반면 저자는 공산당의 성공요인을 명시적으로 적시하고 있지는 않다. 공산당은 국공 협상과정에서 여러 계급들을 연합시킨 통일전선 정치제도로서의 '연합정부'를 표방했다. 이를 통해 여러 당파들을 공산당에 협력토록 유인했던 점이 주효했던 것이 아닌가 생각된다.

하지만 이런 전략은 1949년 중화인민공화국 건국시기의 불안정한 취약점을 일시적으로 보완하고자 한 책략이었을 뿐이다. 공산당 일당독재와 '당–국가 체제'가 확립됨에 따라 여러 정파와 연합하겠다던 민주적 조류는 일거에 사라진다. 농지개혁으로 토지를 농민에게 분배했던 공산당 혁명정부는 건국에 성공하자 언제 그랬냐는 듯 태도를 돌변하여 모든 토지와 생산수단을 당과 국가에 귀속시킨다. 결국 제 정파에 대한 협력의 손길도, 농민에 대한 토지분배의 유혹도 공산당이 권력을 독점하려던 야심을 숨기려는 위장 전술이었던 셈이다.

'당—국가 체제', 자유민주주의 체제로 전환될 수 있을까?

저자는 중국 공산당이 '당—국가 체제'를 설계하고 확립시켜 나가는 역사적 경로를 세밀하게 추적하고 있다. 다만 왜 이런 기이한 지배체계가 형성되었는지 그 배경과 요인을 명쾌하게 설명하지 않은 점은 아쉽다.

필자는 크게 대내적 요인과 대외적 요인 두 가지가 작용했다고 판단한다. 첫째, 중국의 유구한 왕조국가의 지배체제에서 자유와 민주의 싹을 키우지 못해 새롭게 유입된 서양의 공화주의의 정치체제를 이해할만한 정치적 토양과 역량이 충분히 형성되지 못했기 때문이다.

둘째, 여러 정치체계에 대해 탐색이 이루어지는 와중에, 1917년 러시아 혁명 정권이 만들어낸, 국가의 제도와 조직을 장악하는 '당—국가 체제'의 모델이 너무나 매력적으로 보였던 것 같다. 공산당의 국가 장악 의도와 맞아떨어지는 모델이었기에 쉽게 수용할 수 있었다. 사회주의 혁명의 열풍을 수렴해 나가지 않을 수 없었던 시대적 급박함이 정치체계의 면밀한 검토 없이 채택하게 한 압력으로 작용하기도 했을 것이다. 이는 건국 이후 50년대 초에 중국 공산당이 당의 지도력 강화를 위해 소련을 사회주의 건설의 선구자로 삼아 모든 국가운영 방식을 적극적으로 학습하여 이식하려한 것으로도 알 수 있다.

중국 공산당이 확립한 '당—국가 체제'는 중국 현대사에 어떠한 영향을 미쳤을까? 중국에는 사법권의 독립이 존재하지 않는다. 즉 삼권분립 자체가 존재하지 않는다. 공산당의 영도가 절대적 원칙이며, 입법, 행정, 사법의 모든 국가 운영 체계는 공산당의 핵심 영도아래 있다고 보아야 한다.

인류가 수세기 동안 피와 땀으로 진보시켜온 민주주의의 보편적 가치가 작동하는 보통국가와는 거리가 멀다. 이런 '당-국가 체계'는 문화대혁명 같은 마오쩌둥의 개인적 카리스마를 활용한 동원형 정책을 밀어붙이거나, 공산당 내 반우파 투쟁을 원천 봉쇄하고, 티베트 등 소수민족을 억압하는 데 유효하게 작동되었다.

물론 당과 국가 및 정부의 직위와 직무를 분업시키기 위한 시도가 간헐적으로 있었다. 1989년 톈안먼 민주화 운동이 '당-국가 체계'를 이완시키는 듯 했지만, 마오쩌둥, 덩샤오핑, 장쩌민, 후진타오 시대를 거치며 사회주의 시장경제를 도입하면서도 '당-국가 체계'는 더욱 공고해졌다. 사회 변화에 따라 새롭게 부상하는 자본가와 엘리트를 포섭하여 체제를 강화한 '국가조합주의'는 더욱 튼튼해졌다. 이런 기조에서 중국이 가야 할 민주화의 길은 앞으로도 험난할 것으로 예상된다.

저자도 명확한 해법을 제시하지 못할 만큼 공고한 '당-국가 체제'가 어떻게 자유민주주의 체제로 전환될 수 있을까 하는 생각이 이 책을 읽으며 내내 떠나질 않는다. 중국의 '당-국가 체제'는 자유민주주의 체제로 운영되는 한국, 일본, 미국 등 주변 이해국과 친화성이 멀다. 반면 일당 독재의 완벽한 전체주의 체제로 유지되는 북한에겐 늘 부정적 영감과 연대감을 높여 준다. 경제 대국으로 올라서는 중국과 한국이 보다 자유롭고 긴밀한 교류와 협력의 시너지를 내기 위해선 우리와 친화성을 갖는 동일한 정치체제가 절실히 요구된다. 즉 중국의 정치체제가 바꿔

어아만 한다.

　물론 중국은 우리의 소망과 달리 우선 당장 양극화 해소를 정치개혁보다 더 시급한 당면과제로 인식할 수 있다. 계급 해방, 평등한 세상을 내걸며 등장한 중국 사회주의 정권이 사회주의 시장경제 도입으로 국부를 비약적으로 발전시켰지만 국민 개개인의 삶은 양극화로 몸살을 앓고 있다. 2011년 기준 지니계수가 0.61로 청말 '태평천국의 난' 당시 수준과 비슷한 위험 수준에 도달하여 세계 최악의 소득불평등 국가가 된 점이 이를 웅변한다.

　중국에는 상속세가 없다. 부의 대물림에 어떤 장애도 없다. 국영기업이나 알짜배기 중추 산업의 민간기업을 장악한 태자당이 권력과 부를 축적한 특권계급을 형성할 수 있었던 배경이다. 정치적, 경제적 권력을 장악한 공산당 기득권층의 부의 효율적인 재분배가 이루어지지 않으면 국가 붕괴의 심각한 위기마저 도래할 수 있다. 이래저래 시진핑 시대는 분배가 최우선 과제가 되고 정치개혁은 또 뒷전으로 밀릴 것 같다.

　하지만 현재의 전체주의적 정치체제에 의해 다스려지는 혼합 시장경제mixed market economy의 수단으로 일시적으로 양극화를 완화할 정책을 펴 나갈 수는 있겠지만 소득불평등의 궁극적 해소 효과를 내기는 어려울 듯싶다. 중국의 쑤사오즈蘇紹智가 말한 정치발전의 3단계는 요원하다. 민주화democratization로 대전환이 이루어지면서 일당 독재가 포기되고 복수정당제의 경합적 정치체계로 이행될 수 있을까? 경제 발전의 3단계 역시 일어날 수 있을까? 자유시장화free marketization에 의해 경제의 자유화가 추진되고 국가는 시장의 조절에만 관여하는 단계로 진화되어 나가는 일 역시 요원할 것 같다.

하지만 분명한 사실은 중국의 '당-국가 체제'가 경제성장에 따라 새로운 도전에 직면하고 있다는 점이다. 다원화되고 분화하는 사회의 현실과 다양한 국민의 목소리를 담아내는 새로운 정치체제에 대한 열망의 압력이 높아지고 있는 것이다. 공산당이 초월적 위치에서 국가의 모든 것을 장악하는 체제는 점점 그 정통성과 실효성을 상실해 갈 것임에 틀림없다. 중국 사회에 싹트고 있는 자유와 민주를 갈망하는 내부 동력과 유기적으로 작동할 수밖에 없는 국제정치·경제시스템과의 교류에 의한 훈풍이 중국의 정치체제 개혁의 밑거름이 되지 않을까? 중국이 세계 일류국가로 발전하기 위해 새로운 혁명이 필요한 시기다.

11

동방명주에 감탄한 당신 중국에 속고 있다

《중국 공산당의 비밀》, 리처드 맥그레거 지음, 김규진 옮김,
파이카(2012), 400쪽.

"당은 신과 같다. 보이지 않고 접할 수도 없지만, 어디에나 존재한다." 베이징 대학의 한 교수의 말이다. 몸서리치게 정확한 통찰이다. 하지만 중국은 이러한 전제적 통치모델을 국제사회나 외부인들이 감지하지 못하도록 세심한 노력을 경주한다.

중국의 경제적 부상이 계속되고 있다. 이에 힘입어 중국은 정치적, 군사적 분야에서도 목소리를 높여가고 있다. 이제 중국과의 경제적 이해관계가 더욱 긴밀해진 많은 국가들은 직간접적으로 중국의 눈치를 보지 않을 수 없는 상황이 되어가고 있다. 더구나 중국의 경제적 성취에만 주목하다보면 중국이 레닌식 공산주의에 충실한 전제적專制的 국가임을 인식하지 못한다. 심지어 사회주의의 성공적인 모습인양 착각하는 경우가 많다.

표면상 중국은 더 이상 공산주의 국가가 아닌 것처럼 행동하고 있기 때문에 이런 착시錯視를 부추긴다. 우리나라의 경우 그 현상이 더욱 두드러져 '중국식 사회주의'라는 교묘한 논리에 현혹되어 비판적 의식이 마비된 사람들이 많다. 실제 중국과 깊은 연관을 갖게 되는 기업가, 정치인, 전문가들의 경우 여러 가지 직간접적인 이해관계로 인해 은연중 중국의 무언의 압력에 길들여 있다. 어느 덧 중국 공산당이 원치 않는 사고와 의사표현을 스스로 억제하는 자기 검열의 경향마저 보인다.

이런 상황에서 중국의 진면목을 제대로 조명하는 용기 있는 책이 출판되었다. 그것도 중국을 움직이는 1당 독재정당인 중국 공산당이 중국을 지배해 나가는 통치의 비기秘技에 직접 메스mes를 들이대었다.

공산당은 신이다

《중국 공산당의 비밀》은 중국의 화려한 겉모습 뒤에 감춰진 통치세력의 은밀하고도 막강한, 때로 비열한 권력을 낱낱이 파헤쳐 그 비밀을 드러낸다. 중국을 이해하기 위해 왜 중국 공산당의 참모습을 먼저 알아야 하는 걸까? 모든 것은 당黨으로 통하기 때문이다.

보편적인 현대국가의 권력은 입법, 사법, 행정의 3권 분립으로 이루어져 있다. 하지만 중국은 당黨, 정政, 군軍의 삼각체계로 구성되고 중국 공산당이 이 모두를 장악하고 있다. 따라서 중국의 외형적 국가의 모습은 정상적 국가체제와 매우 유사하다. 하지만 실제 국가 권력의 작동은 오로지 공산당이 정한 원칙과 기준 내에서만 행해진다는 것을 알아야 한다.

이런 기형적 작동 원리는 국가의 행정 영역은 물론 사법체계, 치안, 교육, 기업 경영, 언론, 국민 생활에까지 깊숙이 개입된다. 결국 중국 공산당의 코드를 읽어야 중국 사회 전체의 운용 시스템을 이해할 수 있게 되는 것이다. 중국은 전 세계에서 보통선거가 실시되지 않는 희소한 국가 중의 하나다. 민주국가에서 최고 권력자를 선출하는 선거과정은 전 국민들이 주권자임을 확인하는 기회다. 나아가 후보자들이 국민들에게 자신의 능력과 비전을 호소하는 축제의 장이다. 하지만 중국에서는 이런 선출과정을 볼 수 없다. 오직 공산당의 발표만 있을 뿐이다.

공산당 전국인민대표회의에 등장하는 순서가 중앙 정치국 상무위원회의 9인의 서열이 된다. 여기서 지명된 최고 권력자들은 인민의 의사와는 무관한 당 내부의 권력투쟁과 타협의 산물일 뿐이다. 당이 권력을 행사하기 위한 기구인 정치국, 중앙위원회, 상무위원회, 그와 유사한 기관들은 모두 구舊소련의 시스템을 벤치마킹한 것이다. 블라디미르 레닌Vladimir Il'ich Lenin, 1870~1924이 애초에 당이 사회의 모든 계층을 감시할 수 있는 피라미드 시스템을 설계했다. 중국은 이런 체계를 거의 그대로 차용했다.

공산당은 중앙조직부, 중앙선전부, 중앙통일전선부 등을 통해 국가의 모든 인사권을 장악한다. 언론을 통제하며 국내외 시민 단체까지 관리한다. 저자는 이런 완벽한 통제시스템을 18세기 영국 철학자 제러미 벤담Jeremy Bentham, 1748~1832이 설계한 원형감옥파놉티콘, Panopticon에 비유한다.

이런 감시체계는 국민과 이해관계자들이 누군가로부터 감시받고 있다는 생각 때문에 결국 당의 규율을 내면화해서 스스로를 감시하게 만든다는 것이다. 공산당의 철저하고도 전방위적인 감시 및 통제 체제가 국민들의 정치적 비판과 도전을 막는다. 외국의 정치인, 기업인, 전문가들조차 반중국적 행태를 스스로 억제하게 만드는 순치順治기제로 작동하는 것이다.

"당은 신과 같다. 보이지 않고 접할 수도 없지만, 어디에나 존재한다." 베이징 대학의 한 교수의 말이다. 몸서리치게 정확한 통찰이다. 하지만 중국은 이러한 전제적 통치모델을 국제사회나 외부인들이 감지하지 못하도록 세심한 노력을 경주한다.

경제는 부드럽게, 정치는 강력하게 통제

외국인은 휘황찬란한 중국의 신도시를 보고 중국이 공산주의 국가라는 사실을 망각하게 된다. 중국이 시장경제를 도입하면서 그 과정에서 공산당의 모습을 철저하게 숨기는 노력을 해왔기 때문이다. 당은 실질적으로 입법, 사법, 행정의 모든 국가 조직의 인사와 언론을 장악한다. 기업의 국제 비즈니스를 통제하면서도 당의 활동이 표면에 드러나지 않도록 조심스럽게 움직인다. 이 때문에 막후에서 작동되는 당의 영향을 외부인이 감지하는 것은 쉽지 않다. 예를 들어 외국인 투자를 유치하기 위한 기업의 소개에서 자신들의 상업 활동과 이사회의 역할에 대한 정보는 세세하게 적지만 당의 통제권에 대한 언급은 찾아 볼 수 없다는 것이다.

기업의 배후에 요령 있게 숨어있는 당의 존재를 모르고 기업의 액면의 모습만을 보면 낭패를 볼 수도 있다는 얘기다. 중국은 법치국가를 표방하지만 실질적으론 당의 규칙이 헌법과 모든 법체계에 우선한다. 2007년 최고인민법원이 전국인민대표대회에 제출한 보고서에서, 판사들이 충성해야 할 대상의 우선순위로 당과 정부, 인민, 그리고 마지막으로 법을 꼽은 것이 이를 웅변한다.

실제로 당의 중앙정법위원회가 최고인민법원, 공안, 사법부, 전국인민대표회의를 감독하는 권한을 행사한다. 우리식으로 치면 여당의 한 위원회가 대법원, 경찰, 사법부, 입법부를 관장하는 셈이다. 상상도 할 수 없는 일이다.

중국 공산당은 국가체제를 설계할 때부터 서구의 3권 분립체계는 당의 지배체계를 붕괴시키는 요인이 된다고 보았다. 애초에 자유선거에 의한 입법부의 구성이나 사법부의 독립과 같은 것은 전혀 고려하지 않았다는 얘기다. 행정부는 더 말할 나위가 없다. 단일 정당 국가로서 당정 분리도 의미가 없으니 당과 행정부가 동일체다. 현대 민주국가에서는 도저히 수용할 수 없는 체제다.

그러면 이렇게 정교한 제도적 인치人治에 의지하는 중국 공산당이 어떻게 고도의 경제성장을 이끌고 부를 창조할 수 있었을까. 권위적인 통치체제를 유지하면서도 의도적으로 인민들의 일상생활에 대한 간섭을 줄이고 사회활동에 자유를 용인했다. 이를 통해 공산주의 사회의 고질적인 문제인 인간성 박탈 문제를 피할 수 있었기 때문에 부의 창출이 가능했다.

당의 규칙을 준수하고 당과 대립하지 않으면 개인들에게 부유한 삶을 추구할 기회가 주어졌다. 공산주의 특유의 권력과 정통성을 유지하면서 개인의 생활과 기업의 활동을 증진시킴으로서 경제성장을 이룩할 수 있었던 것이다.

"경제는 부드럽게, 정치는 강력하게 통제 한다"는 공산당의 슬로건이 이를 대변해 준다. 하지만 개인의 자유와 기업의 시장경제활동도 당의 규칙을 준수하지 않으면 언제든지 통제받고 그 권한이 회수될 수 있는 조건부임을 잊지 말아야 한다.

'시장의 보이지 않는 손'과 '국가의 보이지 않는 손'의 힘이 적절하게 배치背馳되지 않도록 한 공산당의 관리 전략은 일단 성공적이다. 중국 관료들은 상대방이 누구인지에 따라 마르크스의 신봉자가 되었다가, 자유

시장경제의 지지지가 되기도 한다. 예를 들어 한쪽에서는 중국의 수출품에 대한 서방의 보호주의를 맹렬히 비판하다가, 다른 한쪽에서는 규제 없는 자본주의의 폐해와 마르크시즘에 대한 신념을 논하는 식이다. 하지만 양쪽을 가르는 위험한 경계담장을 걷는 이런 방식은 언제든 전제적 통치를 붕괴시킬 위험성 또한 내포하고 있다. 공산당이 전방위적 감시체계와 초월적 통치 권력을 절대 놓지 않으려는 이유이기도 하다.

'빨간 모자'의 마력, 모든 길은 공산당으로 통한다

저자는 중국 공산당의 리더십을 공고하게 유지시켜주는 권력을 세 가지로 본다. 군, 기업, 언론에 대한 강력한 통제권이다. 당은 '군을 지배하는 것은 당이며, 군의 주 임무는 당을 수호하는 것'이라는 기본원칙을 철저하게 지켜왔다. 군이 수호해야 할 대상이 국가와 인민이 아니라 '당'이란 점은 엄중한 의미를 갖는다. 군이 당이 아닌 '국가'를 위한 군대를 만들려고 하는 것은 중국의 체제에서 반역에 다름없다. 군의 탈정치화는 가장 중대한 죄인 셈이다.

이에 따라 군을 완벽히 통제하기 위해 이원적으로 지배한다. 군 지휘관과 정치위원을 동시에 두는 것이다. 머리가 둘인 기형적 구조로 지휘권의 혼란을 초래할 수 있지만 군의 절대적 충성을 감시하는 체계로는 최적이다. 당에 대한 군의 불충에 대해선 단호히 처벌한다. 1989년 천안문 사태 시 인민해방군 최정예부대인 38군단에게 내려진 진압명령을 거부한 군단장이 군법회의에서 5년형을 선고받았던 점도 당의 지배력과 위력을 명확히 보여준다.

기업에 대한 통제는 보다 은밀하고 광범위하다. 국영기업의 경우는 물론이고, 민간기업의 경우에도 어느 정도 규모를 갖추면 사내에 '공산당 위원회'를 두지 않을 수 없게 된다. 사업가가 당과의 '꽌시關係'를 유지하는 것은 정치적 보험 그 이상의 효과가 있다. 금융거래 및 대출, 수출입, 외자 도입, 상품 서비스 등 당이 개입할 수 있는 요소가 너무 많기 때문이다.

중국에선 엄청난 재벌로 성장한 기업의 기업주가 한 순간에 여러 가지 죄목을 쓰고 극형을 받거나 사업이 풍비박산 되는 경우가 부지기수다. 사유기업에 당 위원회를 설치하는 명분은 피고용자들을 '윤리적'이고 '정신적'으로 지도하기 위해서라지만, 실상은 이러한 위기 시에 사내의 당 위원회를 통해 위기를 적절히 통제하는데 더 큰 숨은 목적이 있다. 퇴직한 고위 당 관료들을 사내 당 서기로 영입하기 위해 경쟁하는 이유다.

중국 공산당의 일당지배체제는 확고하지만 체제의 붕괴를 야기할 취약점도 당의 권력지배체계 안에서 자생하고 있다. 중국 경제성장의 과실은 중국 공산당에게 더 많은 이권을 갖게 해주었지만 사유기업들의 지나친 성장은 당을 위협하는 요인도 된다.

이런 까닭에 당이 사유기업에 대한 통제의 끈을 놓지 않는다. 저자는 이런 상황에 놓인 중국 시장경제의 허점을 날카롭게 포착한다. 중국에서는 아직도 공공 부문과 사유 부문이 매우 모호해서 기업 소유권이 불분명하다는 것이다. 중국의 사업가들에게 사유私有 또는 사영私營인지 물어보면 이들은 사유라는 표현에 거부감을 나타낸다. 거의 모두가 '민영民營'이라고 대답한다는 것이다.

'민영'이란 표현에는 '개인 소유이지만 인민에 의해 경영 된다'는 말이 내포되어 있다는 뜻이다. 이는 사유재산을 폐지한 공약 위에 설립된 인민공화국의 이념에 보다 부합된다. 또 중국이 시장경제의 근본개념인 '사유재산'에 대한 명확한 개념의 정립 없이 시장경제를 먼저 받아들인 탓에 겪는 과도기적 혼돈 현상이다. 이러다 보니 중국의 대부분의 기업들은 완전 국유, 집단 소유, 협동조합, 또는 주주가 공공과 민간 소유주로 나눠진 유한회사의 형태를 취하고 있다. 일부 사유 기업도 일단 국영기업 또는 집단회사로 등록하여 관료들의 간섭을 피할 수 있는 정치적 보호막을 얻기도 한다는 것이다.

이를 속칭 '빨간 모자'라 부른다. '빨간 모자'를 쓰지 않고는 정상적인 기업 활동을 할 수 없는 구조가 바로 중국 시장경제의 취약한 속살이다. 이는 중국 비지니스 세계의 보이지 않는 정치적 함정을 의미한다. 중국에서 비지니스를 하려는 사람들이 간과할 수 없는 대목이다.

실질적으로 거의 모든 기업에 국가의 입김이 작용하고 있다. 중국의 겉과 속이 다른 명목상 사유기업과 자유 시장경제 국가에서 민간 기업은 근본적으로 다르다. 자유민주주의 국가의 기업들이 누리는 소유권과 기업 활동의 자유재량이 중국의 '민영' 기업에게는 매우 제한적이라는 사실을 잊어서는 안 된다. 시장경제의 외피에 현혹되어서는 곤란하다. 다양한 형태로 당의 개입이 이루어지는 중국의 '민영' 기업들과의 거래 시에 유의해야 할 점이 많다는 것을 시사한다. 저자는 중국이 사유재산을 인정하면서도 기업과 자산, 그리고 토지에 대한 소유권을 모호하게 규정하고 있는 현실을 중요한 아킬레스건Achilles腱으로 지적한다.

중국 최대의 대형 가전 제조업체로 중국에서 인지도 1위 브랜드인 하이얼 사社는 경영자와 노동자가 회사의 주식을 소유하는 집단회사다. 당국은 이 회사에 토지와 신용을 제공했지만 회사 경영에는 간섭하지 않았다. 하지만 홍콩 기업 인수과정에서 국유 자산의 민영화에 대한 국민의 여론이 악화되자, 2004년 칭다오 정부에 의해 하루아침에 '국가 소유'로 편입된다. 황당한 일이다. 이후 하이얼 사의 갖은 노력 끝에 2007년에 가서야 국영기업 목록에서 해제되어 민영기업으로 돌아왔다. 이 예는 중국에서 기업의 사적 소유권이 당의 권력 앞에 얼마나 취약한지 단적으로 보여준다.

중국의 아킬레스건 소득불평등과 부패

또 다른 중국의 아킬레스건은 경제 성장의 부산물이다. 심화되는 소득불평등과 관료들의 고질적인 부패가 주범이다. 마르크스Karl Heinrich Marx, 1818~1883의 이념에 따른 공산주의 정권의 핵심명제 중의 하나인 '평등한 사회'는 시장경제 체계를 도입하면서 더욱 난망하게 되었다. 게다가 경제 규모가 커지고 국영 및 민영기업들이 성업하면서 관료들의 통제 권력에 부수되는 부패와 뇌물 거래의 수준은 공산당 정권 자체를 위협할 상황에까지 이르렀다. 중앙의 권력이 미치지 않는 지방 관료들의 기업가와의 결탁에 의한 부의 부정한 축적 행위는 더 심각한 지경이다.

하지만 공산당 고위간부들의 부패행위는 철저하게 보호된다. 관료들의 낮은 급료는 부패행위를 방조하는 상황을 만들고 있다. 그래도 부패로 투옥되는 사람들은 적발건수의 3% 정도에 불과하다고 한다. 중앙정부 또한 관료들과 기업가들의 거대한 커넥션의 구조를 묵인하고 있어 근본적인 개선의 기미가 보이지 않는다.

저자는 중국에서의 부패란 '부정하게 얻은 이익을 지배 계층들 간에 배분하는 거래세'와 같다고 비판한다. 부패가 체제를 해체시키는 요소로 작용하는 것이 아니라 체제 전체를 묶어주는 '접착제' 역할을 한다는 얘기다. 최소한 중국에서만큼은 부패는 '저 위험 고 수익의 효율적인 수익활동'인 셈이다.

중국은 정부와 인민들 모두 금전 숭배의 또 다른 이데올로기에 빠져 있다. 이런 상황에서 중국에서 공직을 이용하여 돈을 벌려는 유혹을 뿌리치기 힘들다. 가끔씩 시범 케이스로 부패 관료들을 극형에 처하는 것도 시늉내기에 불과하다.

언론에 대한 통제는 전방위적으로 완벽하게 제어된다. 공산당 중앙선전부는 은퇴한 언론 간부들로 '검열 및 평가팀'을 운영하며 모니터링한다. 당의 공식 입장에서 벗어난 보도나 논조는 즉각 제재된다. 이들은 언론사의 보도 내용을 프로크루스테스Procrustes의 침대처럼 마음대로 자르거나 잡아 늘려 재단한다. 당은 천안문 사태 시 언론통제가 미흡했던 점에 대한 뼈아픈 자성으로 온·오프라인의 사소한 뉴스까지 관리에 나선다.

중국은 화려한 경제성장에 걸맞게 사회적, 정치적 역량을 향상시키지 못하고 있다. 중국 공산당은 당 이외의 당과 경합하는 어떠한 조직도 용인하지 않는다. 중국 공산당의 유일 절대 권력이 통제하는 시스템의 속성상 개인의 자유로운 의사표현, 자유로운 결사 활동을 용인할 수 없고 사유재산의 보장마저 모호할 수밖에 없다.

어떻든 외형적으로 당의 지배를 존속시켜온 중국 공산당은 당 자체로 보면 성공적인 모습이다. 하지만 중국 공산당의 마키아벨리Machiavelli적 통치의 성공이 곧 '중국 사회'의 성공과 문명의 진화를 말해주는 것은 아니다.

중국 공산당의 앞날은 어떨까? "체제는 썩는 동시에 진화하고 있습니다. 썩어 없어질 지 아니면 진화해서 살아남을지는 아무도 모릅니다." 공산당이 오랫동안 언론 통제로 덮어왔던 비극, 즉 1958년부터 3년 동안 3,500만 명에서 4,000만 명의 중국인이 아사한 대기근의 원인과 참상을 폭로한《묘비2008》의 저자 양지성의 탄식이다.

중국을 작동시키는 권력 메커니즘을 정확히 해독해준 이 책은 중국에 대한 막연한 환상이나 오해를 걷어내고 냉정하고 객관적으로 중국의 어제와 오늘의 현상을 들여다보게 해준다. 나아가 내일의 정치지형과 기업 활동의 리스크, 사회 변동의 방향을 예측하게 해준다.

이 책은 그동안 전혀 공개되지 않았던 충격적인 내용을 많이 담고 있다. 중국 공산당이 어떻게 언론의 독립성을 박탈하고, 종교와 시민사회를 억압하며, 군과 기업을 어떻게 길들이고 조종하는지를 폭로했다. 발간 즉시 전 세계 언론의 극찬을 받으며 큰 반향을 일으켰고, 중국 정부는 곧바로 금서禁書로 지정했다.

저자 맥그레거Richard MacGregor는 20여 년 동안 파이낸셜타임스의 베이징 지국장과 상하이 지국장을 역임하면서 중국의 정치, 경제, 사회, 문화에 대한 풍부한 경험과 이해를 바탕으로 중국이 어떻게 통치되는지, 그리고 중국에서 레닌식 공산주의가 어떻게 변형되어 운영되는지를 생생하게 보여준다.

더구나 책의 전개 방식과 내용이 전문학술서가 아닌 흥미진진한 다큐멘터리 형식으로 실제 사례를 풍부하게 제시한다. 게다가 저자의 식견과 통찰로 깊이 있는 해석을 덧붙여 독자들이 편안하게 읽고 객관적으로 생각할 수 있게 해준다.

|12
기 소르망이 밝혀내는 중국의 불편한 진실

《중국이라는 거짓말》, 기 소르망 지음, 홍상희·박혜영 옮김,
문학세계사(2011, 6쇄), 447쪽.

기 소르망은 '권위주의 독재주의'에서 '자유 민주주의'로 발전하는 데 성공한 한국과 대만,
싱가포르처럼 중국이 '1당 독재 전체주의'에서 '권위주의적 독재주의'로, 나아가 '자유 민
주주의'로 단계적으로 변모하길 희구한다. 하지만 이를 위해서 자유와 법치, 보통선거의
실시가 선행되어야 하는데 중국 공산당이 이를 결코 용인할 수 없을 것이란 점에서 중화
인민공화국의 소멸을 보기 어려울 것이라고 절망한다.

세계적인 석학이자 문명비평가인 기 소르망Guy Sorman은 한국에도
익히 알려진 21세기의 대표적인 지성이다. 그의 날카로운 통찰이 읽어
내는 중국의 베일 속의 모습이 신선한 충격으로 다가온다. 그동안 서구
와 우리 사회가 중국에 대해 갖고 있던 낭만적 환상과 근거 없는 우호적
고정관념들을 많이 거두게 한다. 중국사회에 대한 그의 날카로운 관찰
과 비판적 시선이 설득력을 더하는 이유는 학술적 접근에서 나온 것이
아니라, 그가 직접 발품을 팔아 얻어낸 밑바닥의 생생한 현실에 근거하
고 있다는 점이다.

중국 공산당의 범죄행위를 고발하다

그는 2005년 1월에서 2006년 1월까지 1년 동안 중국을 왕래하면서
공산당 간부에서 농부, 노동자, 반체제 인사에 이르기까지 두루 만났다.
특별한 신분에서 평범한 보통사람에 이르기까지, 다양한 분야에 속하는
수백 명의 중국인을 직접 만나 대화를 나누고 관찰하며 정보를 취득했
다. 특히 만나는 대상의 스펙트럼을 넓혀 중국 사회를 다양한 각도에서
조명함으로써 사각死角을 최소화하려 애썼다.

이 책은 중국 공산당이 감추고 싶은, 그리고 효과적으로 감춰왔던 불
편한 진실을 담고 있다. 중국 사회의 그늘 속에 숨겨진 보통사람과 억압
받는 사람들의 목소리를 그의 통찰이 씨줄과 날줄로 엮어내 중국을 바
라보는 새로운 관점을 제시한다.

물론 그의 비판의 시선은 중국사회와 중국 공산당을 엄격하게 구분

한다. 당연히 중국사회, 중국 대중에 대한 것이 아니라 중국의 지도자, 더 정확히는 중국의 절대 권력을 행사하는 공산당 간부들에 대한 것이다. 중국은 공산당 지도부뿐만 아니라 반체제 인사들까지 민족주의적 성향이 유별나게 강해서 중국공산당에 대한 비판에 민감하게 반응한다. 저자는 중국 공산당에 초점을 맞춘 비판을 곧바로 중국 전체에 대한 비판으로 둔갑시켜 중국의 적으로 몰아세우는 경우가 많은 점을 경계한다.

기 소르망의 비판적 관찰과 통찰은 서구세계와 전문가들에게 신선한 충격을 주었다. 물론 논쟁도 불러일으켰다. 그들 모두 중국이 은밀하게 주입하거나 전파시킨 중국에 대한 착시에 알게 모르게 갇혀 있었기 때문이다. 더구나 경제적 의존이 심화되고 있는 한국의 경우 그런 착시가 더욱 심하다. 대다수 한국인들은 '위대한 중국 문화라는 의상'을 두른 중국과 마주할 경우 유형무형의 압력에 스스로 의기소침해져 중국을 똑바로 바라보지 못하기 일쑤다. 이런 상황이 기 소르망이 들춰내는 중국의 '진짜 모습'과 비판을 더욱 의미 있게 만든다.

그가 중국기행에서 만난 몇 사람의 모습을 보자. 평범한 노동자 출신의 인권운동가 웨이징성魏京生은 여전히 공산당의 압제적 정치 현실을 비판한다. 천안문 사건의 주동자였던 우얼카이시吾爾開希는 1989년 6월 4일 천안문 광장의 참혹한 희생을 기억하며, 지금까지 언론을 철저히 통제하고 정치적 자유를 원천적으로 용인하지 않는 공산당에 절망한다.

20대에 마오쩌둥 곁에서 일한 공산당의 주동인물 중의 한 사람이었던 85세의 펑 여사는 마오쩌둥의 전복과 혁명의 시대에 몸서리쳤다. 마오쩌둥은 인간 본성을 부정하고 학식 있는 사람을 배척하며 자식들은 부모에게 반대하도록 훈련시켰다. 유교는 물론 중국의 역사적 문화와 유적을 황폐화시켰다.

기 소르망은 이들을 통해 중국 공산당의 이념이 인간성을 어떻게 파괴하고, 어떤 방식으로 사회의 민주적 변화를 억압하는 기제로 작동해 왔는지 여실히 보여준다.

그는 에이즈의 발병을 감추기 위해 격리시킨 마을도 관찰했다. 여기서 그는 에이즈 예방과 치료의 시범인양 외국인들에게 포장했지만 실제론 인간적 대우를 전혀 해주지 않았던 중국 공산당의 기만적 정책을 들춰냈다. 2자녀 낳기에서 1자녀 낳기로 강화되어온 국가계획생육위원회의 인구통제 정책이 시행되는 과정에서 수많은 범죄가 저질러졌다. 기 소르망은 이 과정에서 벌어진 비인도적인 성 억압, 강제 낙태, 재산몰수, 무자비한 폭력 등 당의 범죄행위를 낱낱이 고발한다.

공산당 지부가 된 사찰과 교회

공산주의 국가인 중국을 판별해 보는 또 하나의 키워드는 종교다. 특히 시대에 따라 유교, 불교, 도교가 흥성과 쇠퇴를 거듭하는 과정은 중국 사회를 지배하는 거대한 이데올로기의 변화를 읽는 또 하나의 기준임을 보여준다. 중국은 청조 말기에 서양인들과 관계를 맺기 시작하면서부터 기술적으로 우월한 유럽을 따라잡기 위해서 '정신적인 개혁'이

감추고 싶은
중국의 비밀 35가지

필요하다고 자각한다.

하지만 일본식의 유신과 달리 청조의 관료들은 국가 쇠락의 책임을 전통과 미신에 돌렸다. 또 1898년부터 근대화의 명분으로 도교, 불교, 유교 사원들을 파괴했다. 민중의 종교에 대한 정치 엘리트들의 이런 왜곡된 증오는 1949년 중국 공산당 정권이 수립된 이후 더 가속화 되었다. 마오쩌둥의 문화혁명기에 극에 달했다. 기 소르망은 종교를 말살시키고 중국의 전통 유산들을 파괴하던 중국의 반교권주의反敎權主義의 악행을 지적한다. 반교권주의가 자비의 공간이던 불교와 도교의 모임을 말살하면서 수 세기 동안 상업의 번영을 가져왔던 관습마저 박탈해 버렸다고 말한다.

기 소르망은 무너진 도교의 실상을 씁쓸하게 스케치한다. 700여 개의 도교 사원이 거의 다 사라지고 베이징에 백운관白雲觀 단 한 곳만 남았다. 90년대에 종교의 자유가 허락되고 도교사원이 재개방되었지만 박물관으로 바뀌어 구경거리에 불과해진 현실을 개탄한다. 그는 중국의 정치적 민주화에 대한 잠재적 지지와 반체제 인사들의 열망에 대한 재정적 지원을 맡아온 세계 도처에 흩어진 중국 도교의 뿌리를 우호적으로 바라본다.

불교의 사찰과 교회가 재건되고 있다. 하지만 더 이상 종교적 예배의 공간이 아니라 박물관이자 공산당 지부에 불과하다. 또 은퇴자들의 모임 장소일 뿐 종교의 자유가 허용되었다는 것을 내세우기 위한 허울에 불과하다고 비판한다. 종교의 허용이 이렇게 기만적이 된 이유는 종교 행위 그 자체 보다 종교라는 수단을 통해 인민이 조직화되는 것을 절대 용납할 수 없는 공산당의 방침 때문이다. 중국이 파룬궁을 탄압했던 이유도 파룬궁 신도들이 보여준 연대와 결집의 힘이 공산당 지배체제를 위협한다고 보았기 때문이라는 것이다.

독재 반대한 유교 가치를 왜곡한 유교의 부활

최근 중국 공산당은 자신들이 반동으로 몰아 철저히 파괴했던 유교를 다시 부활시키고 있다. 갈수록 중국인들의 관심을 받지 못하는 마르크시즘의 빈 공간을 공자의 유가사상으로 채우려 하는 것이다. 하지만 기 소르망은 중국 공산당이 다시 유교적 가치를 내세우는 것은 공산주의를 그저 단순한 중국 제국의 계승자로 포장하려는 것이라고 비판한다. 유교적 가치로 치장된 공산주의라는 새로운 옷을 입혀 중국 공산당이 영원한 중국 제국을 문화적으로 계승해 나간다는 것을 국민에게 주지시키는 게 숨은 목적이라고 보는 것이다.

이는 예禮와 인仁을 강조했지만 독재를 반대하는 공자와 역성혁명을 강조한 맹자의 핵심가치들은 철저히 은닉하고 있는 것으로 반증된다고 말한다. 마르크시즘Marxism을 보완 또는 대체할 보편적 가치로서 유교의 가르침을 선택적으로 차용하고자 할 뿐, 유교의 본질적 가치를 전면적으로 수용하는 것은 아니라는 얘기다. 중국 공산당이 유교를 현실권력과 기성체제를 정당화하고 국민을 순종시키는 데 가장 적당한 종교로 선택 활용하고 있다고 보는 것이다.

기 소르망은 신유교주의는 자유주의와 마르크스주의 사이에 제3의 길이 된 셈인데, 중국 공산당이 신유교주의의 길을 통해 민주주의의 길을 교묘하게 피해가려 한다고 비판한다. 공자의 가르침의 일부분이 그의 의도와는 무관하게 중국 공산당의 체제 유지에 봉사하게 되는 기구한 운명이 된 셈이다.

기 소르망은 동쪽 해안 도시들의 화려한 성장에 가려진 서부 내륙지방의 농촌사회의 피폐한 삶과 도시인과 이주노동자가 된 농촌인 사이의 비인간적 차별의 현상을 다양한 각도로 조명해 준다. 태어날 때부터 호적에 '농업인'과 '비농업인'으로 낙인찍히고 자식에게 승계된다. 그는 이 차별적 신분이 만들어내는 거주와 결혼, 사회적 출세에서의 제약과 도시인의 농촌이주자에 대한 착취의 심각성을 고발한다. 특히 5%의 중국 공산당이 95%의 중국인을 지배하면서 만들어내는 억압과 불평등, 빈부격차의 심화, 부패의 구조화를 질타한다.

중국의 민주화를 호소하다

한편 기 소르망은 중국에게 국가 발전의 대안도 주문하고 있다. 그는 중국이 모든 문제적 상황을 '과도기'라는 상투적 변명으로 외면하지 말고 인도와 같은 자유주의적이고 인간적인 개혁을 추진하라고 주문한다. 거대 인구와 영토, 거대 소비 시장을 가진 인도와 중국의 유사성에 유의하면서 경제적 진보는 다소 더디지만 민주주의 방식으로 조화로운 성장을 하고 있는 인도를 모방하라는 얘기다.

나아가 그는 중국의 자의적 사형제도의 개혁, 사법부의 독립과 시법제도의 정비, 언론 자유의 확립, 부패의 척결도 주문한다. 특히 유교라는 제동장치마저 사라진 상태에서 시장경제를 도입하면서 사회의 모든 영역에서 절대 권력을 가진 공산당의 부패가 더 심화될 수밖에 없었다고 분석한다.

중국 공산주의체제는 부패한 당과 반부패라는 이중성에서 벗어날 수 없다고 단언한다. 당이 채택한 사기업화 방식이 부패의 영원한 지속을 보장하고 부패의 상호작용을 더 크게 만들어주고 있기 때문이라는 것이다. 경제 규모의 확대와 더불어 공산당의 절대 권력이 더 많은 이권의 배분 권력으로 변질되어 부패를 더 구조화시키고 사회적 불평등과 빈부 격차를 심화시키고 있다는 것이다.

중국 공산당의 미래는 어떻게 될까? 기 소르망은 '권위주의 독재주의'에서 '자유 민주주의'로 발전하는 데 성공한 한국과 대만, 싱가포르처럼 중국이 '1당 독재 전체주의'에서 '권위주의적 독재주의'로, 나아가 '자유 민주주의'로 단계적으로 변모하길 희구한다. 하지만 이를 위해서 자유와 법치, 보통선거의 실시가 선행되어야 하는데 중국 공산당이 이를 결코 용인할 수 없을 것이란 점에서 중화인민공화국의 소멸을 보기 어려울 것이라고 절망한다.

그는 중국 공산당의 미래는 중국 밖의 요인에 의해 결정되지 않을까 희망한다. 특히 경제적 이해관계 때문에 중국 비위맞추기에 급급한 세계 국가들을 향해 자유를 갈구하는 대다수 중국인들을 위해 비판적 목소리를 높여달라고 촉구하고 있다. 중국은 민주적 전통이 적용되지 않는 별세계라는 서구의 보수적 환상은 언제까지 유효할까?

기 소르망은 중국의 구석구석을 누비며 중국 공산당의 일당 독재의 전체주의의 모순을 통찰하면서 어떻게 중국을 민주화시킬 것인가를 고민했다. 1831년 9개월 동안 미국의 구석구석을 누비던 알렉시스 드 토크빌의 행적이 교차해서 떠오른다. 그는 새로운 민주주의 모델을 만들며 대국으로 성장해 나갈 조짐을 보이던 미국사회의 진면목을 파악하면서 자신의 민주주의에 대한 철학적 사유를 정립했다.

토크빌은 당시 관찰적 경험을 토대로 《미국의 민주주의》를 저술하고 미국 민주주의의 원동력을 자유와 평등의 가치로 규정했다. 그는 구체제 영국에서 자유를 찾아 신대륙으로 건너온 청교도들의 비원悲願이었던 평등의 원리가 다수의 권력이 지배하는 민주주의의 토대를 만들고 있음을 확인했다. 미국인들이 시민들의 다양한 자발적 결사체의 자유를 신장시켜 다수의 폭정을 완화하는 제동장치로 활용하고 있는 것도 발견했다.

기 소르망의 중국 순례 또한 토크빌의 미국 기행 못지않은 날카로운 관찰과 예지를 보여준다. 하지만 기 소르망이 관찰한 현상과 그가 사유해낸 통찰들은 토크빌이 희구하던 민주주의와는 정반대의 전체주의의 상황 속에서 민주주의로의 진전의 희망이 희박하다는 점이 극적으로 대비된다.

기 소르망은 중국의 전체주의를 기술하면서 그 은밀한 작동체계와 권력자들의 행태까지 치밀하게 분석하고 있는 것이다. 중국 공산당은 일당 독재의 지배 권력을 공고하게 하는 것을 최우선 가치로 신봉한다. 이를 명확히 이해하면 경제적 성장에 비해 정치적 발육이 왜 지체될 수밖에 없는지 그 기형적인 현실의 뿌리가 선명하게 드러난다.

기 소르망은 중국의 유구한 역사, 거대한 외형에 덧붙여진 약진하는 경제 발전의 양상에 서구세계가 지나치게 막연한 두려움을 갖고 있다고 말한다. 그는 '중국'이 만들어내는 신화와 착각의 실체를 중국사회에 뛰어들어 직접 검증하고자 했다. 중국 공산당이 아닌 중국의 민초民草들을 만나 중국 통치체계가 작동되는 말단의 현실을 직접 보고 중국인들의 고통과 갈망에 귀를 기울이고자 했다.

중국사회의 밑바닥 깊숙이 저인망을 내려 훑은 기 소르망의 그물엔 중국의 불편한 진실들이 숱하게 걸려 올라온다. 그것은 중국과 이해관계를 가진 정치인, 기업인, 전문가들이 아무리 수없이 중국을 드나들고 중국인들과 절친한 관계를 유지해도 파악하기 힘든 살아있는 진실들이다. 특히 일반인들은 물론 중국 전문가들마저 놓치고 있는 아니 외면하고 싶은 전체주의 중국의 박제된 모습 뒤의 맨얼굴이기도 하다.

최근 중국은 공산당 1당 지배체제를 유지하는 가운데 G2의 경제력을 바탕으로 패권국가의 힘을 더욱 확장해 나가고 있다. 이런 힘을 바탕으로 미국과 대립각을 세우고 주변국가와 갈등을 야기하고 있다. 이런 국가 운영전략은 크게 바뀔 것 같지 않아 보인다.

하지만 중국이 정치적 민주화를 진전시키지 않으면 국제사회에서 진정한 리더십을 확보하기는 어려울 것이다. 중국은 자유민주적 체제로 전환되어 정치, 사회, 문화의 영역에서 자유, 평등, 인권 등 보편적 가치들을 구현해 나가야 한다.

아직 미미하지만 중국 내부에서도 전제적 정치체제 속에 억압된 사회의 다양한 욕구와 열망이 언젠가 한꺼번에 분출할 압력으로 축적되고 있는 것도 엄연한 현실이다.

우리의 최대 교역국으로 우뚝 선 중국에 대한 경제적 의존도가 심해지고 있는 상황에서, 기 소르망이 들춰내는 중국의 낯설고 비정한 모습들은 한국의 입장과 시선에선 너무나 민감하고 거북한 것이 많을 수밖에 없다. 하지만 이 책이 출판되고 난 후 중국 공산당 중앙위원회의 내부 분석에서, 이 책에서 언급되는 사실들에 대한 해석의 차이는 있겠지만 정확한 사실들이며 틀린 내용은 없었다고 밝힌 점에서 기 소르망의 객관적 권위를 더해 준다.

이런 점에서 이 책은 우리가 몰랐던, 아니 외면하고 싶은 중국의 진면목을, 특히 중국 공산당의 본질을 직시하게 해준다. 기 소르망의 일갈은 좌파 로맨티시즘의 환상이 결부되어 아직까지 중국을 예외적 존재로 보는 경향이 심한 우리나라의 현실에서 우리의 냉정한 시선과 성찰을 촉구하는 죽비소리와도 같다. 더욱이 중국과 한국은 경제적 이해득실이 아닌 마음에서 우러나오는 진정한 전통적 우호관계를 회복할 수 있는 터전을 만들어 나가야 한다는 점에서 우리 국민들이 꼭 한번 읽어봐야 할 책이 아닌가 싶다.

13

개혁의 두려움이 중국 도둑정치 키웠다

《불확실한 중국의 미래》, 민신 페이 지음, 황성돈 옮김,
책미래(2011), 318쪽.

중국의 미래는 어떻게 진화할까? 현재의 공산주의 이념 하의 시장경제와의 동거체제, 즉
'중국식 사회주의'를 얼마나 효과적으로 발전시켜 나갈까? 자유주의적 경제체제의 확산
과 정착과정에서 정치적 민주화를 격동시켜 자유민주주체제가 아니더라도 최소한 민주적
권위주의 정권으로라도 변모해 나갈 수 있을까?

감추고 싶은
중국의 비밀 35가지

중국이 급속한 경제발전을 토대로 국제사회에서 영향력을 확대해 나감에 따라, 중국의 정치, 경제, 사회, 문화적 역량과 발전의 전망은 물론 체제의 존속 가능성까지 진단해보는 다양한 시도가 이루어지고 있다. 이는 중국과 경쟁과 대립적 요소를 안고 있는 미국 등 서구의 집중되는 관심의 발로이기도 하다.

하지만 중국의 직간접적인 영향을 어느 나라보다 더 많이 받고 있는 한국의 경우 오히려 중국에 대한 심층적 연구가 매우 부족하다. 게다가 중국의 외양과 성취에 압도되어 중국체제의 취약점이나 잠재적 문제에 대한 비판적 시각의 저술은 전무한 상태다. 이런 상황에서 우리가 중국을 바라보는 다각적 시각을 서구의 눈을 통해 빌릴 수밖에 없는 현실이 안타깝다.

중국의 진면목을 제대로 바라볼 때 중국의 부상과 쇠퇴에 따른 우리의 다양한 시나리오의 모색도 가능해진다. 민신 페이의《불확실한 중국의 미래》는 우리가 중국의 감춰진 속살을 다각적으로 바라볼 수 있게 해주는 훌륭한 텍스트다. 특히 이 책은 저널리즘적 접근보다 중국의 제 현상에 대해 실증적 시계열 데이터의 분석에 기초한 학술적 분석을 보여주고 있다는 점에서 그 객관성을 높여준다.

공산당 일당 독재를 지켜라

민신 페이가 중국을 분석하는 핵심 키워드는 '경제'가 아니라 '정치'다. 중국이 시장경제의 도입 이후 경제발전을 이룩해온 경제적 성취 이면에 내재한 체제의 지속가능성을 위협하는 다양한 문제들이 공산낭 1당 독재의 준準전체주의 정치체제에서 발원한다고 보는 것이다. 저자는 중국의 국가체제의 이런 근본적인 한계를 1970년대부터 2000년대 초까지의 각종 경제지표 및 사회지표를 통해 날카롭게 분석하고 있다.

중국의 경제성장은 공산당 독재정권 지도층의 정치적 지배와 정책을 정당화시키고 있다. 다른 많은 저개발 국가들의 발전과정에서 관찰되는 경제적 번영에 따라 점차 정치적 민주화가 진전되는 일반적 가설이 중국에는 들어맞지 않고 있다. 그럼에도 저자는 자유시장경제의 기능이 제대로 작동하는데 필요한 사유재산권의 보장, 정부의 투명성, 지도층의 책임감 등을 제고하기 위해서는 정치적 제도의 변화가 반드시 수반되어야 한다고 주장한다.

하지만 중국공산당은 헌법적 체제변화를 두려워하며 점진주의를 택하고 있다. 급진적 개혁은 체제 자체의 붕괴나 위기의 초래는 물론 정권의 통제 능력을 감소시킬 것으로 보기 때문이다.

저자는 중국의 민주화의 가능성을 민주화를 달성하는 필수적 단계인 세 가지 제도 개혁의 틀로 분석했다. 즉 전인대全人代의 역할 강화, 사법개혁, 촌민위원회 선거가 민주적 양상으로 변모하고 있는가를 통해 민주화의 가능성을 진단했다. 그 결과 저자는 중국에서 경제 현대화에 부응할 정도의 획기적 민주화를 기대하기는 어렵다고 단언한다.

그가 부정적으로 진단하는 근거는 이렇다. 우선 전인대의 권한이 헌법에 보장되어 있지만 형해화形骸化되어 민주적 입법부의 기능을 할 수 없는 상태라는 것이다. 사법개혁 또한 요원하다. 사법부가 공산당의 권력에 정당성을 부여하고 정권의 안정에 기여하도록 당의 지도 아래 운영된다는 점에서 지나치게 정치화되어 있고 독립성이 부족하다. 근본적으로 1당 독재 밑에서 사법개혁은 한계가 있다는 것이다.

또한 중국은 행정체제의 말단인 촌락 단위의 촌민위원회 선거를 정치자유화의 사례로 치장하고 있다. 하지만 실제 촌의 당 서기들이 정치적 지배력을 확고하게 유지하고 있기 때문에 형식적 자치에 불과하다는 것이다.

저자는 중국이 기본적으로 정치적 생존을 위해 비자유주의적 적응 illiberal adaptation 전략을 구사하고 있다고 간파한다. 광범위한 제도개혁 대신 공산당의 정치적 지배력을 유지할 효과적 수단을 개발하고 실행할 탄압기관과 경제자원만 극대화하는 부정적 적응전략을 활용하고 있다고 본다.

아울러 선택적 억압 정책을 통해 정치적 반대자에게는 가혹한 탄압과 처벌을 집중하는 한편, 국내외 투자자들에게는 유화적 정책으로 불안감을 덜 갖도록 한다는 것이다. 특히 인터넷 감찰국을 통해 중국 내외의 적대 조직 및 활동가들에 대한 모니터링과 통제, 규제를 강화한다. 나아가 사회엘리트, 지식인, 사영기업가들을 지속적으로 포섭하는 선택적 억압정책을 효과적으로 작동시키고 있다.

저자는 톈안먼 사건 이후 자오쯔양을 위시한 자유주의 진영의 대거 숙청을 계기로 정치민주화의 싹이 뿌리째 뽑혔다고 애석해한다. 톈안먼 사건이 평화적으로 해결되어 자유주의 진영이 승리했더라면 중국의 역사는 확실하게 달라졌을 것으로 가정한다. 하지만 언제나 역사의 가정은 무용하다.

시장경제에 맞는 정치 개혁 두려워 말아야

중국 정부는 여전히 급진적 개혁에 대한 두려움을 갖고 있다. 이로 인해 치르고 있는 점진주의의 정치적 비용 또한 적지 않다. 저자는 사회주의 계획경제에서 자본주의 시장경제체제로의 전환과정에서 소유권의 분권화와 지방 통제의 분권화가 수반되면서 부정부패가 심화되어 분권화된 약탈적 국가의 양상을 보이고 있다고 분석한다.

경제 규모의 팽창과 함께 부정부패와 비리, 매관매직 정실인사, 범죄조직과의 결탁을 통해 관료들이 경제적 이득을 취하는데 혈안이 되어 있다는 것이다. 한마디로 중국의 현실은 도둑정치kleptocracy의 축소판이라고 비판한다.

저자는 중국사회의 또 다른 위기 요소로 공산주의 이념이 점차 약화되고 있다는 점을 꼽는다. 여론조사 결과 '공산주의가 실제와 너무 동떨어져 있다'고 생각하는 사람의 비율이 크게 증가하고 있는 것을 그 증거로 든다. 공산주의 이념의 약화는 결국 중국 공산당의 결속력과 통제력, 국가 역량의 약화를 초래한다는 것이다. 저자는 공공의료서비스의 악화, 교육투자의 부족, 경제발전을 위협하는 환경의 악화, 농촌의 붕괴, 실업률의 증가, 공산당의 동원 능력의 약화 등을 그 예로 들고 있다.

저자는 중국의 화려한 경제적 부흥이 1당 독재의 모순을 가리고 있지만, 정치적 민주화의 정체가 오래되면 머지않아 경제적 활력마저 잃게 될 것이라 전망한다. 중국이 체제 전환의 정체에서 벗어날 수 있는 시나리오 중 하나는 정권의 붕괴다.

하지만 수많은 자멸적 요소에도 불구하고 중국공산당을 균열시킬 결정적 요인이 없기 때문에 중국공산당이 붕괴할 가능성은 낮다는 점을 저자도 인정하고 있다. 그래도 저자는 중국의 다양한 사회변화의 가능성에 대해 국제사회가 도전적 과제로 인식하도록 주의를 환기시키고자 한다.

각종 데이터를 토대로 한 저자의 분석은 반박의 여지가 크지는 않다. 다만 분석 데이터들의 최신성이 떨어진다는 점은 아쉽다. 물론 중국관련 다른 저서들의 분석을 차용해서 보면, 저자가 분석한 부정적 요인 중 개선된 부분이 더러 있지만 심화된 부분이 더 많은 것도 사실이다. 이러한 중국사회의 발전을 가로막고 있는 정치적 폐쇄성이 야기하는 다양한 측면의 부정적 현상들은 분명히 중국이 숨기고 싶은 아킬레스건임에는 틀림없다.

그럼에도 현재 중국은 사상 유례가 없는 경제성장을 보여주고 있다. 세계의 많은 기업가는 중국을 기회의 땅이자 전략적인 시장으로 생각한다. 저자는 이러한 기대와 함께 중국의 정치, 사회, 경제적 환경에 대한 이해를 바탕으로 비즈니스해 나가는 전략을 숙고하게 해준다. 또한 중국의 다양한 발전 전망의 시나리오를 검토하고 자신들의 투자에 대한 리스크 관리 및 경영전략을 재검토하게 해준다.

중국의 미래는 어떻게 진화할까? 현재의 공산주의 이념 아래의 시장경제와의 동거체제, 즉 '중국식 사회주의'를 얼마나 효과적으로 발전시켜 나갈까? 자유주의적 경제체제의 확산과 정착과정에서 정치적 민주화를 격동시켜 자유민주주체제가 아니더라도 최소한 민주적 권위주의 정권으로라도 변모해 나갈 수 있을까?

우리로서는 중국의 정경분리 정책의 취약점에 어쩔 수 없이 기대기보다, 민주적인 정부 아래서 보다 완전한 자유 시장경제시스템을 작동시키는 보편적인 국가기반이 마련된다면 더 바랄 나위가 없을 것이다. 중국은 우리의 최대 교역상대국이고 중국을 상정하지 않는 우리의 생존전략 또한 존재할 수 없기 때문이다.

14

류샤오보의 경고 "중국은 애국주의로 망한다"

《류샤오보 중국을 말하다》, 류샤오보 지음, 김지은 옮김,
지식갤러리(2011, 2쇄), 419쪽.

'08헌장'의 개혁방안을 관통하는 관념은 중국 공산당의 일당 독재를 해체하고 자유민주
적 질서를 지향한다. 실로 요원한 일이지만 류샤오보는 이러한 정치민주화 없이 중화민
족의 발전은 물론 인류의 평화와 인권에 기여하는 세계대국으로의 굴기는 불가능하다고
호소한다.

중국의 화려한 경세성장의 외피에 가려진 열악한 인권의 개선과 전체주의 정치체제의 변혁을 위해 투쟁하는 한 인간이 있다. 류샤오보劉曉波! 그는 중국인 최초의 노벨평화상 수상자다. 그는 1989년 톈안먼天安門 민주화 운동에 참여했다. 2008년 공산당 일당체제 종식을 요구한 '08헌장' 서명을 주도했다가 국가전복선동 혐의로 2009년 크리스마스에 징역 11년형을 선고받고 복역 중이다. 톈안먼 사태로 처음 수감된 이후 네 번째다.

중국 민주화 투쟁의 아이콘 류샤오보

노벨상위원회는 그가 랴오닝遼寧성 판진盤錦 감옥에서 복역 중일 때 중국의 기본인권 수호를 위해 오랫동안 비폭력투쟁을 벌인 공로를 인정하여 노벨평화상을 수여했다. 그가 2010년 노벨평화상 수상자로 발표되었을 때 서방세계는 류샤오보의 석방을 촉구하면서 중국내 인권탄압의 종식을 요구했다. 중국 정부는 당혹스러웠다. 복역 중인 죄인에게 상을 주는 것은 노벨상에 대한 모욕이자 서방세계의 정치적 음모라며 강력하게 반발했다. 중국은 류샤오보나 그의 가족은 물론 다른 나라 인사들의 수상식 참석까지 저지하는 무리수를 두어 국제적 비난을 받았다.

최근에도 티베트의 정신적 지도자인 달라이 라마를 비롯한 134명의 노벨상 수상자들이 연명으로 류샤오보 부부의 석방을 촉구하는 공개서한을 시진핑習近平 공산당 주석에게 보냈다는 소식이 전해진다. 하지만 중국 공산당 정부는 아직까지 요지부동이다. 일당독재체제의 유지가 최우선 목표인 중국 공산당이 전체주의의 해체와 민주화를 주장하는 류샤오보의 주장을 결코 수용할 수 없기 때문이다.

인권 사각지대인 중국에서 20년간 외롭게 민주화 투쟁을 하고 있는 류샤오보가 말하는 중국은 어떤 모습인가? 왜 그는 중국 공산당 일당독재체제를 신랄하게 비판하고 있는 것일까? 《류샤오보 중국을 말하다》는 중국의 정치, 사회와 문화, 중국과 세계의 관계, 중국의 민주화 운동의 실상에 대한 류샤오보의 냉철한 인식과 비판의 실체를 고스란히 담고 있다.

류샤오보는 과격한 혁명가는 아니다. 지나친 이상주의자도 아니다. 그는 현실의 불법과 부조리를 치열하게 고발하면서 한 걸음씩 사회변혁을 희구할 뿐이다. 중국 공산당의 막강한 권력을 비판하고 아직 성숙하지 못한 민간 사회의 의식을 일깨우려 애쓴다. 그는 비폭력 개혁을 통한 정권의 점진적 개혁을 주장한다. 단시일 내에 중국 공산당의 정권교체가 불가능하다고 보기 때문이다. 중국 공산당이 그를 왜 그렇게 두려워할까 의구심이 생길만큼 류샤오보는 온건하다.

그가 인민들에게 호소하는 최소한의 개혁 방법은 자유민주주의 사회에서는 아주 소박한 주제다. 하지만 전체주의 체제를 유지해야 할 중국 공산당에게 그의 사상은 대단히 과격하고 불온한 것으로 보일 수 있다. 류샤오보는 인간답게 살 수 있는 존엄성을 보장해주는 사회 건설을 목표로 하고, 나약한 노예근성을 버리고 독립적인 시민사회를 만들어야 한다고 강조한다. 국민들이 독재정치를 제어하기 위해 자유주의 가치를 션시하고 당당하게 자유를 갈구하며 생활 속에서 자유를 실천할 수 있어야 한다는 것이다. 그는 아래로부터의 점진적 변화야말로 중국을 자유민주주의로 이끌 수 있는 원동력이라고 본다.

중국 변혁 가로막는 민족주의와 패악들

류샤오보는 중국 사회의 변혁을 가로막는 악폐 중의 하나로 편협한 애국주의를 지목한다. 마오쩌둥이 건국하면서 '인류해방'의 국가주의를 주창했지만 중국 공산당을 지지하는 사상은 국가주의가 아닌 민족주의였다고 간파한다. 애국심으로 포장된 중국의 민족주의는 나약한 열등감에서 시작해서 이제는 전통적 천하주의와 결합되어 오만한 권력과 천하에 군림하려는 맹목적 자만으로 변질되었다는 것이다.

이러한 기형적 민족주의는 공격적이고 전투적일 수밖에 없다. 류샤오보는 최근의 중·일 갈등, 미·중 갈등의 저변에 서양 패권을 '완강하게 거부'하면서 '중국의 출격'을 지지하는 전투적, 폭력적 애국주의가 깔려있다고 본다. 류샤오보가 비판의 날을 더욱 곧추세우는 이유는 비이성적 애국주의를 중국 공산당 독재체제가 은밀하게 선동하고 있다는 점 때문이다. 그는 이런 전투적 애국주의가 중국의 발전을 제약할 최대 걸림돌이자 붕괴요소라고 지적한다.

류샤오보는 중국 인민의 권리를 박탈하거나 억압하는 공산당 독재체제의 패악을 여러 사례를 들어 고발한다. 토지와 사유재산을 국유화한 정책이 농민의 삶의 터전을 잃게 한 만큼 토지소유권과 농업권을 보장해

주는 것이 농민문제의 근본적 해결 방안이라고 역설한다. 또 독재의 야만성이 낳은 생명 경시 풍조에 대해서도 개탄한다. 산시성 불법 벽돌공장 사건이 대표적이다. 청소년 수백 명이 불법 납치되거나 인신매매되어 강제 노동착취를 당했다. 수많은 부모들이 분통을 터트렸지만 업주들과 결탁한 관료들의 묵인으로 끝내 실종 아이들을 찾지 못했다.

중국 사회를 옥죄는 최악의 상황은 역시 철저한 언론통제다. 류샤오보는 '분서갱유焚書坑儒'에서 마오쩌둥의 '문화대혁명'까지 끈질기게 언론을 탄압해 온 '문자옥文字獄의 나라' 중국을 질타한다. 공산당은 인권운동을 불법으로 규정하여 탄압하고, 언론의 철저한 검열은 물론 인터넷 '만리장성'을 쌓아 사이버상의 정보 유통마저 완벽하게 감시한다. 언론의 자유와 인권보장을 호소하는 지식인들과 반체제인사들의 입에 재갈을 물리는 이런 억압적 상황에 류샤오보는 분노한다. "법률은 있지만 법치는 없고, 헌법은 있지만 헌정은 없는" 중국 정치의 현주소이다.

이 책은 류샤오보가 인터넷과 잡지에 기고한 글을 묶은 책이다. 이미 철저한 검열을 거친 글이라 그의 내면의 활화산 같은 비판과 질타를 충분히 분출해 내지 못하고 있다. 하지만 그가 간절히 열망하는 중국 사회의 변혁을 향한 충정을 감지하기에는 부족하지 않다. 특히 그는 중국 정치 개혁뿐만 아니라 저열한 중국 사회와 문화의 혁신을 주장하는 대목에서 문예학 박사다운 사색의 깊이와 통찰을 보여준다.

류샤오보는 중국의 경제성장과 함께 천박한 상업문화와 배금주의, 저급한 향락주의로 흐르는 중국의 사회 문화에 대해 통렬히 비판한다.

특히 중국 공산당이 독재정권을 유지해주는 사회적 기능의 하나로 이를 조장하고 악용하는 행태에 분노한다. 중국 공산당이 중국인들에게 물질적 욕망을 부추기고 이를 충족하는 상업문화에 몰입하게 함으로써 '영혼이 없는 사회'를 만들고, 결국 전체주의 체제의 모순에 눈 감게 하는 고도의 정치공작에 다름없다고 보기 때문이다.

그는 공자 타도 운동을 벌이던 중국 공산당이 다시 공자의 부활과 유교의 부흥을 주도하는 것도 민족주의를 부추기고 독재정권의 천하주의를 더욱 다지는 문화 권력 장악의 일환이라고 냉소한다. 이는 유가가 황권 독재 이데올로기에 이용당해 온 역사적 경험이 입증한다.

류샤오보는 중국 역사에서 지식인이 권력의 비호를 받지 못할 때는 '상갓집 개喪家拘'로 전락했다가 권력의 관심을 받는 순간 '문지기 개'가 되었던 비굴한 운명을 상기시키며 이를 경계하는 것이다. 중국 공산당에 당당히 맞설 수 있는 비판적 지식인을 갈구하는 류샤오보와, 독재권력에 기생하는 천박한 지식인을 양산하고 공자마저 정치적 희생양으로 만드는 공산당 일당 독재정권은 결코 양립하기 어려울 듯싶다.

중국의 민주화는 요원한가?

류샤오보는 남다른 통찰력으로 중국 사회의 내면을 들여다보고 그 뒤에 숨은 공산당의 흑심黑心을 예리하게 벗긴다. 그는 중국 공산당 독재정권의 통치전략 5가지를 여과 없이 폭로한다. 첫 번째, 중국 공산당은 민족주의를 부추기고 대국굴기를 부르짖으면서 반미, 반일, 타이완 독립 반대 등의 민감한 문제를 교묘하게 이용한다는 것이다.

두 번째, 원시 자본주의가 중국 사회에 팽배하자 중국 권력자들이 돈의 노예로 전락했다는 것이다. 이익이 이데올로기를 대신해서 사회 전체의 유대관계를 강화하고, 관료의 정치적 충성과 업적 및 통치력을 평가하는 기준이 되어버렸다. 공권력 남용을 통한 부패행위가 만연하게 된 연유다.

세 번째, 중국 공산당은 시장에 사치품을 끊임없이 방출하면서 사치를 조장하고 허영과 거짓으로 포장된 천박한 문화가 문화시장을 주도하도록 한다는 것이다. 천박한 문화는 중국 공산당의 이데올로기와 결탁하여 광기에 휩싸인 악습과 잔인한 야만성을 드러내는 향락주의를 만들어낸다.

네 번째, 중국 공산당은 정치이견을 일체 차단한다. 특히 조직적인 민간의 도전을 엄금한다. 결사와 집회의 자유를 억압하고 민간 자치조직의 형성을 철저히 금지시킨다.

다섯 번째, 중국 공산당은 지식 엘리트를 매수하여 무력으로 협박하고 물질로 달래는 당근과 채찍 방식으로 중국 지식계를 비이성적 냉소주의로 변질시켰다. 물질적 유혹과 공포정치의 위협으로 지식엘리트를 정권의 꼭두각시로 만들었다는 것이다.

중국 공산당의 음험한 통치전략에 맞서는 류샤오보의 민주화 투쟁의 이념과 주장은 그를 감옥에 가게 한 '08헌장'에서 보다 명확하게 드러난다. 함께 서명한 300인의 민주화 인사들이 천명한 이념은 인류보편적인 가치들이다. 자유, 인권, 평등, 공화, 민주, 입법의 이념이다. 이들이 제시한 중국 공산당 독재체제의 개혁 방안 19가지는 자유민주주의로 견인하는 구체적인 내용들이다.

공민의 인신의 자유를 보장하고 노동교양제도를 폐지하는 인권보장제도의 개혁, 법치를 위협하는 공산당으로부터의 사법부 독립, 각급 입법기구의 직선제 등 입법민주의 실행, 공산당 이외의 다른 정당의 집권을 금지한 '당금黨禁'의 폐지, 언론·집회의 자유 보장과 사유재산권 보호 등이 핵심적 내용이다. 이들 개혁방안을 관통하는 관념은 중국 공산당의 일당 독재를 해체하고 자유민주적 질서를 지향하려는 것이다. 실로 담대한 구상이지만 요원한 일이다.

하지만 류샤오보는 이러한 정치민주화 없이 중화민족의 발전은 물론 인류 평화와 인권에 기여하는 세계대국으로의 굴기는 불가능하다고 호소한다. 류샤오보는 법정의 자기변호를 통해 이런 주장을 펼치며 자신의 무죄를 주장했다. 자신의 기소 자체가 '문자옥文字獄'이며, 국제사회가 인정한 인권준칙을 위반하는 행동이라는 것이다. 하지만 중국 공산당은 그의 주장이 공산당 일당 독재체제의 전복을 추동할 수 있음을 두려워한다. 이런 까닭에 류샤오보가 자신의 신념을 포기하고 중국 공산당에 굴종하지 않는 한 석방되기는 쉽지 않을 듯싶다.

류샤오보는 중국 민주화 투쟁의 아이콘이다. 그에겐 감옥의 차디찬 바닥보다 화려한 삶을 보장받는 굴종이 더 견디기 어려운 것 같다. 그의 자유민주주의의 가치에 대한 신념은 굳건하고, 자유와 인권을 쟁취하고자 하는 열망 또한 식지 않을 듯싶다. 자신의 존엄을 지키기 위해 비폭력 저항을 견지하는 그의 고귀한 정신은 세계인의 경의를 받을 충분한 자격이 있다. 그의 석방을 위한 국제인권단체들의 호소와 노력이 언제까지 계속되어야 할 지 안타깝기 그지없다. 톈안먼 민주화 운동 10주년을 맞아 쓴 그의 시 '시간의 저주 속에서'의 한 구절이 생생한 울림으로 남는다.

"50년의 눈부신 영광에는
공산당만 있고,
신중국은 없었다."

15 | 중국 공산당이 은폐한 불편한 진실들

《왕단의 중국현대사》, 왕단 지음, 송인재 옮김,
동아시아(2013), 559쪽.

중국의 현대사는 한마디로 폭력과 기만의 역사라고 왕단은 말한다. 이는 마르크스의 계급
투쟁과 프롤레타리아 독재의 핵심이념에 의해 탄생된 중국 공산당의 태생적 DNA에 기인
한다고 본다. 게다가 음험한 모략에 능하며 잔인했던 마오쩌둥의 개인적 특성이 결부되어
'폭력과 기만'은 중국 정치사의 전형적 특징으로 굳어졌다는 것이다.

역사는 반복된다. 우리가 과거를 되짚어보는 이유도 단순히 과거의 실패를 거듭하지 않기 위해서라기보다 역사를 관통해 온 속성이 미래에 어떤 영향을 미칠 지, 그리고 미래의 세상이 어떻게 전개될 지를 가늠해 보기 위해서다. 이런 차원에서 중국 공산당이 이끌어온 중국의 60년 현대사를 살피는 것은 더없이 중요한 일이다. 중국 현대사에서 잊을 수 없는 톈안먼 민주화 운동의 핵심 주역중의 한 사람이던 왕단王丹이 파헤치는 중국현대사의 불편한 진실이 주목을 받는 이유다.

1989년 6월 톈안먼 광장에서 메가폰을 잡았던 왕단은 베이징대에서 역사학을 전공한 후 미국 하버드 대학에서 석사와 역사학 박사학위를 받은 어엿한 학자가 되었다. 이 책은 타이완 칭화清華 대학에서 행한 그의 강의록이 바탕이 되었다. 굴곡 많은 중국 현대사의 격동을 온 몸으로 겪어낸 그가 발굴하고 분석해 내는 중국의 현대사는, 중국 공산당이 감추고 싶고 외면하고픈 인민의 아픔과 좌절, 분노를 냉정하게 담아내고 있다.

중국 공산당의 폭력과 기만의 역사

중국의 현대사는 한마디로 폭력과 기만의 역사라고 왕단은 말한다. 이는 마르크스의 계급투쟁과 프롤레타리아 독재의 핵심이념에 의해 탄생된 중국 공산당의 태생적 DNA에 기인한다고 본다. 게다가 음험한 모략에 능하며 잔인했던 마오쩌둥의 개인적 특성이 결부되어 '폭력과 기만'은 중국 정치사의 전형적 특징으로 굳어졌다는 것이다.

중화인민공화국의 사기성은 건국 초기부터 드러났다. 건국 당시 명목상 최고 정치권력기구였던 중국인민정치협상회의에서는 "신민주주의, 즉 인민민주주의가 중화인민공화국 건국의 정치적 토대"라는 점을 분명히 했다. 특히 '공동강령'에서 확립한 국가 체제는 바로 '신민주주의'이지 '사회주의'가 아니었다.

중화인민공화국은 사회주의를 표방한 것이 아니었던 것이다. 바로 중국 공산당의 일방적 주장이었던 '사회주의'를 '공동강령'에 삽입하지 않음으로써 민주당파를 잠시 끌어안았지만 이는 곧 통일전선전술의 속임수였던 것이다.

공산당의 몇 사람이 사회주의의 전망을 표방해야 한다고 했을 때 오히려 마오쩌둥毛澤東, 1893~1976은 그들의 조급성을 질타했었다. "1917년 10월 혁명은 15~16년이 걸렸다. 1932년에야 비로서 정식으로 사회주의를 시행했다. 오늘 우리는 아직도 봉건을 소멸시키는 중이다. 사회주의는 아직 너무 이르다. 왜 굳이 사회주의를 들먹이려 하는가!"

하지만 시간은 이 모든 것이 중국 공산당과 마오쩌둥의 교활한 기만술이었음을 말해준다. 왕단은 중국인민공화국이 민주적 국가로 나아갈 수 있으리라는 희망의 싹을 무참하게 잘라낸 이러한 기만성이 이후에도 수많은 정치적 운동과 숙청의 회오리를 통해 반복적으로 시현되었음을 증명해준다.

중국 공산당의 치국의 핵심 전략은 폭력이다. 특히 정치 운동의 과정에서 두드러진다. 마오쩌둥은 1951년부터 1952년까지 반혁령, 반낭비,

반관료주의를 척결한다는 명분으로 소위 '삼반三反운동을 추동하면서, "전국에서 1만 명에서 수만 명 정도의 횡령범을 총살해야 문제를 해결할 수 있을 것"이라고 교시했다.

이에 따라 사법적 조사 없이 구타, 모욕과 학대 등 폭력적 방식이 난무하여 수많은 사람들이 자살하거나 1만여 명이 사형 및 유기징역 등의 처벌을 받았다. 그 가운데 선의의 피해자가 상당했을 것으로 추정된다. 왕단은 이러한 폭력에 대한 맹신이 마오쩌둥 사유의 일관된 특징이라고 말한다.

마오쩌둥은 삼반운동을 상공업 부르주아의 타격에 중점을 둔 오반五反운동으로 확대하면서 전면적 국유화, 사회에 대한 국가의 전면적 통제가 가능하도록 사회를 개조하는 계기로 활용했다. 오반운동은 겉으로는 사회 개량적 경제투쟁처럼 보였지만 실제로는 정치투쟁이나 계급투쟁에 다름 아니었다.

중국 공산당이 이렇게 빈번하게 정치 운동을 벌인 이유는 공산당에 충성스러운 사람을 발굴하고 기존의 간부를 이념적으로 단련하기 위해서다. 이런 과정에서 더 큰 문제는 국가폭력을 운동의 수단으로 활용했다는 점이다.

마오쩌둥의 계급투쟁과 지식인의 굴종

왕단은 마오쩌둥은 "자기모순의 종합체"라고 말한다. 그는 "중국의 전통문화를 깊이 이해하고 일정 정도 수준의 시 창작 능력"을 갖고 있었지만, "더 높은 지식 훈련과 완결된 지식구조는 결여"된 "전형적인 소시식인"이었다는 것이다. 특히 그는 지식인으로 자처하면서 지식인을 멸시하는 모순적 태도를 갖고 있었다고 한다. 지식인을 "농민 노동자화 하라"며 지식 계층의 사회적 지위의 우월감을 뿌리 뽑고, 자신들의 정치이념, 생활환경에 대한 수치심과 원죄의식을 심어주려 했다는 것이다.

영화 〈무훈전〉과 〈홍루몽〉을 비판하고 후스胡適, 1891~1962 사상에 대한 비판 운동을 부추긴 이유가 여기에 있다. 마오쩌둥은 문화예술에서 나아가 자연과학의 각 분야까지 사상투쟁을 전개하도록 요구했다. 그 결과는 혹독했다. 문예 잡지를 창간하여 전국 문예계에 큰 영향을 미치고 있었고, 저우언라이周恩來, 1898~1976의 후원을 받고 있던 후펑胡風, 1904~1985을 '반혁명 집단'으로 조작하여 다수의 연관 문예인들을 숙청한 것이 대표적인 사례다.

후펑은 개인의 창작의 자유와 주관성을 강조했지만 마오쩌둥은 문예계도 사회주의 이념에 복무할 것을 요구했다. 마오쩌둥은 이 사건을 통해 문예인들의 프티 부르주아petit bourgeois 관점이 프롤레타리아의 관점을 대치하는 것을 경계하고, 사회의 모든 분야가 프롤레타리아 독재 하의 '계속 혁명'이 필요하다는 것을 증명하고자 했던 것이다. 문화대혁명의 씨앗은 이처럼 오래 전부터 숙성되고 있었다. 계급투쟁의 관념에 대한 강박관념에 사로잡힌 마오쩌둥은 끊임없이 반우파 투쟁을 일으켜, 향촌 신사 계층과 상공업 부르주아에 이어 지식인 계층의 정신세계까지 완전하게 장악할 수 있었다. 그 과정에서 추한 지식인이 등장한 것은 당연한 귀결이었다.

왕단은 그 정점에 궈모뤄郭沫若, 1892~1978가 있었음을 지적한다. "궈모뤄는 그 시대에 지식인이 권력에 빌붙기 위해 영혼을 파는 것도 서슴치 않았던 현상의 축소판이다." 1957년 모스크바 10월 혁명 기념식에 모택동을 수행하여 참석했던 궈모뤄는 '비행기 내에서 마오쩌둥의 업무에 대한 촬영'이라는 시에서 마오쩌둥을 '제2의 태양'이라고 칭송한다. 역겹기 그지없다.

"만 미터 높은 하늘
104호 비행기에서
어쩐지 햇빛이 두 배로 밝게 빛나더라니
비행기 안팎에 두 개의 태양이 있구나."

왕단은 수차례의 정치 운동에서 궈모뤄가 작가적 양심을 저버리고 공산당 정권의 앞장을 선 이유에 대해 통치자를 위해 일하는 것을 사대부의 최고 경지로 생각한 '종묘 콤플렉스'일 것으로 보았다. 독립적 인격을 결여한 이런 예는 넘쳤지만, 스스로 양심을 지키고 전체주의에 굴복을 거부한 작가 아룽阿瓏, 공산당과의 협력을 결연히 거부한 역사학자 천인커陳寅恪와 같이 지식인의 불굴의 기개를 보여준 예는 극히 드물었다는 것이다.

중국의 대재앙 프롤레타리아 문화대혁명

중국현대사에서 사회 전반에 가장 가혹한 쓰나미를 만들어 낸 것은 역시 문화대혁명이다. 원래의 어원대로 '프롤레타리아 문화대혁명'으로 정확하게 부를 때 마오쩌둥이 반우파 운동의 수단으로 동원한 계급투쟁 이론의 해악을 더욱 분명하게 인식할 수 있다.

'프롤레타리아 문화대혁명'은 문예 영역에서 시작되었을 뿐 말 그대로의 '문화혁명'이 아니었다. "반드시 당, 정부, 군대, 문화 영역 각계에 난입한 부르주아 대변인들을 비판하고 이들을 깨끗이 제거해야 한다"는 마오쩌둥의 1966년 〈5.16〉통지가 문화대혁명의 성격을 분명하게 말해 준다. '프롤레타리아 문화대혁명'은 마오쩌둥의 철저한 사전 기획에 의한 정치 운동이었다.

왕훙원王洪文, 1935~1992, 장춘차오張春橋, 1917~2005, 장칭江青, 1914~1991, 야오원위안姚文元, 1931~2005 등 소위 4인방四人幇이 중심이 된 중앙 문혁 팀과 청소년으로 구성된 홍위병은 훗날 장칭이 법정에서 고백했듯, "주석의 개"였을 뿐이었다. 문화대혁명의 재앙은 참혹했다. 혁명을 주도한 반란파와 홍위병은 법과 권력의 제약을 받지 않는 무소불위의 권력을 행사했다.

'마오쩌둥주의 홍위병 반란총부', '홍위병 혁명반란사령부'가 연합하여 전국의 시위원회, 시정부, 공안국, 검찰원, 법원의 모든 권력을 인수 관리했다. 문혁 초기에 정부 기관과 공산당 시스템의 권력이 심각하게 타격을 받았고 지방은 완전히 무정부 상태가 되었다. 지방정부는 마오쩌둥과 당 중앙이 왜 문혁을 일으켰고, 어떻게 진행하는지를 완전하게 파악할 수 없었기에 군중의 반란을 제지할 수도 없었다.

나중에는 군권까지 침탈당하는 상황이 된다. "런저우, 신장 등의 몇몇 군관구는 사령부와 정치위원회가 베이징의 호텔에 머물면서 군전용선 전화로 원격조종을 통해 지휘를 할 수밖에 없었다." 혁명의 회오리가 얼마나 극심했었는지 짐작하고 남음이 있다.

그 와중에 지주와 반혁명 수정주의자라는 딱지가 붙은 관료와 계급투쟁의 이념과 충성심을 의심받은 당원 및 군인, 프티 부르주아적인 지식인에 대한 무단 체포와 린치, 폭력이 난무했다. 공산당의 공식통계만으로도 전 지역에서 9,323명이 피살되거나 자살했다. 어린 홍위병들은 젊은 객기의 "과잉 살육"으로 그 기세가 하늘을 찌를 듯 높았다. 전통문화와 인륜과 도덕은 철저히 부정되고 숱한 문화유산이 파괴되었다.

마오쩌둥은 8차례에 걸쳐 톈안먼 광장에서 1,300여 만 명에 달하는 전국 각지의 홍위병과 군중을 만나 그들을 격려하고 충동했다. 신격화된 마오쩌둥에 대한 숭배는 절정에 달했고, 그의 힘을 등에 업은 군중의 폭력적 정서 또한 최고조에 달했다.

1967년부터 1970년까지 1,600만 명의 고등학교 졸업생이 마오쩌둥의 호소 아래 도시 호적을 말소시키고 농촌으로 가서 생산 노동에 참가하는 '농촌 하방上山下鄕 운동'도 벌였다. 이는 자신을 단련하고 사회를 개조하라는 '교육 혁명'의 명분 아래 취업 문제를 해결하는 방편이 되기도 했다.

마오쩌둥은 왜 이렇게 국가와 지방 조직을 혼란시키는 폭력적 자해 행위를 추동하고 사회 개조를 추진했을까. 혹자는 마오쩌둥이 자신의 이상을 실현하고자 하는 낭만주의적이고 이상주의적인 성격 때문에 '문혁'을 일으켰다고도 말한다.

하지만 왕단은 "마오쩌둥 개인의 권력욕에 혁명의 외피를 입혀" '프롤레타리아 독재 하의 계속 혁명'을 추구한 것이라고 진단한다. 당시에 새로운 권력으로 부상하던 류사오치劉少奇, 1898~1969와 덩샤오핑鄧小平, 1904~1997 등 자본주의 노선을 추구하는 주자파走資派들을 몰아내고 권력을 독점하기 위해 반 부르주아 정치 투쟁을 전개한 것이다.

물론 건국 20년 동안 공산당 내부의 관료주의와 특권층의 부패에 대한 군중의 불만 정서를 자극해서 '문혁'이라는 정치 운동을 통해 그 원한을 풀게 한 측면도 있었다. 하지만 예젠잉葉劍英, 1897~1986이 1978년 한 연설에서 시인했듯, '문혁' 기간에 해를 입은 사람이 1억 명 이상으로 전국 인구의 9분의 1에 달할 만큼 큰 상처를 남겼다.

경제적 손실도 컸다. 국가주석 리셴녠李先念, 1909~1992이 발표했듯, '문혁'으로 국민 수입만 5,000억 위안의 손실을 보았다. "이 수치는 건국 30년간 시설 투자 전체의 80퍼센트에 해당하고 건국 30년간 전국의 고정자산 총액을 뛰어넘는다." '문혁'의 광풍이 중국의 경제 자산을 대부분을 소진시켰다는 것이다.

이보다 더 큰 부정적 영향은 사회도덕의 붕괴를 초래했다는 점이다. '문혁'의 정치적 폭력성은 누구도 믿을 수 없는 사회를 만들고 저마다 자신도 믿지 않는 것을 표현하려고 하면서 거짓말하는 습관을 고착시켰다. 혁명의 수단인 사악한 폭력과 기만이 결국 인간성과 윤리 규범을 파괴하고 위선과 기만적 습성을 강화시켰다는 의미다. 정신적 트라우마가 더 큰 해악을 만든 셈이다.

사상 해방과 민주화의 싹을 자른 덩샤오핑

마오쩌둥 사후에 권력을 쟁취한 덩샤오핑 역시 정치적 권모술수에서 탁월했다. 그는 정치적 독재와 전제를 견지했다. 덩샤오핑은 마오쩌둥이 지정한 후계자인 화궈펑華國鋒, 1921~2008에게 "그의 지도를 영원히 뒤집지 않고 옹호할 것"이라고 충성 맹세한 후 예젠잉과 리셴녠 등 원로 당 간부의 지지를 끌어내 야금야금 화궈펑을 밀어냈다.

특히 절대화된 마오쩌둥의 사상을 교묘하게 허물어 나갈 때 덩샤오핑의 노회함은 제대로 발휘된다. "개별적인 문구로만 마오쩌둥 사상을 이해해서는 안 되고, 반드시 마오쩌둥 사상의 전체 체계에 따라 정확하게 이해해야 한다"며 '무릇 마오 주석의 결정이라면 모두 굳게 지키고 시종일관 따른다'는 '양개범시兩個凡是'를 직접적으로 공격했다.

이런 시그널은 전국적인 사상 해방 운동을 촉발했다. 덩샤오핑이 뒷받침한 사상 해방 운동은 화궈펑 등의 보수성을 부각시켜 자신에 대한 여론과 민의의 지지를 얻으려는 방편이었을 뿐, 진정한 사상 해방과 민주주의로 발전해 나가는 것을 의도했던 것은 아니었다.

덩샤오핑은 1978년부터 1980년까지 '시단 민주벽西單 民主牆'의 대자

보를 통해 쏟아진 민주파들의 다양한 경제개혁과 정치개혁의 주장들에 대해 지지표명을 했다. 하지만 원로 간부파의 지지를 받으며 화궈펑을 밀어낸 이후, "사회주의의 길, 프롤레타리아 독재, 당의 지도, 마르크스 레닌주의, 마오쩌둥 사상을 지켜나가자"며 4대 기본 원칙을 천명하고 민주파들을 토사구팽兔死狗烹한다.

사실 사상 해방의 분위기 속에서 제기된 이론 연구파들의 개혁 주장은 상당히 진보적인 내용을 담고 있었다. 중공당사 연구실의 '경신강령庚申綱領'이 이들의 개혁정신을 대변하고 있었다. 주요내용은 이렇다. 전국인민대표 대회를 축소하고 지역원과 사회원 양원을 설치한다, 당정을 분리한다, 사법 독립, 법원의 판결이 당위원회의 심사를 받지 않는다, 언론 독립, 군사기밀 이외에는 인민이 모든 것을 알 권리가 있다, 당의 지도 기구는 분권 균형제를 실행한다 등이다.

이는 중국 공산당의 전제적 통치 구조 및 통치 방식의 근본적 취약점을 정확히 포착하고 현대적 민주주의의 요소를 국가 통치에 구현하려 했었다는 점에서 의미가 있었다. 하지만 덩샤오핑의 계산된 방향 선회로 무산된다. 당시 개혁적 구상들이 실행으로 이어지지 못한 점은 못내 아쉽다. 어쩌면 당시 민주파의 좌절이 톈안먼 민주화 운동의 씨앗으로 자라고 있었는지도 모른다.

자오쯔양과 6.4 톈안먼 민주화 운동

그마나 당내 개혁파로 민주파의 이상을 보호하려 애쓴 사람은 자오

감추고 싶은
중국의 비밀 35가지

쯔양趙紫陽, 1919~2005이었다. 그는 80년대 사상 해방의 흐름을 이어가길 희망했다. 1989년 중국을 방문한 고르바초프를 만났을 때 당정 분리 등 정치 개혁의 문제를 거론할 만큼 정치 개혁에 대한 관심을 놓지 않았다. 물론 여전히 일당지배 원칙을 고수하되 법으로 당의 지도를 규제하는 방식이 그의 정치 개혁의 핵심사상이라는 점에서 한계는 있었다.

1988년 사상계를 뒤흔든 다큐멘터리 〈황허의 죽음〉은 자오쯔양의 새로운 권위 수립에 기여했다. 과학계 민주화 운동의 대부였던 쉬량잉許良英, 1920~2013의 "정치적 민주와 학술적 자유가 보장되어야만 과학이 번영할 수 있다"는 호소는 '이론연구파'의 주장을 대변하며 지식인 사회에 큰 공감과 반향을 일으켰다. 쉬량잉은 얼마 전 2013년 1월 28일 향년 92세로 타계했다.

2001년 홍콩에서 펴낸 그의 발언집에 담긴 회고는 젊은 시절 사회주의를 믿었던 지식인의 회한적 성찰을 토로하고 있는 듯하다. "마르크스주의의 최대의 역사적 오류는 독재를 주장하고 민주를 반대한 것이며, 모든 인류의 역사는 계급투쟁의 역사라고 간주한 것이다. 이로 인해 스탈린Joseph Stalin, 1879~1953과 마오쩌둥의 폭정이 일어났고 중국의 5.4 민주 계몽 운동이 5.4이후 1년 만에 요절해 버렸다."

80년대 내내 사상 해방을 요구하고 민주화와 정치 개혁을 추진하자는 목소리가 끊이지 않았던 상황에서, 학생운동에 우호적이었던 후야오방胡耀邦, 1915~1989이 실각에 이어 1989년 4월 15일에 돌연사하자 그동안 축적되어 온 민주화 운동에 대한 억압된 열망이 한꺼번에 분출했다.

후야오방 서거 추도행사로 시작된 학생모임은 민주회와 정치 개혁의 추진, 부패 척결과 사회의 불공정 해소, 언론 출판의 자유, 의사 표현의 자유를 촉구하는 정치적 주장과 시위로 발전했다. 하지만 학생들의 정당한 요구를 인민일보가 〈4.26 사설〉을 통해 "계획적인 음모이자 동란"으로 규정하자 학생들은 애국운동을 정치적으로 탄압하려는 중국 공산당의 방침에 크게 반발한다.

자오쯔양 또한 이 사설의 기조를 비판했다. 베이징 대학 총장 등 지식인들도 학생들의 정당한 요구를 지지했다. 6월 들어 학생들이 사설 철회와 자신들의 요구관철을 위해 단식을 벌이고 수십만의 시민이 동조하는 상황이 된다. 결국 덩샤오핑은 계엄령을 선포하고 6월 4일 수십만 군대와 탱크를 동원하여 무자비하게 유혈 진압한다. 6.4 톈안먼 사태 이후 전국의 백색테러가 난무하고 수많은 사람이 체포 구금되는 광풍이 불었음은 물론이다.

무자비한 총격과 무력 진압으로 수천 명이 사망 또는 부상했을 것으로 추정된다. 하지만 지금까지 6.4 톈안먼 민주화 운동에 대한 어떠한 논의도 철저하게 금기시하고 있다. 이로 미루어 볼 때 당시 폭력과 살인의 처절함과 폭력성에 대한 정보가 인민의 정서를 뒤흔들 만큼 폭발적인 것임에는 틀림없다.

1989년 공산당 부주석 양상쿤楊尙昆, 1907~1998은 "6.4 톈안먼 사건은 우리 당의 역사에서 범한 가장 심각한 잘못"이라며, "지금은 자신이 바로잡을 힘이 없고 훗날 반드시 바로잡아질 것"이라고 말했다. 하지만,

톈안먼 민주화 운동이 '사건'에서 '민주화 운동'으로 재평가될 날은 요원하기만 하다. 6.4 톈안먼 민주화 운동이 담고 있는 자유와 민주의 가치와 개혁정신은 일당독재 지배 체제의 유지가 최우선 목표인 중국 공산당이 도저히 수용하기 어려운 것들이기 때문이다.

80년대 사상 해방 운동과 6.4 톈안먼 민주화 운동이 성공했더라면 지금의 중국은 훨씬 더 자유롭고 풍요로운 삶을 누리지 않았을까? 왕단은 덩샤오핑이 주도한 개혁과 개방으로 거대한 경제적 성취를 했다는 점을 인정한다.

하지만 중국 공산당 정권의 공이라고만 하기는 어렵다고 말한다. "사회 전체가 축적한 큰 역량이 정부가 개방한 영역에서 분출된 것이 중국 경제가 고도성장한 중요한 동인"이라는 것이다. 왕단은 "일당독재의 정치제도에 의존해서 추진돼 개혁 비용이 크게 줄었다"는 점에서 중국 경제 성장의 비밀을 찾고 있다. 이로 인해 고도성장이 사회의 약자 집단 전체의 이익이 박탈당하는 토대 위에서 이루어진 불공정 성장이라는 점을 비판한다.

중국의 민주화의 전망
왕단은 중국 공산당이 지배한 60년을 회고하며, 그동안의 과오에 대해 인민에게 진솔하게 사과할 것을 요구한다. 모두 4가지다. 건국과정에서 헌정 민주를 실시하고 연합 정부를 구성하겠다고 천명한 후 공산당 일당독재의 강권통치를 해 온 점, 수많은 정치 운동을 통해 국가 폭력을 남용하여 국민을 살상하고 사회적 공포감을 만연시킨 섬, 60년 동안 농민과 농촌을 수탈하고 박해한 점, 언론의 자유와 인권을 박탈한 점 등 이다. 그의 요구는 공산당 치하의 현대사 속에서 아픔을 겪어온 중국 인민의 절절한 소망을 집약적으로 담고 있는 듯하다.

왕단은 사건의 경과를 단순히 나열하는 방식에서 벗어나 당대의 광범위한 문헌과 사료, 언론보도와 증언 등 다양한 사회과학적 자료를 통해 사건의 이면과 의미를 발굴하고 재해석하고 있다. 풍부한 전거의 해석을 종합하면서 자신의 역사의식을 보태고 있다는 점에서 자신의 편협한 주장에 매몰되지 않고 균형적 시각을 유지하고 있음을 엿볼 수 있다.

왕단은 60년 중국 공산당 통치를 관통하는 특징으로 폭력성과 기만성을 꼽고 있다. 그는 6.4 톈안먼 민주화 운동의 현장에서 시대의 아픔을 뜨겁게 체험한 사람답게 국가의 폭력성과 전체주의 통치가 중국 사회에 끼친 악영향에 대한 깊은 통찰을 보여준다.

왕단은 민주화에 대한 뜨거운 열망을 여전히 갖고 있다. 하지만 그는 오랫동안 정치 영역에서의 억압으로 인해 중국인의 공공생활이 크게 왜곡되어졌고 인간의 정신이 노예화한 현실을 안타까워한다.

특히 30년 동안 개혁개방을 거친 지금, 민족정신이 점점 민주, 인권, 등 인류의 보편적이고 기본적인 가치와 대립되는 방향으로 이끌려가고 있고 폭력적인 민족주의적 열광이 높아진 사회적 추세를 심각하게 우려한다.

더 고질적인 문제는 경제 성장에 따라 부를 축적한 시민계층이 부의 유지를 위해 국가 권력과 상호의존적 상황이 되어 도리어 자신들의 이익을 위협하는 정치적 개혁을 방해하고 기피하는 특이한 현상이 나타나고 있다는 점이다.

이러한 왕단의 날카로운 통찰에 비추어 보면, 중산계급이 대두하면 필연적으로 민주화의 요구가 생겨나 정치적 추동력으로 작용할 것이라는 일반적 사회발전 이론이 중국에선 작동하지 않을 것 같다. 중국 민주화의 길이 암담해 보이는 이유다.

중국 공산당의 위로부터의 개혁을 기대하기는 어렵다. 결국 시민사회가 발전해서 국가권력의 변동과 진화를 추동하는 길 밖에는 대안이 없다. 하지만 왕단이 희구하듯 시민사회가 충분히 발전해서 사회의 힘이 국가의 힘을 뛰어넘는 '황금 교차점'이 출현할 수 있을까?

16

16년간 갇힌 자오쯔양이 털어놓은 톈안먼 비사

《국가의 죄수》, 자오쯔양 지음, 바오푸 정리, 장윤미·이종화 옮김,
에버리치홀딩스(2010), 495쪽.

국가의 혁신을 외치던 학생들의 애국적 행동도, 이를 적극적으로 수렴하여 정치개혁으로
나아가자던 자오쯔양의 진보적 생각도, 공산당 일당 독재의 영도를 위협한다고 판단되는
순간, 막후의 절대 권력자가 자신의 권좌를 위태롭게 한다고 느끼는 순간, 모두 '국가의
공적'이 되고 말았다.

1989년 6월 4일은 '피의 일요일'로 상징되는 톈안먼天安門, 천안문사태가 벌어진 날이다. 올해로 벌써 25주년이다. 하지만 인민해방군 소속 계엄군의 무차별 사살로 희생된 3천여 명으로 추산되는 원혼은 아직도 '국가의 공적'으로 낙인찍힌 채 구천을 떠돈다. 톈안먼사태는 '5.18 광주사태'를 상기시킨다. 우리는 '5.18 광주사태'를 '5.18 광주민주화운동'으로 재정립하여 질곡의 역사를 바로잡았다.

하지만 중국 공산당은 톈안먼사태에 대한 어떠한 논의도 철저히 봉쇄하고 있다. 톈안먼사태에 대한 진실규명과 학살 책임자 처벌 등 재평가가 전혀 이루어지지 않고 있다. 중국 공산당이 저지른 추악한 역사를 청산하는 일은 공산당 일당독재의 근간을 뿌리째 흔들 수 있기 때문이 아닐까?

톈안먼사태의 역사적 격동 속에 중국 공산당 총서기 자오쯔양趙紫陽, 1919~2005이 있었다. 그는 톈안먼 광장의 학생들의 민주화 시위와 개혁 요구를 평화적으로 해결하려 노력했다. 계엄군의 무력 진압에 반대하다 결국 숙청당해 외부와 철저하게 고립된 16년간의 가택연금생활 끝에 2005년에 사망했다. 그는 '반당反黨, 반反사회주의 동란'을 방조하고 나아가 격동시킨 '국가의 죄수'다. 중국 공산당이 덧씌운 죄가 그렇다.

이 책은 '명목상' 국가 최고 권력자였던 총서기에서 '국가의 공적'으로 낙인찍힌 자오쯔양의 비밀 회고록이다. 1989년 봄부터 초여름까지 중국을 뜨겁게 달구던 톈안먼광장의 대학생들은 과연 '반당, 반사회주의 동란'을 획책한 범죄자들인가? 당시 자오쯔양 총서기는 직무를 유기하고 대학생들에게 동소하며 "동란을 확대시켜 국가를 전복시키고자 기도"했던 것일까?

1980년대 개혁 · 개방과 반자유화 사조

자오쯔양 죄상(?)의 진실여부를 제대로 파악하기 위해서는 자오쯔양의 정치역정은 물론 80년대 중국 공산당의 권력지형과 경제개혁 상황 등 총체적인 환경을 이해할 필요가 있다. 자오쯔양은 전임 총서기인 후야오방胡耀邦, 1915~1989과 함께 덩샤오핑鄧小平, 1904~1997의 개혁개방 정책의 충실한 집행자였다. 천윈陳云, 1905~1995과 리셴녠李先念, 1909~1992을 대표로 하는 계획경제를 고수하려는 보수파에 맞서 후야오방과 자오쯔양은 시장경제의 도입과 외자 유치를 통해 경제발전을 견인하려던 덩샤오핑의 경제개혁을 추종했다.

천윈 등 보수파는 레닌의 '제국주의론'에 입각하여 외자 이용과 설비 차관이 국부의 유출로 이어진다는 논리를 고수했다. 이들은 공산주의의 순결성을 수호하고자 했다. 이를 위해 개혁개방 이후 심화되던 자본주의의 부패사상과 자산계급의 자유화된 생활방식 등에 대해 반대하는 투쟁을 계속 강화했다. 반면 덩샤오핑을 위시한 후야오방과 자오쯔양은 계획경제와 시장경제를 병존시키는 전략을 고수하였다.

당시 후야오방 총서기와 함께 총리로서 경제정책을 총괄하던 자오쯔양은 농가생산책임제와 연해발전 전략 등이 자신의 정책아이디어로 실시되었음을 강조했다. 경제개발 속도를 중시한 후야오방과 달리 자신의 정책이 경제효율을 강조함으로써 경제발전의 선도적 역할을 했다고 증언하고 있다.

개혁개방을 주도하던 덩샤오핑과 후야오방 체제에 균열이 생긴 것은 1980년 이후 80년대 중반까지 지식인들 사이에서 생긴 자유화 문제에 대해 덩샤오핑과 후야오방 사이에 의견이 일치되지 않았기 때문이었다. 덩은 경제발전과 함께 지식인들 사이에 자유화 사조가 갈수록 커지는 것에 불안감을 느꼈고 서구의 자유주의 사상에 오염될 것을 우려했다.

그는 사상이론전선을 담당한 총서기인 후야오방이 이러한 인민들의 정신오염을 방기하고 있다고 보았다. 이에 경제, 농촌, 과학기술, 사상문화 분야에서의 정신오염을 제거할 것을 요구했지만 후야오방은 미온적이었다. 결국 자산계급 자유화에 반대하는 문제에 나약함을 보인 후야오방에 대한 덩샤오핑의 노여움은 커져갔다.

급기야 1985년 1월 후야오방이 홍콩 잡지 〈백성百姓〉의 총편집장인 루겅과 인터뷰한 내용이 둘 사이의 불화를 부채질했다. 루겅이 후야오방이 군사위 주석이 되어야 하지 않느냐는 등 당시 군사위 주석이던 덩을 거론하고 핵심 당 지도부를 비판한 것이 덩샤오핑의 심기를 결정적으로 거슬렀다. 물론 후야오방이 덩샤오핑이 군사위를 계속 맡아야 한다고 응대했지만 덩은 후야오방의 내심을 의심했던 듯하다.

이런 상황에서 1986년 12월 상하이 등 일부 도시에서 학생시위가 발생하자 덩은 후야오방이 자산계급 자유화를 방임한 결과로 보고 독재의 수단을 써 단호하게 학생시위에 대처하라고 요구했다. 하지만 학생시위에 후야오방은 미온적으로 대처했다. 결국 덩은 개혁개방에 따른 자유화 사조에 대한 보수파들의 비판을 후야오방에게 떠안기고 1987년 1월 그를 권좌에서 끌어내린다.

자오쯔양, 개혁개방의 깃발을 이어받다

덩샤오핑은 후야오방을 대신하여 그동안 총리를 맡아온 자오쯔양에게 총서기를 맡긴다. 자오쯔양은 1987년 내내 후야오방의 실각으로 기세가 오른 반자유화의 거센 물결에 직면해야 했다. 덩리췬鄧力群, 1915~과 후차오무胡喬木 등 극좌파들은 반자유화를 전면적으로 전개하면서 개혁개방에 대한 비판과 개혁개방의 청산을 추진했다.

하지만 자오쯔양은 덩샤오핑의 지지 아래 반자유화 운동이 문화대혁명식으로 전개되어 많은 사람들을 희생시키지 않도록 적정한 선에서 방어하는 한편, 과도한 자유화의 문제가 발생했다고 개혁개방의 근본적 방향을 바꿀 수 없다는 원칙을 견지했다.

4개항 기본원칙사회주의 노선, 인민민주주의 독재, 중국 공산당의 영도, 마르크스 레닌주의 마오쩌둥 사상이 강綱이고, 개혁개방이 목目이라는 개혁개방에 대한 부정적 관점에 반대했다. 나아가 자오쯔양은 개혁개방의 관점으로 4개항 기본원칙을 견지해 나가는 것이 중국식 사회주의 노선임을 확실하게 강조했다.

자오쯔양이 '사회주의 초급 단계'라는 새로운 개념을 제시한 것도, 중국이 사회주의를 이행하는 초급 단계이기 때문에 전통적인 사회주의 원칙에 절대적으로 구속될 필요는 없다는 점을 강조하고자 하는 방어적 전략의 일환이었다. 이렇듯 개혁개방을 둘러싼 보수파와 개혁파의 이론적 대립은 사회주의 노선에 입각한 중국 공산당이 시장경제를 도입하게 되면서부터 초래된 내적 모순에 기인할 수밖에 없었다.

이런 상황에서 자오쯔양이 경제 건설 중심, 4개항 기본원칙의 견지, 개혁개방의 견지라는 세 가지 문제를 '한 개의 중심, 두 개의 기본점'이라는 관점으로 정리해 낸 것은 나름대로 성공적이었다. 덩샤오핑이 크게 환영했던 이유다.

개혁 · 개방의 후퇴와 자오쯔양의 위기

총서기가 되어 개혁개방 정책을 이어받은 자오쯔양은 개혁개방의 후유증에 직면해야 했다. 1988년에 그동안 누적된 여러 가지 경제의 모순이 드러나고 시장이 불안해지기 시작한다. 당시까지 60%에 상당한 계획경제 부문과 시장경제 부문의 병존 상태에서 물가 상승, 식량 가격의 폭등, 식료품 부족 등의 문제가 발생하고 있었다. 또 향진기업은 스스로 가격개혁과 임금개혁을 감당해 내지 못하는 상황이었다. 국영기업 역시 진정한 자율권이 없었다. 결국 시장의 자동조절기능이 제대로 작동되지 못했다. 반쪽짜리 시장경제의 모순이 복합적으로 작용해서 나타난 현상이었다.

이런 상황에서 당국이 시장경제의 흐름을 제대로 제어하지 못해 예금인출과 사재기 현상이 발생하는 등 시장불안 상황이 확산되었다. 시

상성제와 계획경제가 혼재된 상황에서 수급조절과 금융정책을 효과적으로 펴지 못한 때문이었다.

이에 1988년 9월 경 '치리정돈治理整頓'이란 구호를 내걸고 대대적으로 경제 환경과 경제 질서를 정비하게 된다. 자오쯔양의 진단은 계획경제 부분의 지속적 축소를 통해 시장조절 기능을 확장시켰었다면 상황이 순조롭게 발전했을 것으로 회고한다. 지나치게 높은 비중을 차지한 계획경제 부문의 문제들이 누적되어 상황을 더 어렵게 만들었었다는 점을 지적하는 듯하다.

하지만 치리정돈이란 명분 아래 실시된 전면적인 긴축정책은 경제 위축으로 이어지고 2~3년간 생산 감소 및 시장 침체로 나타났다. 덩샤오핑이 1992년 남순강화南巡講話를 통해 '치리정돈'의 소극적 정책에서 벗어나 개혁개방의 가속화로 경제의 활력을 회복시켜야 한다고 강조한 것도 이 때문이었다.

자오쯔양은 누적된 문제를 해결하기 위해 '치리정돈'을 제기했지만, 정책을 맡은 국무원 쪽의 리펑李鵬, 1928~과 야오이린姚依林, 1917~1994 등 보수파들이 치리정돈의 기회를 틈타 기업의 활성화를 위한 조치의 대부분을 취소하는 등 개혁정책을 전면적으로 후퇴시키는 바람에 경제 활력을 더 잃어버리게 만들었다고 말한다.

경제 상황의 악화는 보수파의 득세와 함께 자오쯔양 타도의 바람을 불게 했다. 왕런중王任重, 1917~1992 등 당 원로와 리펑, 야오이린 등이 앞장서 자오쯔양을 비판했다. 1987년 이후 고조되던 당내의 반개혁 보수

세력과 교조주의자, 극좌 세력과 개혁파 간의 갈등이 격화된 것이다. "덩리췬은 사상이론 선전 전선에서 보수세력의 실질적인 총사령관이었다." 물론 그의 막후에 리셴녠과 왕전, 천윈 등 개혁에 반대하는 원로들이 있었다. 보수파의 정치세력이 그만큼 두터웠다.

자오쯔양은 이들 가운데 리셴녠은 자신이 60년대 국무원의 경제 업무를 주관했었음에도, 자오쯔양이 자신의 과거 성과를 인정하지 않고 덩의 말만 듣고 자신의 말을 잘 듣지 않는다는 이유로 일종의 원한 같은 감정을 갖고 있었던 것 같다고 증언한다. 자오쯔양이 총서기에서 쫓겨날 때 리셴녠이 적극적 역할을 했던 걸 보면 악연이 꽤 깊은 듯하다.

중국 공산당의 정책결정과정의 흑막

자오쯔양은 회고록에서 톈안먼 사태의 전개와 실각, 가택연금 상황을 소개했다. 또 자신이 직접 참여하고 경험한 중국 공산당과 국무원의 정치 역학과 정책결정 과정의 내막을 상당한 분량으로 회고하고 있다. 자오쯔양의 구술을 정리한 이 책에는 공산당 핵심 파벌 간의 대립과 갈등이 고스란히 드러난다. 특히 개혁·개방 과정에서 보수파와 개혁파의 끈질긴 견제와 투쟁의 기록이 주목할 만하다.

이 과정에서 거듭 확인할 수 있는 것은 공식적 당 기구와 국무원 기구의 주요직위자, 즉 국가주석, 총서기, 총리 등의 공식적 권력보다, 막후의 실력자가 휘두르는 비공식적 권력이 실질적인 권력과 정책영향력을 더 강력하게 발휘한다는 점이다. 그 막후 실력의 정점은 두말할 것 없이

낭 군사위 주석인 덩샤오핑이었다. 그는 국가주석도 당 총서기도 국무원 총리도 아니었지만 실질적으로 중국을 통치한 황제였다.

당을 통한 사상통제와 국무원을 통한 국가정책 통제를 한 손에 틀어쥐고 있던 그를 중심으로 당의 원로들이 제 각각의 입지와 관점에 따라 유형무형의 간여를 통해 집단 지도력이 발휘되었다. 덩샤오핑은 중앙정치국 상무위원이 아니면서도 정치국 확대회의라는 편법적 도구를 활용해서 의사결정에 참여하고 실질적으로 회의를 주관하며 국가 정책을 통할했다.

이런 국가운영방식은 정상국가의 운영 방식과는 거리가 멀다. 이런 불투명성은 외국 및 인민의 입장에서 보면, 중국 공산당의 의사결정을 파악하고 예측하는데 매우 힘든 요소로 작용한다. 특히 막후에 숨은 실력자의 경우 언제든지 당과 국무원의 전면에 내세운 당료와 관료들에게 정책실패의 책임을 떠넘길 수 있는 구조라는 점에서 책임정치를 실종시키는 요인이 되기도 한다.

공식적으로 최고 권력자였던 총서기 후야오방과 자오쯔양이 한 때 덩샤오핑의 개혁·개방 정책의 충실한 실행자 역할을 했다. 그럼에도 정치 지형의 변화로 덩샤오핑이 책임을 추궁당하는 상황이 되자, 일순간에 자신의 수족에게 책임을 씌워 숙청했다. 또 숙청과정은 언제나 사적 의사결정의 범주를 벗어나지 못했다. 늘 합법적 절차를 무시한 편법과 무법의 방식이 동원되고 난 후 적당한 합법으로 위장됐다.

총서기가 공식계선의 상급자가 아닌 덩샤오핑에게 모든 중요한 정책의 방향을 묻고 하명을 받아 시행하는 기형적 정책결정 구조였다. 이런 구조는 모든 당료와 관료로 하여금 어떻게 해서라도 덩샤오핑과의 대면이나, 서면 또는 구두 의사전달의 기회를 갖기 위해 진력하게 만든다.

자유민주주의 국가의 정치에서도 영향력 있는 사람과 줄을 대기 위한 파벌이 형성되는 건 자연스러운 결과다. 하지만 중국 공산당의 정치는 공식 기구의 작동 위에 초법적으로 군림한다는 점에서 차원이 다르다. 덩샤오핑 지배체제에서 국가의 공식기구를 통한 보고는 무용화되었다. 문고리 권력인 비서진을 통한 의사전달이나, 상소형식의 사적 편지를 통해 정치적 견해나 정책 건의, 오해나 비판에 대한 소명 등이 이루어진 사례를 이 책은 풍부하게 보여준다. 자오쯔양 역시 중요한 고비마다 편지를 보내 덩의 의사를 묻고 덩의 뜻에 따라 정책을 집행했다. 그는 가택연금을 당해 덩과 여러 원로와 지도자들에게 자신의 억울함과 자유 회복을 호소할 때에도 공식적 청원보다 수많은 편지를 활용했다.

이러한 막후의 권력자에 의한 기형적 의사결정 구조와 의사소통 방식은 공공연한 비밀이다. 이를 공식적으로 확인시켜 줄 때 이는 심각한 역린逆鱗이 된다. 당 총서기인 자오쯔양이 고르바초프와의 회담에서 자신과의 회담에 이틀 앞서 가진 덩샤오핑과 고르바초프의 회견으로 이미 양당 간의 관계가 회복되었다는 취지의 말을 했다가 덩샤오핑을 격노하게 한 사례가 이를 잘 말해준다.

자오쯔양의 말이 덩샤오핑의 수렴청정에 대한 자조나 조롱으로 비쳐졌기 때문일 것이다. 자오쯔양은 이 사건이 자신의 숙청에 중요한 한 요소가 된 것 같다고 증언하고 있다. 물론 자오쯔양은 넝샤오핑이 중국공산당 내에서의 실질적인 최고 정책결정자라는 점을 고르바초프에게 인식시켜 주려는 선의에서 덩과의 회견이 매우 의미 있는 일이었음을 강조하기 위한 것이었다.

하지만 덩샤오핑에게 책임을 떠넘기는 뉘앙스로 받아들여져 깊은 상처를 주었던 것 같다며 덩의 오해를 받게 된 점이 억울하고 후회스럽다는 소회를 밝히고 있다. 국가주석인 양상쿤楊尙昆, 1907~1998, 당 총서기인 자오쯔양 위에 덩샤오핑이 군림하던 기형적 정치구조가 빚어낸 웃지 못할 해프닝이었다.

톈안먼 사태의 발발과 자오쯔양의 선택

톈안먼 사태가 발발하기 즈음한 1989년 전후의 정치경제적 상황은 위태로웠다. 개혁개방의 모순이 드러나고 경기가 위축되자 잠재되어있던 보수파와 개혁파의 갈등과 대립이 고조되었다. 자유화의 확대와 정치개혁의 기대를 모았던 후야오방이 숙청당하고 보수파의 개혁개방 반대의 목소리는 더욱 드세졌다. 이런 상황에서 1989년 4월 15일 후야오방이 갑자기 심장병으로 사망하자 곧바로 대학생들은 톈안먼 광장에 모여 후야오방을 추모하면서 후야오방을 재평가할 것을 요구하게 된다. 이는 1987년 학생들의 민주화 시위로 인해 숙청된 후야오방에 대한 연민과 부채의식의 순수한 발로이기도 했고 보수파에 대한 불만의 폭발이기도 했다.

후야오방 추모로 시작된 학생들의 집회는 민주화 요구로 확대된다. 학생들의 순수한 민주화 시위를 격화시킨 것은 덩샤오핑의 강경 대응 방침이었다. 이런 분위기에 부응하여 국가주석인 양상쿤, 총리 리펑李鵬, 베이징 시장 천시퉁陳希同 등 강경파들이 끊임없이 덩에게 학생시위를 부정적으로 보고하며 강경 진압을 건의했다. 덩샤오핑은 학생시위를 "반당·반사회주의 동란"으로 규정한 것에 한 즉각 동의했고, 강경파들에게 이의 해결을 지시했다.

결국 덩샤오핑의 강경한 입장은 1986년 4월 26일 〈인민일보〉에 "반드시 기치를 선명하게 하고 동란에 반대해야 한다"는 이른바 4.26 사설로 표출됐다. "반당·반사회주의를 목적으로 한 계획적이고 사전에 모의한 동란"으로 규정된 4.26 사설은 기름에 물을 부은 듯 상황을 급변시켰다. 학생들을 격동시켜 시위가 더 확산되는 계기로 작용했다.

"학생들은 자신들이 국가 대사와 중국 개혁의 방향에 관심을 갖고 사회적 이슈를 제기할 것은 매우 훌륭한 애국적 행동이라고 생각했다." 또 지식인들은 정부가 이런 학생들의 행동을 감싸주고 올바르게 이끌어주지 않고, '반당·반사회주의'라는 낙인을 찍어 학생들을 협박하는 상황에 맹렬하게 반응했다. 인민들 또한 학생들에게 동정과 지지를 보냈다. 수십만 명의 학생과 시민이 참여했다. 5월 17일에는 시위군중이 100만 명 가까이 이르렀다.

가두 행진을 저지해야 할 경찰조차도 형식적으로 저지하면서 사실상 가두행진을 허용하는 태도를 보이기도 했다. 당의 원로들 또한 중앙에 무력행사를 자제해 줄 것을 요청했다. 하지만 리셴녠과 왕전 등은 덩샤오핑에게 시위자 체포를 주장했다.

당시 북한을 방문 중이던 자오쯔양은 4월 30일 귀국한 후 상황 파악에 나섰다. 그는 4.26 사설의 학생시위의 성격 규정에 문제가 있다고 보고 강경파의 무력 진압 움직임을 저지하기 위해 노력한다. 특히 4.26 사설의 논조를 즉시 수정해야 한다고 주장했지만 리펑 등에 의해 거부된다.

자오쯔양은 5월 2일 국가주석인 양상쿤에게 자신의 의사를 덩샤오핑에게 전달해 줄 것을 요청했다. 5월 4일에는 아시아개발은행의 대표를 접견하면서 학생시위에 대한 담화를 발표했다. "학생 시위 문제는 냉정하고 이성적이며, 자제와 질서의 분위기 속에서, 민주와 법제의 틀 내에서 해결해야 한다"고 강조한 것이다.

또 학생들이 근본적인 제도에 반대하는 것이 아니라 국정의 폐단을 수정할 것을 요청하는 것이며, 대규모 동란은 발생되지 않을 것이라고 말했다. 나아가 자오쯔양은 학생들의 불만 해소를 위해 시민의 민주적 권리 확대, 언론 자유의 문제 등의 개혁 등 적극적 조치를 취해야 한다고 주장했다.

자오쯔양의 이런 노력은 훗날 학생시위의 진압에 미온적이고 학생시위를 격동시켰다는 죄상으로 간주된다. 학생들의 시위가 두 달간 지속되고 200여 명의 학생들은 톈안먼 광장에서 연좌단식에 돌입했다. 자오쯔양은 5월 19일 톈안먼 광장에서 단식농성중인 학생들을 만나 평화적 해결을 강조하고 학생들의 해산을 종용했지만 실패한다. 덩샤오핑은 계엄 선포 회의 참석을 거부한 자오쯔양을 배제한 상태에서, 5월 17일 자신의 집에서 계엄을 결정한 후 리펑, 양상쿤, 차오스喬石 세 명을 계엄 관리의 책임자로 지정했다.

자오쯔양은 당의 공식기구인 전인대 상무위원회를 개최하여 '민주와 법제'의 형식으로 이 국면을 타개하려고 했다. 하지만 덩샤오핑이 장악한 비공식 라인의 위세 아래 공식기구는 작동되지 못했다. 그 후 6월 4일 새벽, 탱크와 장갑차를 앞세워 기관총, 소총으로 무장한 수십만 계엄군의 무력진압은 수천 명의 꽃다운 학생들의 피를 뿌리고야 말았다. "현재까지 사망자수는 베일에 가려져 있지만 중국 정부는 한때 875명이라 발표했고 비공식 집계로는 3천명을 넘어서는 것으로 알려졌"다.

자오쯔양은 계엄의 선포가 정치국회의나 정치국 상무위원회 회의를 거쳐 이루어지지 않았음을 지적한다. 상무위원 다섯 명 중 자신과 후치리胡启立, 1929~를 배제한 상무위원회 회의가 합법성을 결여했다는 것이다. 특히 "당헌 규정에 따르면, 중앙위원 전체회의 폐회 기간에는 정치국이 그 직권을 대행하고 정치국회의는 총서기가 주최하도록 되어 있기 때문"이라는 것이다. 주최 권한을 가진 자신이 아닌 그 어떤 사람이 주최한 회의도 명백히 당헌 규정을 위반한 것이라는 주장이다. 덩샤오핑의 집에서 상무위원이 아닌 사람들이 모여 계엄을 결정한 것 자체가 원천무효라는 의미다. 하지만 덩샤오핑 '황제'에게 누가 책임을 물을 수 있단 말인가?

톈안먼 대학살의 책임자는 누구인가?

자오쯔양의 주장에 메아리가 없었던 게 당연하다. 오히려 그는 학생 시위를 방조하고 격동시켰다는 이유로 국가의 최고책임자인 총서기의 자리에서 합법적 절차를 거치치 않고 해임된다. 덩샤오핑과 리펑 등 강경파는 자오쯔양을 국가의 공적으로 몰아세웠다. 자오쯔양은 3년 4개월 동안 모든 직무를 박탈당한 상태에서 가택 연금된다. 자오쯔양의 연금생활기는 중국 공산당이 그의 일체의 행동을 제지하기 위해 얼마나 전전긍긍했는지 잘 보여준다.

자오쯔양은 자신을 해임한 불법성을 제기하면서 자신에게 씌운 '동란 지지'와 '당 분열' 죄명이 얼마나 터무니없는 것인지에 대해 당의 제반 규정과 당시의 정황을 들어 호소하고 있다. 자유를 회복해 달라는 그의 간절한 청원은 철저히 무시되었다. 그의 주장을 전해 줄 어떠한 외부인과의 만남도 차단되었다.

공식적인 공산당 최고 권력자였던 자오쯔양의 16년간의 연금생활은 중국 공산당의 유일 독재에 그 누구도 도전할 수 없다는 점을 분명하게 보여주는 것 같다. 국가의 혁신을 외치던 학생들의 애국적 행동도 '국가의 공적'이 되었다. 더군다나 이를 적극적으로 수렴하여 정치개혁으로 나아가자던 자오쯔양의 진보적 생각은 용납될 수 없었다. 공산당 일당 독재의 영도를 위협하고 특히 막후 절대 권력자의 권좌를 위태롭게 했다고 판단되는 순간, 그는 '그림자 권력'에 의해 '국가의 공적'으로 낙인찍히고 말았다.

"사회주의민주 없는 법제는 절대 사회주의법제가 아니며, 사회주의 법제 없는 민주는 절대 사회주의민주가 아니다." 후야오방은 이렇게 탄식했다. 중국식 사회주의는 사회주의도 사회민주주의도 아닌 전체주의에 다름 아니다. 평소 민주화와 자유화의 싹을 틔우려던 후야오방과 톈안먼 사태에서 노정된 민주화의 열망을 국가 개혁의 동인으로 수렴하고자 했던 자오쯔양의 명예회복과 복권은 언제 이루어질 수 있을 것인가. 톈안먼 대학살 책임자의 상당수는 이미 고인이 되었다. 당시 강경파로 득세했던 리펑, 장쩌민 등은 출세가도를 달렸고 아직까지 부귀영화를 누리고 있다.

톈안먼 대학살 만행의 책임자는 누구인가? 수천 명의 무고한 학생과 인민을 학살한 만행은 현대 인류사회에서 빚어진 가장 끔찍한 범죄행위였다. 그 무슨 구실로도 용서받을 수 없는 죄악이다. '6.4톈안먼 사태'가 '6.4톈안먼 민주화운동'으로 규정될 날이 언제 올 것인가? 톈안먼 대학살 책임자의 처벌과 희생당한 순결한 혼령들의 신원(伸冤)이 없이 중국 공산당은 허울뿐인 인민의 민주와 자유, 법치를 논할 자격이 없다.

17

"반체제 당신 딸을 처형했으니 총알값 내라"

《마오의 제국》, 필립 판 지음, 김춘수 옮김,
말글빛냄(2010, 4쇄), 403쪽.

중국 공산당이 이룩한 경제성장의 이면에서 자유와 민주, 인권을 향상시키기 위해 몸부림치는 극소수의 의식 있는 지식인들의 활동은 언제쯤 그 결실은 맺을 수 있을까? 이들의 도전은 '계란으로 바위치기' 격이다. 하지만 이들이 각 영역에서 도전하고 부딪히는 한계의 확인을 통해 그 한계를 뛰어넘을 보이지 않는 힘이 응축되고 있음을 이 책의 다양한 사례는 잘 보여주고 있다.

중국의 보통사람들의 일상은 자유롭다. 시장경제의 도입이 가져다 준 풍요로운 삶을 즐기는 사람도 많다. 단 조건이 있다. 영혼 없이 사는 경우에만 그렇다. 자유와 민주, 인권을 추구하는 영혼을 가진 사람들에게 중국은 거대한 감옥이다. 이들이 추구하는 가치는 중국 공산당이 펼쳐놓은 갖가지 촘촘한 그물망에서 벗어나 인민의 일상으로 확산될 수 없다.

이런 상황을 도외시하면, 국외자들이 중국을 수없이 방문하고, 대화하고, 교역하며 그들을 잘 안다고 생각한들, 이는 어디까지나 중국의 겉모습에 불과하다. 자유와 민주의 가치를 구현하기 위해 앞장서서 분투하고, 좌절하는 사람들의 피눈물 나는 삶의 도전을 들여다보아야 중국의 참모습을 발견할 수 있기 때문이다.

《마오의 제국》은 마오쩌둥毛澤東, 1893~1976의 어두운 그림자가 지배하는 중국 사회에서 자유와 민주, 인권을 위해 중국 공산당에 도전하다 좌절하고 부서지면서도 불굴의 용기와 아름다운 영혼을 가진 보통 사람들의 이야기다. 또 중국 공산당이 보이지 않는 곳에서 인민들의 삶을 어떻게 파괴하고 억압하고 있는지 생생하게 폭로하는 다큐멘터리다.

저자 필립 판은 2000년부터 2007년까지 〈워싱턴 포스트〉의 중국특파원으로 활동했다. 그는 중국의 농촌, 공장, 탄광, 도시의 곳곳을 누볐다. 그 과정에서 중국 공산당이 펼쳐놓은 그물망에 갇혀 부분적으로 성공하지만 끝내 무너지고만 사람들의 지난한 노력과 갈망, 고통과 분노, 피눈물을 발굴하여 클로즈업으로 보여준다.

그가 만난 사람들은 자유, 민주, 인권을 꿈꾸는 사람들이나. 유명한 반체제인사가 아니다. 그저 일상생활 속에서 공산당이 저지르는 만행, 부당한 권력, 부패와 부조리에 울분을 터트리며 맞서는 보통사람들이다. 현재의 공산당 일당독재의 중국보다 더 나은 중국을 만들기 위한 희망의 끈을 놓지 않는 사람들이기도 하다. 노동자, 소설가, 방송 프로듀서, 변호사, 의사, 신문기자 등 이들의 직업 배경도 다양하다.

'무오류의 위대한 영도자'(?) 마오쩌둥에 맞선 가냘픈 린자오

신화사 통신사 프로듀서였던 후제는 '마오의 제국'에 반기를 들었다. 그는 사형을 당한 베이징대의 여대생 린자오林昭, 1932~1968의 투쟁적 삶을 추적했다. 린자오는 1932년 쑤저우 지방 유명한 집안의 맏딸로 태어나 16세에 이미 지하 공산당 조직에 가담했다.

당시 국민당 정부에서 일하던 아버지와 공산당에 기울어 있던 어머니 사이에서 자랐다. 그녀는 공산주의의 계급의식에 철저히 동화되어 부모에게 불법적 행위의 죄에 대해 참회하라고 요구할 만큼 철두철미한 공산당 전사가 되었다. 그녀는 마오쩌둥의 열렬한 지지자였다.

1968년 그녀가 처형당한 후 그녀의 집을 방문한 경찰관이 물었다. "당신이 린자오의 어머니인가? 당신 딸이 처형됐다. 총알 값으로 5편(9원)을 내라." 그녀는 36살의 꽃다운 나이에 한 많은 세상을 떠났다. 린자오에 대한 공식적 정보가 거의 남아있지 않은 상황에서 후제는 전국을 누비며 수많은 사람들을 인터뷰했다. 수많은 자료를 뒤지고 현장을 확인하며 린자오가 남긴 흔적을 하나하나 찾아냈다. 이 모든 것으로 후제는 그녀의 치열했던 삶의 전모를 퍼즐조각처럼 맞추어냈다.

린자오는 공산당이 "뱀을 굴속에서 나오도록 유인"하기 위해 벌인 '백가쟁명운동'의 희생양이다. 그녀는 마오쩌둥의 제창으로 1957년부터 시작된 '백화제방·백가쟁명百花齊放·百家爭鳴운동'이 공산당에 대한 건강한 비판을 통해 "공산당이 바르게 나아가야 할 길"을 열어 줄 것으로 기대했다.

전국 각지의 대학생과 지식인들은 앞을 다투어 "영명한 선생님이고, 위대한 지도자이며, 위대한 최고 사령관이고, 위대한 안내자"이며, "붉은 태양들 중에서 가장 빛나는 위대한 해방자"인 마오쩌둥의 개인숭배와 오류에 대해 의문을 제기했다. 중국 공산당의 '사이비 사회주의'도 비판했다.

마오쩌둥이 야심차게 시작한 '대약진운동'은 약 3천만 명이 굶어죽는 중국 역사상 최악의 대재앙을 초래했다. 린자오는 인민들을 비참한 죽음으로 몰아간 '대약진운동'을 비판했다. 나아가 역시 '대약진운동'을 비판했던 펑더화이彭德懷, 1898~1974를 축출한 것에 항의했다.

하지만 마오쩌둥은 자신이 앞서 권장하던 공산당 비판 운동을 스스로 뒤집는다. 곧 이들의 활동을 "반주자파운동"으로 공식 선언하고, "만발했던 꽃"들에 대한 마녀사냥을 시작한다. 린자오가 분노한 이유는 바로 "학생들에게 공산당의 과오를 공개적으로 지적해달라고 요구한 당의 방침이 기만적"이었음을 깨달았기 때문이다.

선국적으로 50만 명 이상의 국민들이 노동수용소로 끌려갔나. 베이징대학에서는 전체 교수와 학생 8천 명 중 5분의 1에 해당하는 1,500명이 처벌받았다. '무오류'의 마오쩌둥에 도전한 린자오에게 돌아온 건 혹독한 수감생활이었다. 이때부터 3년 징역형으로 시작된 린자오의 고행은 의료감호처분에 이어 지하잡지 출판으로 재구속되는 등 10년간의 옥중 투쟁의 연속이었다.

후제가 추적한 린자오의 짧았던 삶은 처절했던 '자유의 투사'의 모습으로 점철되었다. 자신의 생살을 찔러 피로 쓴 옥중수기, 풍자시, 수필, 편지, 공소장 등에 자유와 민주에 대한 그녀의 갈망이 처절하게 배어있다. 하지만 그녀의 희구를 공산당은 "위대한 영도자인 마오쩌둥 동지에 대해 미친 듯이 공격하고, 저주하고, 중상"한 것으로 규정했다. 나아가 "프롤레타리아 독재와 사회주의 체제에 대해 극단적인 증오와 적의"를 가진 범죄행위로 단죄했다.

후제의 힘들고도 끈질긴 추적의 결과 탄생한 다큐멘터리 〈린자오의 영혼을 기리며〉는 2004년부터 지하에서 폭발적인 인기를 끌면서 중국의 지식인 사회에 깊은 감동을 주었다. 언제쯤 린자오가 피로 썼던 중국의 어두운 역사가 완전하게 재조명될 수 있을까?

지울 수 없는 문화대혁명의 핏빛

수많은 지식인과 대학생들을 고통으로 몰아넣은 '반주자파운동'은 전 인민을 광란의 질주로 내닫게 한 '문화대혁명'에 비하면 전주곡에 불과했다. 중국 공산당의 씻을 수 없는 치명적인 과오는 두 가지다. 마오쩌둥에 의해 10년 동안 자행된 '프롤레타리아 문화대혁명'과 덩샤오핑에 의해 주도된 1989년 6월 4일의 '천안문 학살사건'이다.

중국 공산당은 이 두 가지 참혹한 역사적 사건의 진상을 영원히 그리고 철저하게 은폐하기 위해 전방위적으로 노력하고 있다. 아직까지 핵심적인 진상의 머리카락조차 보이지 않을 정도로 베일에 쌓여있는 이유다. 진상규명과 책임자 처벌은 당연히 이루어지지 않았다. 그동안 공산당은 문화대혁명을 거론하는 것조차 엄격히 금지하고 있다. 중국 공산당의 희망대로 문화대혁명의 잔혹했던 참상이 인민들의 망각의 늪 속에 빠져 영원히 잊혀져버릴 것인가?

문화대혁명은 중국 유사 이래 최대의 재앙이었다. 정부 자체 발표에 의하더라도, 농촌에서만 3,600만 명이 고통을 당했다. 그 가운데 "약 75만 명에서 150만 명이 살해되었고, 이와 비슷한 숫자의 사람들이 불구자가 되었다." 도시에서도 수십만 명이 죽음을 당한 것으로 추정된다. "베이징에서도 1966년 두 달간 1,770명이 살해되었고, 1968년에만 거의 5천 명이 살해되었다." 천문학적 숫자가 경악스럽다.

6.25 전쟁 시 남한측 사망자만 총 51만 여 명(연합군 포함 군인 15만 명, 민간인 37만 여 명)이었다. 문화대혁명은 전쟁을 제외한 인류 역사상 가장 참혹한 살인극이었다. 사회주의 계급투쟁이 불러온 인간의 야수성이 초래한 재앙이라는 점에서 캄보디아의 폴 포트에 의해 100~150만 명이 학살된 '킬링필드killing field'와 닮은꼴이다. 폴 포트는 단죄되었

나. 하지만 문화대혁명의 총지휘자와 핵심 책임자들은 무탈했다.

어떻게 이런 참혹한 참상을 빚어낸 역사를 묻어둘 수가 있을까? '5.18 광주사태'의 진상규명과 책임자 처벌을 통해 '5.18 광주민주화운동'으로 재정립한 한국인들은 도저히 이해할 수 없는 일이다.

복수정당제에 의한 자유민주주의 국가와 공산당 일당독재의 사회주의 국가체제의 구조적 한계를 대비적으로 보여주는 것 같다. 아니면 중국의 386세대를 이끈 정신적 지도자 보양柏楊, 1920~2008이 질타하듯, 수천 년 동안 전제지배에 길들여진 뿌리 깊은 중국인의 노예근성이 공산당의 무자비한 총구의 지배에 굴종하게 만들고 있는지도 모른다.

문화대혁명의 "집단 학살의 대상은 전직 지주들이었고", "살인은 광적인 홍위병들의 손에서 이루어졌"다. 교수형, 총살 또는 생매장되거나, 절벽에서 떠밀려 죽기도 했다. "적어도 다섯 군데의 마을에서 끔찍한 식인풍습이 자행되기도 했다." 과연 인간이 얼마나 더 잔인해 질 수 있는지 그저 놀라울 뿐이다.

무차별적 살인보다 더욱 무서운 것은 인간성 파괴다. 거리나 운동장 등 공개 장소에서 군중 앞에서 매를 맞고, "자식들에게 그들의 부모를 때리도록 강요했다." 인륜을 거스른 광기의 폭력은 사회주의 이념 아래서 거침없이 자행되었다. 문화대혁명은 사회주의 노선을 확고히 하고, "자신의 정적들을 제거하고 당을 새로이 장악하려는 악랄한 시도였다."

공산당의 공식 역사가 인정했듯 그 책임이 마오쩌둥에게 있음을 두말할 나위가 없다. 그럼에도 지금까지 "공산당은 국가적 차원의 진상규명을 위한 조사를 거부해왔다." 덩샤오핑은 마오쩌둥을 부정할 수 없었다. 이후의 공산당 지도부 역시 일당독재의 유산으로 집권한 그 원죄로 인해 마오쩌둥의 과오를 단죄하지 못하고 있는 것이다. 인민들이 그 처절했던 역사를 잊어버리길 기다릴 뿐이다.

그렇지만 참혹했던 문화대혁명의 광풍을 결코 잊지 않으려 애쓰는 사람들도 있다. 문화대혁명 당시 14살로 자신도 홍위병이 되고 싶었던 쩡쫑 같은 사람이다. 쩡쫑은 홍위병 사이의 세력다툼 과정에서 희생된 인민 500명 이상이 묻힌 충칭시 교외의 공동묘지를 철거하려는 시 당국에 맞섰다. 자신의 어머니 역시 당시 홍위병에 의해 무참히 사살되었기 때문만은 아니다.

공산당은 치욕의 역사를 지워버리려 했지만 후손들이 홍위병의 잔인한 폭거를 기억하도록 희생자 공동묘지를 존치시켜야 한다고 믿었기 때문이다. 인민들의 요구에 밀려 2009년 충칭시는 홍위병의 무덤을 문화재로 지정해 영구보존하기로 했다.

그러나 시민들의 접근을 막기 위해 높다란 돌벽으로 차단했다. 일단 아픈 역사에 대한 평가를 뒤로 미룬 셈이다. 현재 중국 인구의 절반은 문화대혁명 이후에 태어났다. 이들에겐 문화대혁명에 대한 아무런 기억이 없다. 공산당의 철저한 역사 지우기가 효력을 발휘하고 있는 셈이다.

고통과 희생이 따르는 민주화의 여정

필립 판은 그동안 공산당이 공공연하게 자행해온 노동운동 탄압, 신

홍 기업가들과의 결탁에 의한 권력 남용과 관료의 타락상을 질타한다. 또 〈남방도시보〉 등 언론 탄압과 통제의 검은 그림자가 작동되는 내밀한 방식과 '한 자녀 운동'의 전개과정에서 빚어지는 비인간적 폭력을 보여준다.

나아가 공산당의 정보독점과 통제로 인해 어떻게 ADIS와 SARS가 확산되었는지 등을 정밀하게 추적하면서 중국 인민들의 억압받아 피폐해지는 삶의 저변을 여과 없이 보여주고 있다. 또한 천안문 대학살의 진상을 감추기 위해 자오쯔양의 장례식을 철저히 통제하던 공산당의 치졸한 행태에 분개하는 지식인들의 모습도 조명하고 있다.

중국 공산당이 이룩한 경제성장의 이면에서 자유와 민주, 인권을 향상시키기 위해 몸부림치는 극소수의 의식 있는 지식인들의 활동은 언제쯤 그 결실을 맺을 수 있을까? 이들의 도전은 '계란으로 바위치기' 격이다. 하지만 이들이 각 영역에서 도전하고 부딪히는 한계의 확인을 통해 그 한계를 뛰어넘을 보이지 않는 힘이 응축되고 있음을 이 책의 다양한 사례는 잘 보여주고 있다. 아직 소수이긴 하지만 다양한 방법으로 정치적 변화를 추구하는 사람들이 늘고 있다는 점이 저자가 희망을 잃지 않는 이유이다.

이들의 노력으로 불법적인 감금과 고문 등으로 악명 높던 '보호 수용소'가 폐지되었다. 또 이전보다 언론에 보다 많은 재량권도 주어지고 있다. 하지만 여전히 도시로 유입되는 농민을 차단하기 위해 이름만 바꾼 임시수용소를 탈법적으로 운영하고 있다. 검열관으로 구성된 공산당의 방대한 선전조직은 신문, 방송은 물론 인터넷을 24시간 내내 검열하고 마음대로 삭제하며 완벽하게 통제하고 있다. 공산당은 일당독재체제에 도전하는 어떠한 집단적 시도도 결코 용인하지 않는다.

중국 공산당은 "사회주의와 자본주의의 정략결혼"을 통해 성취한 경제성장의 외형적 성과로 지금까지의 과오를 덮으려하고 있다. 한 발 더 나아가 당의 안정적 집권을 통해 지속적인 경제성장을 이룰 수 있다는 달콤한 약속을 인민에게 내밀며 공산당 일당독재를 더욱 공고히 하는데 몰두하고 있다.

공산당의 강권통치에 인민들도 순치되고 있다. 이제 사회 진보를 위한 민주화에 귀 기울이기보다 시장경제가 주는 자극적인 일상의 욕망과 안일에 점점 더 길들여지고 있다. 이 상황에서 정치적 민주화 없이는 중국 공산당의 지배행태에서 큰 변화를 기대하기는 어려울 듯싶다.

하지만 "절대 권력은 절대 부패한다." 자유와 민주, 인권에 대한 인민의 희구는 저변에서부터 광범위하게 싹트고 있다. 기득권에 안주하려는 중국 공산당 일당독재체제가 영원할 수는 없다. "만약 경제적 번영을 바탕으로 공산당이 형식적으로 민주주의를 실현한다면, 그 결과는 더 많은 부패와 민주주의의 가치들을 훼손시킬 것이다."

중국 공산당의 일당독재가 낳는 온갖 비민주적 오류와 폭압과 폐해에 침묵하는 한 중국인의 일상은 자유롭다. 그렇지만 인민의 입을 언제까지나 밀봉할 수는 없는 일이다. 지금은 문화대혁명과 천안문 대학살과 같은 무자비한 살육에 대한 트라우마가 인민들의 입에 재갈을 물리고 있을 뿐이다.

중국인들은 비민주적 독재체제 아래서 인민의 소소한 일상이 언제든지 쉽게 파괴될 수 있다는 걸 얼마나 잘 느끼고 있을까? 중국 공산당에 맞서는 자유로운 영혼을 가진 사람들만이 이걸 절실히 느낀다. 하지만 침묵하는 대다수 중국 인민들도 중국인의 인간적 삶을 지켜내는데 이런 투사들의 헌신이 보이지 않는 버팀목이 되고 있다는 것을 점점 더 절실하게 깨달아가지 않을까?

중국인은 역사상 단 한 번도 근대적인 시민혁명을 경험하지 못했다. 하지만 자유를 갈망하는 중국 인민들의 의식과 바람이 임계점에 이르면 어느 순간에 수면 위로 부상하여 사회 변동의 기폭제가 될 지도 모른다. 물론 중국 공산당이 모든 기득권을 포기하고 일당독재권력을 순순히 내놓을 리는 없다. 중국 인민들은 "민주주의로 전환된 나라들 중 그 어느 나라도 국민들의 고통과 희생 없이 정치적 자유를 얻을 수는 없었다"는 사실을 잊지 말아야 할 것 같다.

|18

중국이 사회안정에 병적으로 집착하는 이유는?

《판도라의 상자 중국》, 수잔 셔크 지음, 강준영·장영희 옮김,
HUEBOOKS(2013), 400쪽.

사회 안정에 병적으로 집착하는 중국 공산당의 전형적인 설득 논리는 "공산당의 통치가 없으면 중국 같은 큰 나라는 내전과 혼란에 빠져들 것"이라는 점이다. 이러한 단순 논리는 인민을 세뇌시키는데 유효하고, 중국의 민주화를 요구하는 압박에 대해 주변국의 친중적 인사들이 애용하는 메시지가 된다. 과연 타당한 논리일까?

역사학자 폴 케네디는 "경제적 부는 일반적으로 군사력을 지탱하기 위해 필요한 것이며, 군사력은 경제적 부를 획득하고 보호하기 위해 필요한 것"이라고 말했다. 요즘 중국의 상황에 딱 들어맞는 말이다. 중국은 시장경제의 도입을 통해 경제적 부를 축적하고 있고, 축적된 국부를 토대로 현대화된 군사력을 증강해 나가는 강대국의 전형적 패턴을 보여주고 있다.

중국의 경제력과 군사력의 상호 의존과 상승효과는 국제사회에서 중국의 영향력을 확대시키고 있다. 초강대국 미국과의 관계에도 변화를 만들어낸다. 하지만 중국이 국제사회에서 '책임 있는 대국'의 역할을 자발적으로 수행하는 '선한 상대국'이 될 수 있을까?

수잔 셔크는 중국이 개혁개방 30년의 성과를 토대로 강대국으로 부상한 것은 사실이지만 '깨지기 쉬운 강대국fragile superpower'이라고 진단한다. 강력하게 통제되고 있는 중국의 겉모습과 달리 심각한 빈부격차와 같은 경제적 요인과 과도하게 증폭되고 있는 민족주의 성향, 그리고 대만, 일본 등 주변 국가와의 불편한 관계가 중국의 체제 존속에 불안요소로 작용하고 있기 때문이다.

게다가 공산당 일당 독재체제의 생래적 모순으로 인해 국가 사회 전반에 유연성이 부족하다. 이런 제반의 불안요소와 축적된 사회적 모순이 어떤 계기로든 한번 폭발하게 되면 체제 자체가 쉽게 무너질 수 있는 취약성을 갖고 있다는 것이다.

수잔 셔크는 대외적으로 부강하지만 내부적으로 취약한 중국의 불안

요소들이 작동되는 방식과 과정을 짚어준다. 하지만 저자의 의도가 중국의 모순과 문제점 그 자체의 조명에 있다기보다, 중국이 내부적으로 안고 있는 문제의 특징과 속성을 미국과 주변국들에게 이해시키는데 방점이 있는 듯 하다.

수잔 셔크는 "중국을 국제적인 강국으로 만드는 동시에 국내의 정치적 위협을 관리하느라 분투하고 있는 중국지도자의 입장에서 생각해 볼 수 있는 기회를 제공"하는데 주력한다. 중국 지도자들이 직면하고 있는 상황을 국외자들이 잘 이해하고 공감할 때 중국의 평화적인 굴기를 유도할 수 있다는 것이다.

일면 타당한 말이다. 하지만 친중적 관점에서 '내재적 접근법'을 사용하는 셈이기도 하다. 이 책은 클린턴 행정부 시절 미 국무부 태평양관계 부차관보로 중국 문제의 실무를 담당한 그녀의 경험이 배어 있고 전반적으로 민주당 내 친중적 시각을 대변하는 것 같다. 이 책이 안고 있는 특징이자 한계다.

중국 공산당의 체제 수호 전략

이런 점을 감안하더라도 수잔 셔크가 지적하는 중국 내부의 내밀한 작동체계와 한계를 들여다보는 건 나쁘지 않다. 중국에 대한 단순한 이해를 높이기 위해서든, 아니면 이를 바탕으로 한 대응적 전략을 모색하기 위해서이든 중국의 블랙박스의 일면을 탐색하는 건 유용한 일이다.

먼저 중국 공산당의 체제 수호 전략을 이해할 필요가 있다. 공산당 일당 독재체제의 붕괴를 가져올 수도 있었던 1989년의 천안문 사건의 트라우마trauma는 중국 공산당의 사유방식에 '정치 안성'을 최우선시 하는 각인을 만들었다.

이러한 교훈을 통해 체제 수호를 위한 세 가지 철칙이 정립되었다. 중국 붕괴의 불안감에 시달리는 중국 공산당지도부는 이 세 가지 방안의 고수를 위해 모든 통제력을 가동한다. 물론 이들이 섬기는 금과옥조金科玉條는 많은 모순을 안고 있다.

첫째, 당 지도부의 분열이 공개적으로 드러나지 않도록 한다. 당 총서기, 국가 주석, 중앙군사위 주석이라는 국가 3대 요직을 단 한 사람에게 몰아주는 것도 지도부 사이의 파괴적인 분열을 막기 위한 고안이다. 하지만 오히려 이런 체제가 절대 권력을 향한 생사를 건 치열한 암투를 낳고, 권력배분을 위한 정치적 타협이 절대 부패의 씨앗이 되어 체제의 취약성을 은폐하게 되는 건 역설적이다.

둘째, 대규모의 사회적 동요가 일어나지 않도록 한다. 위구르, 티베트 등 소수민족의 봉기, 임금 체불과 고용불안에 시달리는 노동자의 시위, 토지소유권을 요구하는 농민의 항의가 끊이지 않는다. 게다가 공산주의 이데올로기가 쇠락하면서 민족주의가 인민의 정신적 공허감을 채워주고 있다.

민족주의는 중국 공산당에게 때로 중요한 대외적 무기가 된다. 물론 지나치게 강렬할 경우 공산당 일당체제를 위협할 수 있는 '양날의 칼'이다. 이런 불안요소를 관리하는 중국 공산당의 전략은 분명하다. 시위자들에게 동조하거나, 아니면 이들의 일부를 사회 경제 영역의 엘리트로 흡수한다.

한편 사회 불만과 독재정치에 대한 과도한 관심을 돌리기 위해, 문화, 패션, 섹스 등의 부문을 개방하여 인민의 정치성을 완화시킨다. 때로 철저하게 탄압하는 강공책을 쓰기도 한다. 5.4 운동기념, 천안문 학살사건 기념 등에 대해선 철저하게 언론을 통제하고 활동가들을 집중 감시하여 억압한다.

사회 안정에 병적으로 집착하는 중국 공산당의 전형적인 설득 논리는 "공산당의 통치가 없으면 중국 같은 큰 나라는 내전과 혼란에 빠져들 것"이라는 점이다. 이러한 단순 논리는 인민을 세뇌시키는데 유효하고, 중국의 민주화를 요구하는 압박에 대해 주변국의 친중적 인사들이 애용하는 메시지가 된다. 과연 타당한 논리일까?

중국 공산당의 이런 방안은 일시적으로 사회적 동요를 억제하는 데에 효과적이다. 하지만 '억제된 안정'이 만드는 착시에 불과하다. 장기적으로 사회적 불안요인이 차곡차곡 쌓여 폭발력을 응축해 가고 있는지도 모른다.

세 번째, 공산당의 체제 수호 전략은 군이 늘 당의 편에 서 있도록 하는 것이다. 정치국 상무위원의 자리에서 인민해방군 장성을 배제함으로써 문민통제의 원칙을 실현하고 있는 듯하다. 하지만 당 중앙위원회의 22%의 의석을 인민해방군이 점유하고 있어 민간 우위의 원칙은 불안정하다. 군부의 매파를 달래기 위해 국방예산을 대폭 증강해주는 것도 군부의 복종과 협력을 얻기 위한 당근책이다.

중국 공산당이 직면한 취약 요소들

중국 내부에는 '깨지기 쉬운fragile' 요소들이 많다. 여기서 '깨지기 쉬운' 요소가 곧 중국의 취약점을 부각시키기 위해서만 쓰인 것 같지는 않다. 오히려 대외에 중국의 통제되지 않는 위력을 확인시켜 두려움을 안겨주는 측면도 있다. 수잔 셔크의 의도는 전자일까 후자일까? 어떻든 수잔 셔크는 중국의 대내외적 행동방식이 어떤 요인들에 의해 추동되는 지를 보여주어 중국지도부가 직면한 어려운 상황을 이해시키려 한다. 물론 그 과정에서 노출되는 중국 공산당의 과오를 일부 지적하지만, 핵심적 의도가 미국과 주변국들에게 중국을 대하는 태도와 방식의 변화를 촉구하는 데 있음은 분명하다.

따라서 저자가 이끄는 대로 무작정 따라가다 보면 중국의 내부적 관점에 흡인되어 정작 중국에 대해 주문할 사항과 방향을 잃어버릴 수도 있다. 물론 중국 내부의 현실에 대한 정확한 이해와 진단을 바탕으로 새로운 관점과 요구를 정립할 수도 있을 것 같다.

중국에서의 민족주의는 언론과 인터넷, 정부 당국의 세 영역의 암묵적 카르텔에 의해 격렬하게 질주하기도 하고, 때로 '의도된 절제'를 유지하기도 한다. 중국 공산당은 필요에 따라 민족주의를 부추기거나 과도한 분출을 통제하기도 한다. 언론과 인터넷을 철저하게 장악하고 있기에 가능한 일이다.

중국의 민족주의가 정면으로 겨누는 과녁은 미국, 일본, 그리고 대만이다. 국무원 신문판공실은 당 대변지 성격의 〈환구시보〉를 통해 민족주의를 암암리에 선동한다. 1999년 유고슬라비아의 인종 학살을 막기 위해 나토와 미군이 폭격을 하는 와중에 중국 대사관이 오인 피폭된 사건을 미국의 의도적 도발로 왜곡 규정하고 격렬한 반미운동을 부추긴 사례가 대표적이다.

중국 공산당은 〈환구시보〉나 인터넷을 통해 대내외 이슈에 대한 여론 동향을 파악한다. 또 이들 매체를 활용하여 미국, 일본, 대만의 위협을 과장하거나, 정부의 단호한 대응을 촉구하기도 한다. 하지만 인민들의 민족적 정서를 부추기는 '애국자 놀음'은 대외관계를 악화시키거나 정치적 후유증을 만들어 내기도 했다.

일본과의 관계에서 민족주의를 촉발시키는 대표적인 사안은 일본인에 의해 자행된 야만적인 난징대학살, 일본 정치지도자들의 야스쿠니 신사참배, 댜오위다오(센카쿠 열도)의 영토분쟁 등이다. 이런 이슈는 쉽게 '애국심의 징표'가 되어 인민들을 민족주의로 격동시킨다.

마오쩌둥과 덩샤오핑은 일본과의 대외관계에서 민족주의를 적정하게 통제했다. 하지만 장쩌민의 경우 대일 이슈와 관련하여 촉발된 자국의 민족주의의 질주를 제어하지 못해 외교적 실패를 초래하기도 했다.

대만과 중국의 양안 문제에 관련하여 미국이 중국의 민족주의를 촉발시킬 뜨거운 사안은 대만과의 군사적 관계다. 미국은 1979년 중화민국과 단교하고 중화인민공화국을 단일의 중국으로 승인했다. 그 대신 '대만관계법Taiwan Relations Act'을 제정하여 대만의 안전이 위협받을 경우 자동적으로 개입할 수 있도록 법적 토대를 마련했다.

이런 상황은 대만을 독립국가로 인정하지 않는 중국 공산당으로서는 언제든지 대만과의 군사적 대립에서 미국과의 분쟁 위험을 안게 만들고 있다. 중국의 '양안일중兩岸一中'의 원칙과 대만의 독립국가 지향은 양안 사이의 군비 경쟁과 긴장을 고조시킨다.

중국 공산당의 입장은 명확하다. 〈반분열국가법〉을 제정하고 대만이 분리 독립할 경우나 대만을 중국으로부터 분리시킬 수 있는 중대한 사건이 발생할 경우, "비평화적 수단을 사용할 것"이라고 적시함으로써 무력 사용의 의지를 단호하게 천명한 것이다.

저자는 중국 공산당 지도부가 대만 문제를 정권 존망을 좌우하는 중대한 문제로 인식하고 있고, 애국심의 징표로 삼고 있음을 주지시킨다. 이는 대만의 독립파들에 대한 미국의 제어를 완곡하게 요청하는 것에 다름 아니다.

하지만 대만 문제는 미국에게도 간단치 않다. 동아시아에서의 영향력을 유지하려는 미국으로서는 대만을 중국의 의도에 완전하게 내맡길 수도 없는 입장이다. 대만과 중국의 양안은 자유민주주의와 사회주의의 이념의 최전선이기 때문이다.

내재적 접근보다 주변국의 입장을 살펴야

강대국 미국과 부상하는 중국이 공존하는 방안은 무엇일까? 저자는 중국 공산당이 배타적 민족주의에 대한 공식적 지지를 중단하고 과거 '100년의 치욕'의 피해를 부각시키기보다 현대 중국이 이룬 성취를 강조하는 긍정적 민족주의를 배양할 것을 권고한다.

　나아가 민족주의적 성향이 강한 대중, 군부, 정보 및 통제 주체들의 무모한 행동을 제어하고 균형을 맞춰줄 민영기업의 육성을 강조한다. 민영기업가의 공산당 정치 참여를 확대시키면 국제적 충돌 상황을 무마하는데 도움이 될 것으로 보기 때문이다. 아울러 군에 대한 문민통제의 강화와 언론 통제의 완화, 대만정부와의 대화를 촉구한다.

　하지만 수잔 셔크의 전략적 조언은 핵심 사항을 비껴간다. 중국 정부의 대외 정책은 민족주의에 휘둘리지 않게 유연해져야 한다. 또 언론 자유를 확대하고 군을 효과적으로 통제해야 한다. 나아가 자유민주주의 체제인 대만정부와의 대화가 실효를 거둘 수 있어야 한다. 이런 것들이 효과를 거두려면 중국 공산당 일당독재체제의 근본적인 한계를 탈피하는 혁명적 체제변혁이 전제되어야 하지 않겠는가?

　수잔 셔크의 미국에 대한 주문은 다분히 중국의 내재적 접근법에서 나온 듯하다. 중국의 대중과 군부, 공산당 지도부간의 단단한 공조체제의 산물인 "민족주의적 열정이 공격적인 형태로 전환되지 않도록 주의해야 할 것"을 환기시키고 있다. 이는 중국 민족주의의 파괴력을 상기시키며 미국이 중국을 자극하지 않도록 해야 한다는 완곡한 경고에 다름 아니다.

　미국이 중국의 인권 증진을 촉구하는 것을 자제하고 중국의 다양한 국제적 행위에 관심을 두자거나, 미국이 동아시아 지역에서의 군사력 과시를 자제해야 하며, 일본이 군사 강국이 되도록 방조하지 말라는 권고도 같은 맥락이다.

수잔 셔크는 중국의 행동방식과 패턴의 위험성과 파괴력, 불가피성에 대해서는 과도하게 강조하고 변호한다. 반면 이에 대응하는 미국의 행동방식과 패턴이 만들어지는 국내외적인 복잡한 이해관계와 과정에 대해서는 크게 주의를 기울이지 않고 있다.

나아가 중국의 대국화와 군사력 강화가 선제적으로 파생시키는 주변국에 대한 자극과 압박을 외면하고 있다. 특히 주변국들의 관점에 소홀한 것이 아쉽다. 저자의 권고가 공허하게 들리는 이유다. 물론 저자의 희망하는 대로 중국을 자극하지 않고 존중해주면 중국이 국제사회에서 책임 있는 대국의 역할을 하는 '선한 강대국'이 될지도 모른다.

하지만 중국 공산당은 자유민주주의 사회처럼, 다양한 이해관계자들에 의해 국가 운영 전략이 민주적으로 감시받고 조정되는 시스템을 갖고 있지 못하다. 또한 언제든지 주변국가에 대한 영토적 야심을 드러낼 수 있는 잠재적 위협이 상존한다. 과거의 역사가 이를 증명하기도 한다.

더구나 중국 공산당에겐 자신들의 영도적 지위를 영속시키는 것이 제1의 통치철학이다. 중국 공산당의 혁명적 변화를 기대하기 어려운 이유다. 중국의 통치체제가 민주적 방식으로 혁신되고 투명성이 제고될 때 대외관계가 예측가능하게 되고 국제적 갈등의 소지도 줄일 수 있게 된다.

이 책은 중국의 파열이 가져올 엄청난 파장과 세계적 재앙을 주지시킨다. 나아가 이런 재앙을 막기 위해 미국 및 주변국들에게 중국에 대한

'내재적 접근'으로 압박하고 있다. '깨지기 쉬운 강대국fragile superpower' 중국의 취약점을 폭로하는 데 주안점을 둔 것이 아니라, '깨지기 쉬운 강대국'이 깨지지 않도록 미국과 주변국이 중국을 배려하고 신중하게 응대할 것을 주문하는 사용설명서 같다는 느낌을 받는다.

중국 아킬레스건,
중국의 베일을 벗긴다.

감추고 싶은
중국의 비밀 35가지

제 **4** 부

가공할 군사력을 앞세운
졸렬한 패권주의

19

중국 패권에 굴종하는 오바마의 슬픈 자화상

《중국 패권의 위협》, 브렛 M. 데커·윌리엄 C. 트리플렛 2세 지음, 조연수 옮김,
갈라북스(2012), 328쪽.

저자는 중국에 맞서 국가이익을 확고히 지켜야 할 대통령의 의지가 미약한데다 정계, 관계, 재계의 친중 인사들이 개인적 탐욕과 이익에 눈이 멀어 사악한 제국 중국의 부상을 촉진시켜주고 있다고 통탄한다.

미국의 쇠퇴에 고심하는 미국인의 위기의식을 살펴보고, 나아가 중국의 부상과 패권적 행태에 직접적인 영향을 받고 있는 주변국들로 하여금 대 중국 전략을 고민하게 만드는 책이다. 저자는 중국에 머리를 조아리는 미국 정부와 정치인, 기업가, 특히 나약한 오바마 정부에 대해 비판의 칼날을 세운다. 아울러 국민들에게 중국이 얼마나 사악한 패권 국가인지 낱낱이 고발하면서 미국의 재도약을 위한 노력을 호소하고 있다.

《중국 패권의 위협Bowing to Beijing: How Barack Obama is Hastening Ameri-ca's Decline and Ushering A Century of Chinese Domination, 2011》은 '사악한 제국' 중국이 추악한 범죄와 야비한 전략을 어떻게 구사하여 세계의 지배권을 강화시켜 나가는지 고발한다. 나아가 중국의 돈에 휘둘려 그들의 음험한 목적에 복무하는 미국의 정치계, 산업계, 군 인사들의 다양한 반애국적 행태를 폭로하면서 미국인의 각성을 촉구한다.

인권이 없는 사악한 제국

저자가 중국을 '사악한 제국'으로 규정하는 근거는 무엇인가? 먼저 공산당이 지배하는 중화인민공화국의 국가운영의 저열한 실체를 증거로 든다. 2010년 비폭력 행동주의자 류샤오보의 노벨상 수상식을 보이콧하도록 러시아, 쿠바, 이란 등 18개의 나라에 압력을 행사해 굴복시킨 사례는 점잖은 일면에 속한다.

국내의 폭압정치는 광범위하고 그 정도는 상상을 초월한다. 종교의 자유나 양심의 자유는 공산당의 무신론의 원칙에 따라 근본적으로 용인

될 수 없다. 정부에 비판적인 집단행동을 막기 위해 집회의 자유는 원천적으로 허용되지 않는다. 사유 재산의 취득과 개인적 부의 향유는 공산당 지배 계급의 전략적인 승인이나 뒷받침이 있어야만 가능할 만큼 취약하다. 무차별적인 사형과 강제 낙태가 자행되는 등 최소한의 인권조차 존재하지 않는다.

어떻게 21세기에 이런 지독한 전체주의가 작동될 수 있을까? 저자는 공산당에 대한 어떤 비평도 용납되지 않는 체제와 온·오프라인 언로의 철저한 검열제도가 이를 가능케 한다고 본다. 신문 방송의 완벽한 통제는 당연한 일이다. 인터넷 검색 엔진과 웹사이트에서 체제를 위협하는 특정 단어조차 완벽하게 차단한다. 트위터, 페이스북 및 SNS 사이트는 반동혁명을 전파하는 위험한 도구로 간주하여 아예 폐쇄해 버렸다. 차기 국가주석으로 뽑힌 시진핑이 수주일 동안 행방이 묘연해도 사정을 전혀 알 수 없었던 것도 이 때문이다.

현대 자유민주주의 국가에서는 상상할 수 없는 일이다. 만약 국가가 전 세계와 실시간으로 소통하고 있는 SNS를 단 하루만 막아도 국민 저항 사태를 불러오지 않을까. 중국처럼 완벽하게 여론이 통제되는 사회에서 국가지도자와 국민의 소통을 얘기한다는 것은 기만이자 사치일 뿐이다.

중국의 인권상황은 더 끔찍하다. 2009년 전 세계에서 사형이 집행된 수는 714명이었다. 그 가운데 절반에 이르는 388건은 이란에서 집행됐다. 중국의 사형집행수는 국가기밀로 철저히 보호된다. 국제 인권

운동가들은 중국에서 매년 4천 명에서 1만 명 정도가 처형되는 것으로 추정한다. 사소한 범죄에도 사형이 선고되고 항소나 상고권도 없이 평결 즉시 처형된다.

처형방식과 처리과정은 더욱 잔혹하다. 죄수의 장기 보존을 위해 무릎을 꿇려 앉히고 한 발의 총알로 뒤통수를 쏜다. 처형된 죄수의 몸은 주요 신체 부위별로 기증의 형식을 빌려 장기 밀거래자에게 사실상 판매된다. 중국 공산당이 국가의 형벌제도를 이용해 인간시장에서 돈을 버는 야만적 행위에 분노하는 게 어찌 저자뿐이겠는가.

중국이 전 근대적인 사법제도를 유지하는 이유는 사법부를 국내 치안을 다스리는 도구로 활용해야 하기 때문이다. 사법체계는 철저하게 공산당에 종속된다. 법 앞에 평등함이 보장되는 '법에 의한 지배rule of law'가 아닌 압제를 위한 도구로서의 '법의 지배rule by law' 상황은 중국을 거대한 수용소로 만든다. 국민들의 자유로운 일상생활은 보장되지만 국가 체제의 모순에 대해 비판적 생각을 품는 사람은 그가 누구이든 생명과 삶을 담보할 수 없다.

종교에 대해 철저히 탄압하는 것도 중국 공산당이 통제하지 않는 조직의 존재를 결코 받아들일 수 없기 때문이다. 모든 사회운동과 단체의 활동은 감시받고 통제된다. 중국의 점령에 비폭력으로 항거하던 티베트인에 대한 야만적 진압 행위가 전 세계에 잘 알려지지 않은 건 당연하다.

저자는 1959년 인민해방군이 탱크를 앞세워 무력 점령한 이후 60여

년 동안 100만 명에 이르는 티베트인들을 학살했다고 폭로한다. 후진타오 주석은 티베트 자치구 서기로 재임하던 1989년 3월, 수도승이 이끄는 비폭력 시위단에 발포명령을 내려 무려 700명이나 학살했다. 후진타오의 손에 묻힌 붉힌 피가 2003년 그가 국가 주석으로 낙점되는 데 발판이 된 것은 아닐까? 200여 명의 사망과 3천여 명의 부상자를 낳은 1980년 5.18 광주 민주화 운동의 진압을 통해 집권한 전두환 대통령이 연상되는 대목이다.

다른 점이 있다면 전두환 대통령의 경우 학살자로 낙인찍혀 옥고를 치렀지만, 후진타오의 경우 티베트 서기 재임 사실조차 감춰졌다. 또 후진타오는 티베트족에 대한 한족의 증오심에 기대어 부끄럼 없이 중국을 통치해왔으며, 이제 상왕 노릇까지 할 채비를 마친 상태란 점이다. 국내에서는 엄격한 인권의 잣대를 들이대면서 후진타오의 야만적 과오에는 눈을 감는 친중 인사들의 위선을 보면 기이할 뿐이다.

저자는 중국 공산당이 무계급 사회를 표방하는 사회주의를 채택하고 있지만, 실제로는 소수의 공산당 통치 집단이라는 새로운 계급을 만들어냈다고 비판한다. 이들 소수의 특권계층이 일명 '태자당太子黨'을 형성하여 정치권력은 물론, 유망 국영기업들을 독차지하여 부까지 과점寡占하고 있기 때문이다.

이들이 통치 권력과 국부國富를 손에 쥐고 있는 한 이들의 비호를 통해 부를 축적하고 안락한 삶을 누리는 신흥 백만장자와 화이트 계층, 즉 부르주아 계급이 현상유지를 위해 현재의 공산당 전체주의를 더욱 떠받드는 기이한 공생체제가 존속된다. 이제 신분상승을 꿈꾸는 사람은 누구든 공산당에 가입하여 충성하지 않을 수 없는 구조가 공고화되고 있는 것이다.

중국의 가공할 군사력과 미국인 중국 공작원들

저자가 중국의 위협을 더욱 심각하게 느끼는 영역은 군사력이다. 인민해방군이 군사력 증강에 쏟아 붓는 예산은 천문학적이다. 지난 5년간 군예산이 70%나 늘었다. 2011년 915억 달러라고 공식 발표했지만, 중국의 불투명한 통계는 믿을 게 못된다. 발표되는 수치를 훨씬 넘을 것이란 게 군사전문가들의 평가다. 가공할 최첨단 무기가 속속 개발되고 있는 것도 위협적이다. 일정한 반경 내의 모든 전자 장비를 손상시키는 전자기장 펄스electromagnetic-pulse는 미국의 항공모함도 멈추게 할 수 있다는 것이다.

저자는 대함미사일과 미국 미사일 방어망 파괴시스템의 개발, 항공모함 취항 등 대대적으로 증강하고 있는 인민해방군의 무기체계가 타이완 공산화의 발판이 될 수 있고, 동북아시아에서 미국을 밀어낼 수 있을 정도로 위협적이라고 본다. 일본, 한국, 대만과 상호방위조약을 맺고 있는 미국으로서는 이들 나라가 침략을 받을 경우 공동으로 방어해야 할 책무가 있어 중국의 군사적 위협을 직접적인 영향으로 느끼지 않을 수 없다.

중국이 이런 상황에서 한발 나아가 북한과 한통속이 되어 탄도미사일 밀수출의 거대한 음모의 중심에 있음을 질타한다. 2011년 미국 함

내에 의해 남중국해에서 적발된, 이란으로 탄도미사일 부품을 운반하던 것으로 추정된 북한의 '라이트Light호' 사건을 한 예로 든다. 중국이 북한, 미얀마와 결탁하여 선박과 항공기를 이용하여 이란, 리비아, 헤즈볼라, 베네수엘라 등에 대량살상무기를 밀매하고 있다. 이들의 뒤에는 덩샤오핑의 사위가 대표를 맡고 있는 폴리테크놀로지스 사社 등 태자당이 직접 경영하거나 후원하는 방위산업체가 관여되고 있다고 한다.

저자가 중국의 비열한 행태에 느끼는 분노는 아주 구체적이다. 미국 내에서 광범위하게 이루어지는 첩보활동이 그렇다. 미국 내 중국 교포, 중국 유학생, 현지 미국인을 매수하는 것은 물론, 중국에 유학 온 미국인, 미국 국방부, 군, 정보기관 등에 근무하는 공직자까지 중국이 뻗치는 스파이의 마수는 은밀하고 깊숙하다. 많은 사례를 그 증거로 보여준다.

국가 중요시설의 컴퓨터에 감시 제어 데이터 수집SCADA, upervisory Control and Data Acquisition시스템을 심은 후에 이를 활용하여 핵심 시설을 파괴하는 사이버전은 중국의 가공할 비밀병기다. 미국의 원자력발전소, 금융기관, 국제기구, 군 주요시설의 안전을 담보하기 어렵게 됐다. 인민해방군 소속이거나 조종을 받는 중국 해커들이 2007년 펜타곤의 컴퓨터 통신망을 공격했다. 당시 로버트 게이츠 국방장관의 컴퓨터도 포함되었던 사례는 중국의 사이버 침투능력을 입증해준다.

저자는 중국의 스파이 활동의 거점이 인민해방군의 비공식 기관인 '악당 기업' 후아웨이 테크놀로지스Huawei Technologies라고 폭로한다. 후아웨이의 첩보활동의 구체적 사례는 충격적이다. 직접적인 상업적 절도

행위는 물론, 돈으로 미국 정보기관원을 매수하거나 미 정부 요인 중 중국옹호론자들에게서 은밀히 정보를 빼내는 방법 등 다양하다. 저자는 오마바 대통령 당선이후 중국에 대한 보안등급을 '1순위'에서 '2순위'로 내리는 바람에 중국의 스파이 활동에 대한 방첩 노력이 크게 저하되었다고 비판한다.

이런 상황이 미국 내 '중국 공작원'이 활개 치게 만들었다고 분노한다. 중국 공산당의 의도를 충실히 따르고 있는 핵심그룹과 각계각층의 지도층을 실명으로 거론하며 질타한다. 외국 대리인 등록법에 의거 중국을 대리하는 유명 로펌 어킨 검프 스트라우스 하우어&펠드, 민주당 상원의원을 지낸 베넷 존스턴, 민주당 하원 의원이던 토마스 헤일 보그스 2세, 홍콩의 둥젠화董建華가 설립한 중·미 교류재단의 멤버로 미 행정부와 정치계에 친중적 분위기 조성에 앞장서는 헨리 키신저, 클린턴 시절 재무부 장관을 지낸 로버트 루빈을 대표적 인물로 꼽는다.

전 베이징 주재 미국대사 제임스 R. 릴리의 폭로를 인용한 탈법적이고 은밀한 거래 방식도 질타 대상이다. 중국 관료가 미국의 전직 정부 관료와 동반한 미국의 기업인에게 이권 사업을 주고, 기업인은 미 정부 관료에 경제적 보상을 하며, 미 정부 관료는 중국 관료에게 '정치적 보상'을 주는 '3단 사기극'이다. 특히 미국에서 영향력이 큰 키신저 박사의 비밀스러운 중국 활동은 심각한 문제라고 우려한다.

저자가 폭로하는 미국과 중국의 전직 군 장성, 군납업체 사업가 등이 중심이 된 산야三亞 모임의 반애국적 활동도 심각하긴 마찬가지다. 북한의 대량학살무기 프로그램을 돕는 중국 측 조력자로 악명 높은 시옹꽝카가 중국 측 대표다. 윌리엄 A. 오언스 전 제독은 미국 측 핵심인물이다. 이들은 미국이 타이완과의 관계를 청산해야 한다고 끊임없이 주장하고 있다. 아예 미국 방수권법NDA2000, National Defence Authorization Act의 폐지까지 국방부와 미 의회에 로비한다.

중국은 미국 내 친중 인사의 양성에 엄청난 돈을 쏟아 붓고 있다. 때로 비협조적인 중국전문가들을 비자 거부로 응징하는 등 당근과 채찍을 병행한다. 각 대학에 유교문화원을 창설하거나, 거액의 기부금을 주고 대학의 교수직을 사기도 한다. 중국의 돈과 권력에 한번 손이 닿은 사람들은 중국 공산당이 비밀리에 펼치는 소프트파워 확산 전략에 적절하게 활용된다. 이런 총체적 회유 작전으로 인해 중국에 대한 미국 오피니언 리더들의 비판적 이성의 작동에 이상이 생길 수밖에 없다.

굴종하는 미국이 문제야!

저자는 중국에 맞서 국가이익을 확고히 지켜야 할 대통령의 의지가 미약하다고 지적한다. 더구나 정계, 관계, 재계의 친중 인사들이 개인적 탐욕과 이익에 눈이 멀어 사악한 제국 중국의 부상을 촉진시켜주고 있다고 통탄한다. 그 와중에 중국에 대한 미국 조야朝野의 비굴한 관점을 각성시킨 저자의 한 가지 일화가 그가 단순한 비판자가 아니라 애국심을 실천하는 행동하는 지식인임을 입증해준다.

이 책의 공동저자이기도 한 윌리엄 C. 트리플렛 2세는 2011년 1월 후진타오 중국 주석의 미국 방문을 앞두고, 키신저가 후진타오의 방문을 환영하는 칼럼에서 중국의 끔찍한 인권 문제나 후진타오의 티베트인 학살 등 피의 전과를 전혀 언급하지 않은 것을 보고 그의 위선에 크게 분노한다. 후진타오의 티베트 재임 사실조차 그의 공식 이력서에서 뺀 행정부의 안이한 시각도 당연히 질타의 대상이다.

그는 마감시간을 넘겨 〈워싱턴 타임스〉로 기명 논평을 보낸다. 후진타오에게는 "결코 씻을 수 없는 붉은 얼룩이 묻어 있다"며 "국가 이성 Reason of State은 행정부에서 담당하는 것이지 입법부의 소관이 아니다. 그러므로 상원이든 하원이든 누구도 후진타오 주석이나 그 사절단과 사진을 찍을 이유가 없다"며 사자후를 토했다.

이 논평의 가치를 알아챈 〈워싱턴 타임스〉의 연로한 편집자 프랭크 펄리Frank Perley의 통찰력과 결단에 의해 이미 넘겨진 조판을 뒤엎고 극적으로 보도된다. 결국 후진타오의 피비린내 나는 과거가 드러났고, 국민들은 후진타오를 조용하게 무시하는 조 바이든 부통령의 모습을 볼 수 있었다. 백악관 공식만찬 초청에 조야의 거물 다수가 참석을 거부하고 후진타오 방문에 대한 시민들의 항의 전화가 빗발쳤다.

미국의 한복판에서 G2의 위세를 한껏 과시하려던 후진타오는 국빈 대접도 제대로 받지 못한 채 서둘러 돌아가야 했다. 반인권적 과거를 가진 중국 지도자에게 굽신거릴 필요가 없다는 엄중한 사실을 조야에 상기시켜 준 일대 사건이었다. 하지만 정작 오바마 대통령은 미국 조야의 경고의 간절함을 얼마나 인식하고 있을까? 최근 미국의 오리건 주의 전자 작전 항공기를 테스트하고 훈련하는 미 해군 기지 인근에 풍력발전소를 건설하려던 중국 최대 건설장비 업체인 싼이三一그룹 산하의 기업 랄스Ralls의 사업을 오바마 대통령이 안보상의 이유를 들어 행정명령으로 불허했고 이에 랄스가 소송을 제기했다는 보도가 나와 주목을 끈다. 미 대통령이 행정명령으로 외국 기업의 자산 매입을 막은 것은 20여 년만에 처음이라고 한다. 이제야 중국 공산당의 치밀한 미국 공략에 대한 대응에 나선 걸까?

중국에 아부하는 한국인은 더 문제!

저자가 역설하듯 일당독재 전체주의자들이 만드는 패권국가는 인류의 미래를 어둡게 할 것이 분명하다. 중국이 정치혁명을 거쳐 인류보편적 가치를 존중하는 자유민주주의 국가로 재탄생한다면 더 바랄 나위가 없다. 하지만 미국이 지금과 같은 사악한 체제와 힘의 균형을 만들어내는 데 실패하고, 중국의 일극一極 패권으로 질주하게 될 경우 동북아시아의 여러 나라에 비극적 상황이 조성될까 우려된다. 저자가 미국의 경제 재건과 미국인의 애국심을 촉구하는 게 미국의 당면과제일 수 있지만, 미국인들의 비명소리가 우리와 전혀 무관하지 않은 이유다.

부상하는 중국의 이웃인 우리의 현실을 살펴보라. 미국의 상황과 크게 다르지 않은 듯싶다. 오히려 한국에서 펼치는 중국의 은밀한 첩보활동과 사이버 테러는 더 극심한 듯하다. 중국의 사이버 테러군단은 독자적 공격기지이면서 북한의 우회 공격의 숙주역할까지 하고 있다.

또 중국의 사악한 전체주의의 실체에 대해서는 침묵하면서 중국과의 인맥을 자랑하며 친중적 사고의 전파에 열성적인 사람들은 얼마나 많은가? 중국이 조직적으로 한국 내부에 양성하는 친중 세력의 커넥션은 미국보다 더 넓고 공고한 것 같다. 각종 포럼, 연구소, 학회를 앞세워 중국의 요구에 복무하는 기업인, 정계, 관계, 학계, 재계의 내노라하는 인물들은 얼마나 많은가? 언론계마저 중국의 영향력에 기대어 국내에서의 입지를 선점하려는 행태를 보이는 곳이 이미 한 두 곳이 아니다.

아예 대놓고 한미동맹을 파기하고 주한미군을 철수시킨 후 중국과의 동맹으로 대체해야 한다고 주장하는 사람까지 있다. 중국이 '갑'이요, 한국은 '을'이라며 중국에 기대지 않으면 생존해 나갈 수 없다고 목청을 높이는 학자도 있다. 한국의 일부 인사들의 친중 경향은 친북 행태와 긴밀하게 맞물려 있다는 점에서 미국인들이 느끼는 비애국적 위협과는 차원이 다르게 우려스런 상황이다.

특히 명망 있는 학자와 언론이 중국에 아부하려드는 상황은 심각한 문제다. 우리 학계에는 트리플렛 2세와 같이 중국의 최고지도자에 대해 인류 보편적 가치의 잣대로 냉혹하게 비평할 수 있는 기개를 가진 학자가 있을까? 그런 논평의 가치를 읽어내고 실어줄 수 있는 프랭크 펄리와 같은 안목과 담대한 용기를 가진 언론인이 있을까? 패권에 밀려가면서 중국에 굴종하고 복무하는 미국인들이 늘어가는 미국의 슬픈 자화상에서 중국에 아부하는 한국 지식인들의 모습이 어른거리는 것이 안타깝다. 화이부동和而不同을 생각한다.

20

한국 앞바다 꿀꺽하려는 중국의 진짜 속내는...

《중국해권에 관한 논의》, 장문목 저, 주재우 역,
국방대학교 국가안전보장문제연구소(2010), 264쪽.

중국이 대양 해군의 육성과 해양통제력 확장에 매진하는 이유는 단순히 과거 교훈에서 얻은 군사적 보강차원의 해군력의 강화가 아닌 것 같다. 원거리 작전능력이 없이 국내 자산의 축적과 해외무역을 보호할 수 없다. 특히 경제적으로 부상하는 중국의 총체적인 국익의 증진과 보호가 어려워질 수 있다는 인식에 기반하고 있다는 점을 간과해선 안 된다.

얼마 전 중국의 첫 항공모함 랴오닝함에서 젠殲-15(J-15) 전투기 착륙 훈련이 성공적으로 이루어졌다. 중국 대양해군의 비약적인 발전의 모습을 압축적으로 과시하기에 충분했다. 대만과 남중국해를 겨냥한 중국의 해군력 증강은 필연적으로 동아시아와 남중국해 인근의 국가들에게 새로운 군비 경쟁을 불러왔다. 중국이 센카쿠(댜오위다오) 주변에 대한 감시활동을 상시화하기 시작하자, 일본은 필리핀에 다목적 함정을 판매하면서 해상안전 확보를 위한 협력 강화로 대응해 나가고 있다.

또 남중국해를 둘러싼 영유권 분쟁은 필리핀에서 베트남으로 확산되고 있다. 중국이 남중국해에서 석유가스 개발을 추진하자 베트남은 주권과 국가이익의 침해라며 강력히 반발하고, 미국, 인도, 러시아, 캐나다 등과 공동개발을 서두르고 있다. 이러한 중국의 도발적 행동은 미국의 '아시아 회귀' 전략의 당위성을 더욱 높여주고 있다. 동북아 해상을 둘러싼 중국의 일련의 행위의 이면에는 강력한 해군력을 바탕으로 한 심모원려深謀遠慮의 해상안보전략이 자리하고 있다.

따라서 동북아 대양에서 전개되고 있는 다양한 사건들의 중심축을 이루는 중국의 군사 외교적 행위의 내밀한 동인과 전략을 이해하는 것은 주변국들의 대응전략의 모색에 더 없이 긴요한 일이다. 중국의 해양안보전략 전문가인 이 책의 저자 장원무張文木는 바로 해상통제권이 나라의 흥망성쇠를 결정짓는다고 주장하며 중국의 강력한 해권 확보 전략을 주문하고 있다. 현재 중국 외교안보의 동향과 전략이 상당 부분 저자의 주장과 맥을 같이하여 전개되고 있다. 따라서 향후 중국 대양해군의 전략적 방향과 이로 인해 야기될 동북아의 해양 정세를 예측하는데 이 책의 실용적 가치가 더욱 부각된다.

전쟁 양상의 변모와 해상 패권의 중요성

해상을 통제할 수 있는 힘이 바로 해권海權, sea power이다. 저자는 해권과 해상통제권command of sea을 엄격하게 구분한다. 해권은 주권국가가 누리는 해양권리sea right에서 패권적인 해상 권력(해양력)sea power으로 나아갈 수 있다. 따라서 민간주체도 가질 수 있는 단순한 해상 통제권과 해상 보호역량sea power과는 엄연히 다르다고 말한다. 하지만 군사 외교적 측면에서 보면 해권과 해상 통제권을 굳이 구분할 실익은 그리 크지 않다. 대양 해군이 보유하는 해권은 곧 해상 통제력이 된다.

저자는 중국은 주권국가로서 해양권리를 추구하고, 미국은 해양패권 행위로서의 해상권력을 지향한다고 규정한다. 다분히 중국의 해양권력 확대가 패권적 행위로 비춰지는 것을 경계하면서 자위적 주권 행사 측면을 강조하는 관점이다. 하지만 패권적 행위와 주권적 자위행위의 구분은 상당히 모호하고 설득력이 부족해 보인다. 태평양에서 부딪히는 미국과 중국의 해양 군사력은 똑같이 패권적 해상 권력에 가깝다.

어떻든 저자는 세계의 군사 작전의 변혁과 전쟁의 양상에 대한 정확한 통찰을 통해 해군의 중요성과 해상전투 역량이 총체적인 전쟁의 승패를 가늠한다는 점을 분석해 준다. 과거 전쟁에서는 육군이 중심이 되고 해군과 공군은 협력군에 불과했다. 현대전은 항공모함이 플랫폼이 되어

위성정보기술과 심해 기술을 결합시켜 전투기와 잠수함을 활용하여 미사일로 정밀 타격하는 대大 종심縱深 대 입체전 양상으로 바뀌었다는 것이다. 이러한 총체적인 작전 역량의 종합적 발현에 해군이 중심적 역할을 할 수밖에 없다고 역설한다.

이제 전통적인 육·해·공 3대 병종兵種의 단순결합에 의한 군단 지역 방어 작전체계나 한국전, 베트남 전쟁과 같은 소小 입체 전쟁방식은, 현대의 대大 입체 전쟁기술에 기초한 일체화된 작전 류빅 큐브Rubik Cube에 힘없이 무너질 수밖에 없다는 것이다. 걸프 전쟁, 코소보 전쟁, 아프간 전쟁, 이라크 전쟁이 생생한 예다.

이러한 전쟁 양상의 변모는 필연적으로 해군의 확장과 해상 권력에 대해 주목하게 만든다. 특히 자본의 글로벌화와 자본의 다극화가 심화되면서 광범위한 시장경제의 세계적 교류를 안정적으로 뒷받침할 수 있는 해상 통제권의 중요성이 부각되었다. "해양은 지구의 혈맥으로 국가 역량을 세계 각지로 수송하고 세계 자산을 모국으로 가져다주는 가장 빠른 매개체"이기 때문이다.

중국의 해권 확장 전략

이런 역사적 배경 아래에서 해상 통제권 이론을 체계적으로 제시한 고전이 A. T. 머핸Alfred Thayer Mahan, 1840~1914의 《해상권력사The Influence of Sea Power upon History 1660-1783, 1890》이다. 저자는 머핸의 '해권론'에 상당히 의존하면서 중국 당국에 해권 확장의 중요성을 설파하고 있다.

19세기 말, 머핸은 미국이 고립적 대륙주의를 포기하고 세계 무역 분야에서 진취적인 정책을 펼 것을 주장했다. 강력한 해군으로 해상의 주요 섬들을 점령하고 해군 기지로 만들어 해외의 상업적 국익을 지키라고 요구했다. 머핸의 해권론은 상당 부분 미국의 해상전략으로 차용되어, 영국의 해상패권을 대체하는 해양대국으로 올라서게 하는 데 기여했다. 이후 영국, 독일, 일본 등 후발산업국가의 외교정책을 정립하는데도 중요한 이론적 근거가 되었다.

장원무는 이제 중국도 21세기 신흥 시장경제 국가로서 해외시장과 자원을 공유하기 위해 해상 통제권의 확보 대열에 나서야 한다고 강조한다. 중국이 해상 통제권에 관심을 갖게 된 지는 오래되지 않는다. 아편전쟁 때부터 해권의 중요성을 감지하기 시작했지만 결정적 각성은 청일전쟁1894~1895에서의 청나라 해군의 괴멸이었다.

당시 청나라의 북양함대北洋艦隊는 일본 해군의 우세한 전력에 밀려 연패하며 전멸하고 말았다. 황해의 제해권을 넘겨주자 랴오둥 반도와 산둥반도를 점령당하고 북경과 천진마저 위협받는 끔찍한 상황을 경험했다. 프랑스, 러시아, 독일의 삼국 개입으로 간신히 점령당했던 영토를 반환받았지만 그 처참한 패배의 트라우마trauma는 깊었다.

중국이 대양 해군의 육성과 해양통제력 확장에 매진하는 이유는 단순히 과거 교훈에서 얻은 군사적 보강차원의 해군력의 강화가 아닌 것 같다. 저자가 주장하듯 원거리 작전능력이 없이 국내 자산의 축적과 해외무역을 보호할 수 없다. 특히 경제적으로 부상하는 중국의 총체적인 국익의 증진과 보호가 어려워질 수 있다는 인식에 기반하고 있다는 점을 간과해선 안 된다.

저자는 과거 영국과 러시아가, 뒤이어 미국과 소련이 다투던 패권경쟁의 근저에는 인도양의 해상 통제권의 확보라는 핵심이익이 있었다고 통찰한다. 또 일본이 태평양 전쟁에서 미국에게 패배한 결정적 요인도 해상 통제권의 상실이었다고 말한다. 저자는 강대국의 흥망이 해상통제권의 확보에 있었음을 여러 역사적 사례를 들어 설명하면서, 중국의 해상안보전략 구축의 시급성을 강조한다. 그가 제시하는 국가안보전략은 해군의 발전에 초점이 맞춰져 있다.

그의 해권 확대의 전략목표는 세계 패권 대국의 지정학적 이익 수요를 정확하게 인식하는 데에서 출발한다. 중국은 러시아와 미국의 전략 이익선에 주목하고 있다. 러시아의 오랫동안 발트 해, 지중해, 인도양, 태평양으로 가는 육상전략 통로 확보에 집중해 왔다. 미국은 중동과 아프리카의 자원 확보를 위해 페르시아 만과 인도양을 지켜내고, 나아가 하와이, 괌, 필리핀 등의 서태평양 해역을 통제하는데 진력한다. 이는 러시아와 미국의 전략 이익선이 무엇인지 명확하게 보여준다.

중국의 전략 이익선을 어디에 설정하고 확보할 것인가. 저자는 기본적으로 미국, 러시아의 전략 이익선과 멀리 떨어져 있는 곳일수록 중국의 국력 신장의 공간은 더 커진다고 본다. 해권 대국인 미국과 육권陸權 대국인 러시아 국력의 변화에 따라 중국 해권 신장의 전략적 초점 지역이 조정되어 선정되어야 한다는 입장이다. 한 대국의 핵심이익과 충돌 된다면 자국의 전략목표를 실현하기 어렵기 때문이다. 러시아를 침공했 던 나폴레옹의 실패, 태평양 전쟁을 일으킨 일본의 실패를 상기시키는 이유다. 이런 기조에서 볼 때 중국은 미국과 러시아의 핵심이익이 충돌 하는 인도양을 회피하고, 남아시아와 중앙아시아로의 이익 확장에 신중 해야 한다는 것이다.

해양 패권의 충돌 대응전략은?

그러면 미국과 중국의 전략 이익선과 충돌하는 서태평양 지역, 남중 국해의 해상통제권 확보를 위한 해상안보 전략을 어떻게 설정할 것인 가. 저자는 미국이 중국의 전략적 부담이 되고 있는 점을 인식하면서도 미국 극복을 위한 해양 패권의 장악 전략을 직접 드러내지 않는다. 다 만 미국이 중국의 타이완 이남으로의 해상통제권 확장을 우려하고 있 다. 또 일본이 중국의 해상통제권이 동진하는 것을 우려하고 있다는 것 도 파악하고 있다.

저자는 미국과 일본의 우려를 불식시키려는 듯 중국의 해상 통제권 목표가 타이완 해협 통일에 맞춰 있다고 강조한다. 즉 중국의 해상 통제 권 확대는 해양패권을 추구하는 것이 아니라 '하나의 중국'을 실현하기 위한 주권의 정당한 행사라고 포장한다. 중국이 추구하는 해권을 'sea power'가 아니라 'sea right'로 봐달라는 뜻이다. 하지만 센카구 열도 분쟁 당사자인 일본은 물론, 대만, 필리핀, 베트남 등 중국과 영유권과 해양이익을 다투는 당사국들이 중국의 대양 해군의 팽창을 해양패권으로 인식하고 있는 것과는 거리가 멀다.

특히 저자는 미국의 핵심이익과의 대립을 피해가려는 듯, 중국의 전략적 수요가 타이완에 많다며 타이완을 중국에 완전하게 흡수 통합하는 전략에 집중해야 한다고 강조한다. 물론 그 수단이 평화적이어야 한다고 전제하면서도 해군력의 압도적 우세의 필요성을 강조한다. 나아가 타이완 독립을 추진하는 분자들을 분쇄하고 국가통일 문제와 관련하여 어떠한 대가도 불사해야 한다는 강경한 입장을 보인다. 이런 저자가 타이완 통일 과정에 최대의 걸림돌로 미국이 아닌 일본을 들고 있는 점도 이채롭다.

저자는 미국에게 타이완의 전략적 가치가 전 세계에 걸쳐있는 여러 전략 이익선 가운데 다소 낮을 수 있다는 희망적 전망을 갖는다. 반면 과거 타이완을 지배했던 일본의 경우는 다르게 본다. 일본은 하나의 중국을 인정하면서도 중화인민공화국 건국1949 이전에 발표된 카이로 선언1943에서 규정한 '타이완, 펑후 열도 등은 중화민국으로 반환된다'라는 입장을 고수하고 있다. 저자가 두 개의 중국을 은유하는 일본의 외교적 술수라고 비난하는 이유다.

중국은 일본이 패전하며 타이완에 대한 권리를 포기했으면서도 이런 복선을 깔아둠으로써, 법적 관계에서 체결 주체와 조약 내용이 서로 충돌되는 상황을 유지하는 것에 대해 몹시 불편해 한다. 일본이 '두 개의 중국'을 조성하는 이유는 타이완 통치에 대한 야심을 버리지 않았기 때문이라며 의혹의 눈길을 보내는 것이다. 정말 일본이 타이완 점유에 대한 야욕을 갖고 있을까?

한편 저자는 경제성장과 국가발전을 뒷받침하기 위해 확장해야 할 해양 군사력과 해상통제권의 중요성을 강조한다. 하지만 해양 이익이 첨예하게 충돌하는 서태평양 지역과 남중국해에서의 중국 대양 해군의 핵심이익과 안보 전략이 단지 타이완 통일에 맞춰져 있다는 식으로 축소 기술한다. 용두사미가 된 듯싶다.

이는 중국이 한동안 넘어서지 못할 미국과의 이익 충돌을 완화하기 위한 현실적 처방일 수도 있다. 한편으로 중국의 대양 해군의 팽창에 대한 세계의 지나친 경계를 완화하기 위한 선술적 위장이 아닐까 하는 느낌도 지울 수 없다. 더구나 저자는 타이완 통일을 이루고 나서 중국의 해상 안보 전략을 축소 조정해야 한다고 주장한다. 하지만 경쟁자가 없는 압도적 해상 통제권을 갖춘 국가는 늘 패권적 양태를 보여 왔다는 역사적 전례에 비추어 볼 때 그 진정성에 의구심이 든다.

만일 타이완이 중국에 흡수 통일되면, 사실상 서태평양지역에서의 해상 통제권의 중요한 완충지대가 소멸되기 때문이다. 지금은 대 타이완 정책이 오락가락 하고 있는 미국이지만, 서태평양의 전략 이익 축선의 붕괴를 앉아서 보고만 있지는 않을 것 같다. 미국은 중국에 대한 경제적 의존도가 높아가면서 중국의 구미에 맞는 외교적 수사를 늘려가고 있다. 하지만 서태평양 지역에서의 해양패권 경쟁에서 중국의 희망 섞인 기대에 달리 미국 역시 타이완의 전략적 기지 역할의 중요성을 잊지 않고 있다고 봐야 할 것이기 때문이다.

저자는 머핸의 해권이론의 핵심을 이해하고 이를 중국에 적용하여 중국의 국가 안보 전략상 해양통제권 확보에 주목하게 한다. 한편 중국 대양해군이 지향할 해양안보 전략을 보여준다는 점에서 한국에도 큰 시사점을 준다. 서해와 태평양 서해 지역의 이해관계를 중국과 공유하고 있는 한국은 앞으로 독자적 해상 통제권을 어떻게 생성하고 발전시켜 나갈 것인가에 대한 당면과제를 안게 되었다.

이 책을 읽노라면 우리의 초라한 현실이 아프게 반추된다. 우리도 한때 대양해군을 꿈꾼 적이 있었다. 하지만 우리가 펼칠 수 있는 해상역량 공간은 날로 협소해지는 것 같다. 중국이 대양 해군의 육성과 해상 통제권 강화의 논리로 주장하는 경제적 국익의 보호 장치라는 관점은 우리에게도 그대로 적용된다. 국부를 전적으로 무역에 의존하는 우리로서는 무역교역로의 안전한 항행을 보장할 자력의 해상 통제권이 어느 나라보다 절실하지 않은가? 우리의 국익 루트에 대한 해상 통제권의 확보는 고사하고 최소한의 피난처가 될 제주민군복합항 건설조차 반대하는 사람들이 있으니 기가 막힐 노릇이다. 일부 정치인과 국민의 해양주권에 대한 인식 수준이 부끄럽다.

21

민족주의 부추기는 중국 정부의 검은 속내는...

《독재의 유혹》, 쉬즈위안 지음, 김영문 옮김,
글항아리(2012), 391쪽.

민족주의와 사회주의 독재체제에 의지해야만 거대 중국 사회를 통합하고 유지할 수 있다
는 정치적 목적이외에 보편적 가치를 거부할 그 어떤 실질적 특수성도 발견하기 어렵다.
오히려 시장경제의 도입이후 얻은 경제적 성취가 사회주의 정치체계를 더욱 정당화 시켜
주는 빌미가 되고 있고 특수성 주장의 중요한 요소로 활용되는 아이러니한 상황이다.

작년 여름 잠시 '사단법인 행복한 고전읽기' 이사들과 함께 베이징에 다녀왔다. 그 때 베이징 공항과 시내 곳곳에 붙어있던 '애국愛國, 창신創新, 포용包容, 후덕厚德'의 '베이징 정신'을 보면서, 과연 중국 공산당이 자신들이 표방하는 그 정신과 가치를 얼마나 내면화하고 있고 구현하려 노력하고 있을까 의구심이 들었다.

　　오히려 그들은 수시로 애국주의로 치장한 '민족주의'를 부추겨왔고, 경제적 성취에서 정치적 혁신으로 한 발짝도 진보시키지 못하고 있지 않은가. 티베트와 신장 위구르 등 독자적인 문화와 역사를 지닌 이민족을 강제 합병한 후 족쇄를 풀어주지 않고 있다. 또 날로 심각해지는 빈부격차로 신음하는 대다수 농민과 사회적 약자를 방기放棄하고 있지 않은가? 중국 공산당의 표방과 현실의 괴리가 만들어내는 이런 허위의식에 기묘한 느낌을 받았던 건 나뿐만이 아니었다.

중국 모델의 허구성

　　"중국에서 생활해 본 사람이라면 관리들이 민주, 자유, 실사구시, 창신創新 등과 관련된 주제를 이야기할 때, 그들의 마음은 이런 어휘의 진정한 의미와 아무 관계가 없다는 것을 분명하게 알 수 있을 것이다. 사람들은 구호·표어·공문서를 이야기하고 있지만 실제로 생각하고 행동하는 것은 다른 논리를 따르고 있다."

　　바로 중국의 신세대 지식인 쉬즈위안許知遠은 필자가 느꼈던 중국의 모순된 상황을 정확하게 짚어냈다. 중국이 표방하는 겉모습에 현혹된 외국인늘이 딱하다는 그의 애기는 그동안 인지부소화를 느껴온 중국 시식인 스스로의 진단이기에 더욱 공감을 높인다.

　중국의 문화대혁명이 끝난 1976년에 출생한 쉬즈위안은 중국의 현실에 대한 날카로운 비판으로 사회적으로 큰 반향을 불러일으키고 있는 사회비평가 겸 작가다. 그의 시선은 중국 사회의 근원적 기만과 위선, 화려한 이미지 뒤에 도사린 추악한 문화, 검열과 억압적 상황을 예리하게 추적하고 파헤친다.

　그는 개인의 자유와 존엄성을 말살하는 중국 공산당의 독재 체제와 행태에 분노하며, 류빈옌, 후수리, 류샤오보, 쉬즈융 등 고독한 저항자들의 영웅적 행동에 찬사를 보낸다. 저자는 먼저 중국을 제대로 보라며 외국인들에게 목소리를 높인다. 중국의 현실에 대한 착시가 중국의 표피만 본 외국인들의 근거 없는 낙관주의에서 비롯되었다고 보기 때문이다.

　이러한 경향을 부추긴 대표적인 사람은 "중국의 정치제도가 독재라고 말하지만, 그것은 사실상 새로운 민주주의다"라고 말한 나이스빗John Naisbitt이다. 저자는 《메가 트랜드 차이나》에서 황당한 오판으로 중국을 열성적으로 찬양한 나이스빗을 역겨워한다. 그가 중국의 실상을 제대로 파악하지 못하고, 중국의 고속성장의 뒤편에 숨은 정치체제의 치명적 결함에 눈감고 있기 때문이다.

　"중국의 굴기는 이미 새로운 국제 질서를 창조하면서 발전과 동력이 새로운 물리학을 이끌어내고 있다"고 주장하는 조슈아 라모Joshua

Cooper Ramo의 《베이징 컨센서스》도 저자의 차가운 도마에 오른다. 표방하는 것과 전혀 다른 논리로 생각하고 행동하는 중국 사회의 모순된 방식을 이해하지 못한 "시류에 편승한 신문기자의 전형적인 창작"이라고 비판한다.

《워싱턴 컨센서스》가 실패하고 세계의 힘이 중국으로 이동했다는 암시를 나타내는 빛나는 라벨로 중국인들이 열렬하게 호응하게 만든 《베이징 컨센서스》의 실상은 명확한 이념과 정책이 없는 허상에 불과하다는 것이다.

조슈아 라모는 새로운 중국 모델의 특징으로 창조적 가치, 지속가능한 성장과 평등, 자주성 등 모호한 개념을 강조하고 있다. 그렇지만 이는 인민일보와 관방의 문건에서나 발견될 수 있을 뿐이다. 세계 최악의 빈부 격차와 불평등, 사회적 불안정, 독재와 부패, 환경문제 등 중국사회가 직면한 심각한 문제를 도외시하고 있다. 저자는 실상이 이러함에도 베이징, 상하이의 현란한 모습, 베이징 올림픽에서의 동양 집체주의의 눈부신 성공에 압도된 서구인들의 집단적 미망 속에서 중국의 매력은 한층 더 부풀려지고 있다고 질타한다.

마틴 자크Martin Jacques의 《중국이 세계를 지배하면》은 "선전 수첩처럼 흥분된 구호로 가득 차" 있고, 중국을 찬양하는 대열에 정치인, 언론인, 좌파 학자들이 줄을 잇고 있는 현실을 개탄한다. 이들은 "정치의 혼란, 경제의 붕괴, 사회적 압박, 개인적 절망과 같은 진실한 중국의 모습에 대해 아무것도 감지하지 못하고" 있기 때문이다.

국외자들이 만들어내는 이런 피상적 인식에 따른 중국의 미화는 단지 환상의 산물로 중국 공산당의 전체주의 체제의 유지에 기여할 뿐이다. 중국의 외양에만 도취된 외국의 지식인과 중국 공산당의 이해가 맞아떨어진 야합의 행태를 비판하고 있는 듯하다. 중국의 진정한 변혁을 갈구하는 저자와 같은 중국 지식인들이 서구 사회에 보내는 경고음을 이제 주목해야 하지 않을까.

저자는 과거 소련을 찬양하고 히틀러와 무솔리니에게 소리 높여 갈채를 보내면서도 유대인의 운명에 대해 그 누구도 마음을 쓰지 않았던 세계인들의 도덕의식의 망각을 상기시킨다. 이는 국외자의 찬양에 스스로 기만당하지 않으려는 중국 지식인의 몸부림이자, 중국 패권에 굴종하고 중국이 만들어내는 달콤한 이익에 편승할 뿐, 좌절과 분노에 찬 중국 인민들의 삶에 관심을 두지 않는 서구 지식인들의 각성을 촉구하는 준엄한 냉소다.

중국에 대한 서구의 찬탄을 대하는 중국의 태도는 이중적이다. 일단 중국 공산당 체제의 정당성과 중국 모델의 당위성을 치장하는데 활용한다. 한편 서구사회의 중국 띄우기가 중국을 '자만에 빠뜨리기 위한 미끼'며, 나아가 중국에 더 많은 책임을 지우기 위한 음모라는 정서도 적지 않게 퍼져 있다.

현재 일본 경제의 쇠퇴가 일본이 과거 서구의 '일본 모델'에 도취된 결과가 낳은 파멸적 상황이라고 인식하는 것도 같은 맥락이다. 저자는 이러한 억지 논리는 인민들에게 끊임없이 음모론과 굴욕감을 일깨워

감추고 싶은
중국의 비밀 35가지

서구의 다원화된 목소리를 도외시하고, 서구 사회에 대한 대대적 적대
감을 고취시키려는 관방의 정치적 조종에 의한 정보의 조작이라고 말
한다.

중국 특수성의 유혹

중국이 서구에 대항하는 '전가의 보도傳家之寶'는 특수성의 강조다.
중국의 정치체제는 2000년 동안 근본적으로 바뀌지 않고 '중화다움'을
유지해왔고, 관방 지식인들은 중국 문명의 특수성을 소리 높여 찬양한
다. 왕사오광이 '사회주의 3.0'이론을 창안하여 중국식 사회주의가 실패
하지 않았고 성공적으로 진화하고 있다고 주장하는 것은 작은 예일 뿐
이다.

중국은 서구의 보편적 가치를 적용하기가 어렵다는 '특수론'과 '중국
모델'의 관점은 중국 지도층과 지식인은 물론 외국의 친중국적 지식인
들이 가장 선호하는 강력한 방패다. '중국은 서구사회와 다르다'는 으레
내재적 접근법이 강조된다. 우리나라에서도 중국 관련 세미나나 담론의
자리에 가면 중국인과 친중 인사들로부터 귀가 따갑게 듣는 합창이다.

정말 그럴까? 저자는 중국의 특수성의 유혹에 매달리는 이유와 특수
론의 허구성을 지금까지 출간된 중국에 관한 어떤 저작보다 가장 심도
있고 설득력 있게 설명해 준다. 몽테스키외가 말했듯이, 모든 민족과 모
든 사회가 특수한 정신적 경향을 갖고 있는 건 당연하다.

중국 역시 정치적·문화적 측면에서 모종의 특수성을 갖고 있음을 의

심하지 않는다. 하지만 현대의 중국 특수론은 반제국주의를 기치로 내걸고 민족주의를 기반으로 창건한 중국 공산당의 태생적 한계와 뿌리가 닿는다. 관민 일체의 '인민성'을 토대로 한 사회주의 정치체제의 도입으로 서구 자유민주주의와 확연히 다른 길로 출발한 것이 중국 모델을 고수하게 만드는 중요한 요인이다.

"중국은 서구를 비판하기 위해서 반드시 중국을 또 다른 모범으로 설정하고 독특한 중국 노선을 만들어내야 했다." 하지만 '중국 특색의 사회주의'는 인민의 자유로운 삶을 억압하는 기제로 활용되었다. "중국인의 진실한 생활과 중국 사회의 보편적인 곤경은 그들과 아무런 관련이 없는 셈이었다."

결국 민족주의와 사회주의 독재체제에 의지해야만 거대 중국 사회를 통합하고 유지할 수 있다는 정치적 목적이외에 보편적 가치를 거부할 그 어떤 실질적 특수성도 발견하기 어렵다. 오히려 시장경제의 도입 이후 얻은 경제적 성취가 사회주의 정치체계를 더욱 정당화 시켜주는 빌미가 되고 있고 특수성 주장의 중요한 요소로 활용되는 아이러니한 상황이다.

그렇다. 중국 특수성은 전혀 다른 차원에서 발견된다. "중국은 서구 자본주의보다 더욱 잔혹한 자본주의다. 보통 사람들은 정부 권력과 시장 권력이라는 이중의 압박에 시달리고 있다." 중국은 "전통적인 전제제도와 사회주의와 자본주의가 기괴하게 혼합된 나라"다. 저자가 준엄하게 규정하는 이런 모습이 중국 특수성의 진실이다.

결국 중국 특수론은 중국 공산당 정권의 연속성을 보장하는 공개된 비밀 병기인 셈이다. 중국 특수론은 세계적으로 통용되는 보편적 자유시장경제의 체제와 원칙들, 자유, 인권, 평등의 자유민주주의의 가치들이 중국에 진입하는 것을 막아내기 위한 옹색한 변명일 뿐이다. 중국의 특수성 강조는 '독재의 유혹'의 과실을 영속적으로 누리고자 하는 중국 공산당의 그럴듯한 명분에 불과한 것이다.

중국 통치자들에게 중국 특수성의 유혹은 달콤하고 강력할 수밖에 없다. 중국은 늘 특수성을 내세우며 "경제문제는 이데올로기 문제로 변화시키고 환율 문제는 민족의 대의로 치환시킨다." 덩샤오핑도 일찍이 정치개혁을 추진하지 않으면 경제개혁도 이끌어 갈 수 없다고 인정했다. 하지만 지금의 중국 공산당은 오히려 정치개혁의 실패가 중국의 행운이라고 생각한다.

자신들을 생존시켜주었기 때문이 아닐까? 이제 '중국 모델'은 "관방 이데올로기와 민족 정서를 가려주는 최후의 면사포처럼 보인다." 하지만 글로벌 시장경제체제와 보편적 자유민주주의의 원리가 작동하는 세계에서 중국의 특수성 주장이 설 자리는 점점 좁아지고 있다.

하나의 예를 살펴보자. 황야성黃亞生은 그의 저서《중국 특색의 자본주의》에서 중국이 중국 모델의 승리로 과시해온 롄샹그룹의 성공을 분석했다. 하지만 황야성은 롄샹그룹이 중국 회사가 아니라 홍콩에 등록된 홍콩회사임을 알게 되고, "롄샹의 성공이 법치와 시장을 기반으로 하는 금융시스템의 성공"임을 파악하게 된다. 롄샹그룹의 경쟁력의 핵심에는 '중국적 요소'가 아닌, 서구 기업에서 배운 경영 이념과 전략, 핵심 가치관, 자유시장이 자리하고 있었다. 결국 중국 특수성의 모델은 허구였던 셈이다.

저자는 중국이 '중국 특색'과 '중국 모델'에 몰입할 때 수많은 역기능을 낳을 수 있음을 지적한다. 문제의 핵심이 거기에 있다는 뜻이다. 전세계 100여 곳에 공자 아카데미를 세워 나가려는 노력도 중국 공산당의 문화적 소프트 파워에 대한 조잡한 이해와 국수적 중국 모델에 대한 강박관념에서 비롯되었다.

공자 아카데미의 설립이나 유교의 부활 시도는 중국 문화를 밖으로 드러내 보여주는 플랫폼으로 기능하게 한다는 의도다. 하지만 30년 전 공자를 타도하자던 '비림비공批林批孔' 운동처럼 언제든지 중국 공산당 정권의 통치 이데올로기에 꿰맞춰온 전례로 볼 때, 전통문화의 부분적 편취와 왜곡의 가능성만 높인다. 저자가 문화계 전반에서 빚어지는 문화의 결락缺落과 오도의 현실을 우려하는 맥락과 연결된다.

중국의 비틀린 민족주의와 독재의 유혹

'중국 특수론' 못지않게 해악을 끼치는 문제는 드세지는 민족주의 정서다. 중국 정부가 여전히 독재체제의 사유방식을 고수하면서, 〈인민일보〉와 〈환구시보環球時報〉 등 관방언론을 통해 협소한 민족주의 정서를 고무하고 있다는 점이다.

중국의 민족주의는 중국 공산당의 통치 이데올로기의 산물로 전 세계에 정착되어가는 글로벌 환경에 역행한다. 이런 민족주의는 서구 및 일본 등 경쟁 국가들과의 관계를 더욱 비틀고 경직시킨다. 강렬한 민족주의의 의분은 "비판적이고 상충된 모든 의견을 적대적인 역량으로 간주하고 경청하기를 거부"하기 때문이다.

저자는 최근 중국에서 이런 경향이 여러 방면으로 심각하게 확산되고 있다고 말한다. 민족주의가 뜨겁게 발현되는 영토분쟁 분야는 제켜 놓더라도 언론분야에도 삐뚤어진 민족주의가 기승을 부린다. 저자는 머독의 'Star TV'의 중국내 방영 금지와 2010년 구글의 축출, 영국 BBC 홈페이지 접속 금지와 유튜브와 트위터, 페이스북의 폐쇄 등을 대표적인 예로 든다.

이런 예들은 민족주의의 표출로 포장되고 있다. 실상은 전 세계에 자유롭게 소통되는 언론 매체의 유입이 공산당 자신들의 독재체제에 심각한 위협요소로 작용할 것을 우려했기 때문이 아닌가. 많은 한국 관광객들도 중국을 여행할 때 매일 지인들과 소통하던 트위터나 페이스북에 접속조차 할 수 없는 황당한 경험을 하게 된다. 세계인과의 자유로운 정보의 소통을 두려워하는 공산당 일당 독재 체제가 인민의 기본적인 자유와 인권이라는 보편적 가치의 구현에 전혀 관심을 두지 않고 있다는 사실이 더욱 명백해진다.

저자가 희구하는 세상은 중국 특색의 전제적 독재 체제가 아닌 인류 보편적 가치가 통용되는 세상이다. 현실비판적인 지식인들의 등장을 고대하는 것도, 외롭게 투쟁하는 반체제 인사들의 수난사를 살피며 이들의 영웅적 활동을 조명하는 이유도 바로 여기에 있다.

〈재경財經〉 잡지를 창간하여 날카로운 사회비판의 물고를 튼 후수리, 관료사회의 암흑과 부패 현상을 신랄하게 폭로하던 기자 류빈옌, 중국 인권 운동의 기수로 노벨평화상을 수상한 류샤오보, 법률 지식으로 억압받는 민중을 위해 헌신하는 변호사 쉬즈융. 중국 사회에 절실히 필요한 사람들은 이런 행동하는 지식인들이다.

저자는 위로부터의 개혁이 불가능한 중국의 현실에 좌절한다. 문제는 중국 공산당의 사회 통제력이 치밀하고 강력하기 때문이다. 더욱이 "이데올로기를 중시하고 인민의 사상을 통제하는 중국의 정책은 다른 나라의 공산당보다 훨씬 강경하고 효과도 크다." 이런 상황에서 현실에 대담하게 맞서 행동하는 지식인은 희소할 수밖에 없다.

중국은 정치체제와 경제 발전 간의 모순이라는 보다 근본적인 문제에 직면하고 있다. 게다고 이를 들춰내고 비판하는 지식인은 여지없이 삶의 환경에서 처절하게 격리되고 자아를 파괴당한다. 중국에서 '고독한 반항자'들이 탄생하고 생존하기 어려운 환경은 상당기간 변함이 없을 듯싶다.

"우리가 얼마나 아름다운 명사와 개념으로 장식하든지 간에 중국은 에누리 없는 독재 체제이며, 이에 따라 모든 인간의 존엄성을 무시하는 정권이다. 우리는 정치 경제의 (두 가지 측면에서의) 성공 여부로 이 정권을 이해해야 할 뿐만 아니라 그에 대한 도덕적 판단도 내려야 한다. 그리고 도덕적인 판단을 내린 뒤 그것에 상응하는 책임도 져야 한다."

저자의 조용한 절규는 시대적 요구에 흔들리는 중국의 양심적 지식인의 자기 성찰이다. 동시에 중국의 외양과 특수론에 현혹되어 중국 인민들의 아픔과 중국 사회에 내재된 모순을 외면하는 외국의 모든 지식인의 각성을 촉구하는 죽비소리와 같다. 그래서 더욱 후수리의 말이 인상적이다. 그는 중국 사회의 붕괴를 원하는 것이 아니라, 중국 공산당 독재 체제의 혁파를 통한 인류 보편적 가치에 기초한 새로운 중국의 탄생을 원하는 것이 아닐까? 이들 고독한 저항자들이 의지를 꺾지 않는 이유다.

"딱따구리가 영원히 나무를 쪼는 것은 나무를 쓰러뜨리기 위한 것이 아니라 그것을 더욱 곧게 자라기 하기 위해서다."

22

중국이 패권국가가 될 수 없는 31가지 이유

《왜 중국은 세계의 패권을 쥘 수 없는가》, 칼 라크루와·데이빗 매리어트 지음, 김승완·황미영 옮김, 평사리(2011, 2쇄), 502쪽.

경제적 성취만으로 사회의 점진적 변화를 이끌어가긴 어렵다. 사회 자체의 개방성, 역동성, 창의성을 북돋기 위해서는 공산당 일당 독재체제의 근본적인 정치혁신이 선행되어야 하지 않을까? 중국이 세계의 패권을 쥘 수 있느냐의 여부가 여기에 달려있다.

중국을 바라보는 서구의 시선은 크게 두 가지다. 존 나이스빗이 쓴 《메가 트랜드 차이나》에서 기술하는 장밋빛 미래가 그 하나요, 유럽의 석학 기 소르망이나 피터 나바로 교수가 전하는 중국의 허상과 어두운 그림자가 그 나머지다. 이 두 견해는 중국 패권론, 중국 위협론, 중국 경계론으로 확장되어 서구인들 사이에 지속적인 논쟁의 주제가 되고 있다.

물론 프랜시스 후쿠야마 교수처럼 "인간이 만든 정치 체제의 최종 형태는 서구의 자유민주주의가 될 것"이라며 '중국 분열론'까지 주장하는 이도 있기는 하다. 유명한 저널리스트인 칼 라크루와와 데이빗 매리어트는 이 책을 통해 중국이 세계의 패권을 쥘 수 없는 31가지의 근거를 제시하면서 중국 낙관론의 허상을 짚어준다.

저자의 의도는 중국의 화려한 경제성장의 이면에 숨은 본질적인 문제점과 취약점을 들춰내어 이들이 세계에 어떠한 부정적인 영향을 끼치게 될 것인지를 전망하는데 있다. "중국의 희망찬 미래를 저주하려는 게 아니라 썩어 들어가는 현실을 비판하는 게 주목적이다." 이에 따라 논쟁이 될 만한 31가지 사안에 대해 신뢰할만한 통계조사 결과 등 명확한 데이터를 활용하여 심층적으로 분석하면서, 언론인다운 현장감 있는 취재를 통해 중국 사회의 내면을 예리한 시각으로 해석해 내고 있다.

통제와 억압으로 유지되는 체제

저자는 중국이 세계의 지도적인 국가로 올라설 수 있을지 의문을 제기하는 이유를 크게 여섯 개의 영역으로 나누어 각각의 근거를 설명하고 있다. 첫 번째 문제영역은 통제와 억압으로 유지되는 현 중국 공산당의 정치체제다. 중국의 현 정치체제는 외면적으로 상당히 안정적인 것으로 보인다. 하지만 저자는 공산당에 의해 통제된 안정일 뿐, "전체주의적 정부의 '조화로운' 통치에 일대 혼란과 불균형을 초래할 잠재력이" 잠복해 있다고 말한다. 이른바 '잠재적 반정부군단 5개 부대'로 지칭되는 요소이다.

5,500만에서 1억 5,000만에 달하는 빈민들이 역사 변화의 동력 역할을 할 가능성이 있다. 역사상 최고 수준의 교육을 받은 1억 명에 달하는 외동아이, 2010년 기준 약 2억 4,200만 명에 달하는 차별받는 농민공農民工과 사회 각 부문의 범죄자, 3,000만 명에서 4,300만 명으로 추산되는 침묵하는 독신남도 저마다 다양한 분노를 표출하고 싶은 욕망을 갖고 있다. 과거 중국 사회에서 볼 수 없었던 이런 집단들이 새로운 사회 불안 요소 및 변동 요인으로 작용할 수 있다는 것이다.

일례로 농민공의 경우가 가장 심각하다. 농민공은 중국의 경제성장의 밑바닥을 일구어 내고 있다. 그럼에도 이들의 값진 땀과 노고는 철저히 무시되고 있다. 게다가 비참한 노동환경 속에서 임금 착취와 중노동에 시달리고 있다. 특히 2008년 경제 위기 이후 2,000만 명 이상의 농민공이 일자리를 잃었다. 농민공과 그 자녀들은 도시 거주민들에게 심각한 차별을 받고 있다. 농촌 호적의 농민공들은 도시 호적을 취득할 수 없도록 법으로 규제하고 있는 것도 한 요인이다.

중국 당국의 2010년 공식 통계에 따르면, 농민공의 월 평균 급여는 1,690위안, 우리 돈 30만 원 정도에 불과하다. 2005년 대비 두 배 정도로 오른 게 그렇다. 이제 농민공의 총체적인 불만은 사회적 폭동을 일으킬 수 있는 수준에 와 있다는 사실을 공산당과 정부 또한 알고 있다는 것이다. 저자가 이런 상황을 중국 사회를 불안하게 만드는 핵심요인으로 보는 것도 무리가 아니다.

　중국 사회 내부에서 곪아가는 이러한 문제들이 잘 드러나지 않고 증폭되지 않는 이유는 공산당과 정부의 철저한 언론 및 인터넷 통제 때문이다. 새로운 매체에 대한 통제와 검열은 이른바 '황금 방패 작전'으로 불린다. 이 작전으로 중국 정부는 구글을 굴복시켰다. 2003년 이 작전에 착수한 이래 13억 인구 중 12억 5,000만 명의 개인정보를 수집하여 온·오프라인의 반정부적 활동을 언제라도 제어할 수 있는 가공할 체제를 갖췄다. 이렇게 국민의 일상을 억압할 수 있는 보이지 않는 촉수가 작동되고 있는 체제가 세계의 지도국가가 될 수 없음은 자명하다.

일그러진 대국의 풍모

　중국 밖으로 눈을 돌려보자. 중국은 세계인들에게 어떻게 비추어지고 있을까? 굴기하는 대국 중국은 변방과 주변국 사이에 각종 영토 분쟁의 파열음과 갈등을 양산하고 있다. 가까이는 티베트와 위구르의 식민지 탄압 정책이다. 티베트는 고유의 언어와 문화를 가진 유구한 역사의 독립국이었다. 한 때 당나라의 수도 장안을 함락시킬 정도로 막강한 군사력을 갖춘 강성한 국가이기도 했다. 1379년 명나라에 일시적으로 무릎을 꿇고 1750년대에 청나라에 예속되기 전까지 티베트는 2천여 년 간 자유로운 독립국가였다.

하지만 청나라 멸망이후 자유를 다시 찾았던 티베트는 1950년 인민 해방군의 전격 침략으로 합병되고 말았다. 이후 중국 공산당은 철권통치를 시행하면서 티베트 독립운동을 '분리주의 선동죄'로 엄격하게 통제해 왔다. 독자적인 역사와 고유의 이슬람 문화를 가진 신장 위구르 역시 18세기에 청나라에 복속된 이후 철저한 식민통치에서 벗어나지 못하고 있다.

티베트와 신장 위구르 지역에서 끊임없이 독립을 요구하는 분신 자살과 테러가 발생하고 있지만, 중국 당국의 강력한 진압으로 이들의 목소리는 국제사회에 제대로 전달되지 못하고 있다. 중국은 지상으로 14개 주변 국가들과 국경을 맞대고 있어 언제든지 불편한 관계를 만들어낼 분쟁거리를 안고 있다.

1962년 중국 인민군과 인도군의 충돌, 1979년 인민군의 베트남 공격 실패의 사례도 있다. 최근에 더욱 뜨거워진 해상 영토 분쟁은 더욱 복잡한 국제 분쟁으로 확산되고 있다. 중국이 남중국해에 산재한 난샤 군도와 나투나 제도 등 베트남이남 말레이시아 지역에 이르는 광범위한 해상을 자국의 영토라고 주장하면서 문제가 커지고 있다.

주변국들은 기본적으로 자국 본토로부터 20킬로미터 이내의 거리에 있는 영해에 대해서 소유권을 주장한다. 이에 반해 중국은 항상 배타적 경제수역EEZ를 기준으로 200해리 범위의 수역에 대해 영유권을 주장한다. 필연적으로 해상 영토 분쟁이 빚어질 수밖에 없는 상황이다.

중국은 1974년에 베트남 중부와 필리핀 북부 지역 사이에 산재한 시샤 군도를 전격적으로 무력 장악했다. 이후 자국 영토인 시샤 군도의 무력 점령은 '불법이며 무효'라고 항의하는 대만과 베트남의 주장을 일축하고 있는 상황이다. 중국은 시샤 군도의 점령으로 시샤 군도를 배타적 경제수역 기준으로 삼아 영유권을 더 넓게 확장시킬 수 있는 터전을 마련했다. 중국이 시샤 군도를 포기할 가능성이 희박한 이유다.

저자가 이렇듯 해상 영토 분쟁의 경과를 추적하는 이유는 중국의 지나친 탐욕이 국제 분쟁을 가열시키고 있다고 보기 때문이다. 더 뜨거운 분쟁 가능성은 대만과 중국 본토 사이의 양안 관계의 미래에 달려있다. 저자는 대만의 분리 독립을 결코 용인하지 않을 중국과 자주독립국의 길을 가고자 하는 대만 사이의 미래를 다양한 시나리오로 예측한다.

중국의 전면 침략에 의한 대만 점령, 대만군의 반격에 의한 중국 본토 침공, 길고 지루한 국지전, 중국의 대만 포기 및 독립국 인정, 대만의 굴복, 중국의 '일국양제' 원칙의 대만 수용 등등의 시나리오가 가능하다. 하지만 저자가 진심으로 희망하는 시나리오는 중국이 공산주의 체제를 버리고 민주주의를 실현한 후 대만이 재탄생한 중국과 자연스럽게 통합되는 시나리오다. 아마 세계인들이 바라는 방안일 듯싶다. 하지만 바람직한 이 대안이 실현되는 길은 너무나 요원해 보인다.

졸렬한 패권적 행태

중국은 예로부터 황제를 알현할 때 고두叩頭 의식을 요구했다. 무릎을 꿇고 앉아 손으로 바닥을 짚고 머리를 바닥에 조아리며 절하는 예를 세 번 반복하는 것이다. 고두 의식은 주변국이 중국의 우월성을 인정하고 조공 관계를 수용한 상징으로 행해야 했다. 나아가 중국 관료 사회 및 일상생활까지 침투하여 패권적 의식을 고착화시킨 상징적 행위의 하나다.

강성국가로 성장한 현대 중국 통치자들의 심리 기저에는 이러한 고두 의식의 잔재가 패권적 자부로 남아있지 않을까? 국제사회에서 중국의 패권적 양태는 물량공세와 함께 '마법의 맹세'를 요구하는 은근한 협박으로 나타난다. 중국은 대만을 주권국가로 인정하는 국가들에 대해 무조건적인 원조금 지원을 통해 '하나의 중국'을 수용하고, 대만을 비주권국가인 '중국 타이페이'로 부를 것을 맹세하도록 요구하고 있다. 국제사회에서 중국의 위압이 대부분 쉽게 먹혀드니 '마법의 맹세'임에 틀림없다.

중국은 이런 압박이 여의치 않으면 채찍까지 동시에 사용한다. 대만과 수교하고 있다는 이유만으로 과테말라에 유엔 평화유지군을 파병하는 문제에 거부권을 행사했다. 마케도니아가 대만과 국교를 수립했다는 이유로 코소보에 유엔 평화유지군을 파병하는 문제에서 중국은 역시 거부권을 행사했다. 이런 사례에서 보듯 5개 안보리 상임이사국에 속한 중국의 거부권 행사는 중국의 이익관철을 위해 국제사회를 향해 휘두르는 막강한 권력 중의 하나다.

'마법의 맹세'에 대한 요구는 아프리카의 여러 나라나, 카리브 해의 최빈국 아이티, 인구 16만의 소국 세인트루시아에게도 예외가 아니다. 하지만 세인트루시아가 중국의 협박을 단호히 거부함으로써 국제적인 망신을 당하기도 했다. 중국의 패권적 강박관념이 낳은 볼썽사나운 모습이다. 중국이 하드파워는 갖추었지만, 문화적, 외교적 리더십을 포함한 소프트 파워를 갖추지 못했기 때문에 빚어지는 일이 아닐까?

중국이 아프리카 전역에서 벌이는 자원 확보 전쟁의 과정도 신사적이지 못하다. 서구 국가들은 아프리카 국가에 대한 지원 시 '좋은 국정관리good governance'를 추진하고 동시에 인권 향상 노력을 요구해왔다. 반면에 중국은 아무런 조건을 붙이지 않고 무책임한 방식으로 아프리카 국가들을 포섭해 나가고 있다.

짐바브웨가 국민에게 자행하는 다양한 인권 유린 사태에 대해 국제사회가 짐바브웨를 제재하려고 시도했을 때 중국은 유엔 안보리에서 거부권을 행사해 이를 무산시켰다. 이는 중국이 자신들의 국익만 우선할 뿐 국제사회의 일원으로써 지켜야 할 규범을 무시한 전형적인 사례다.

중국은 일부 아프리카 독재정부들의 폭압과 인권 유린을 눈감아 주면서 이들 나라의 보호자인양 행세하며 새로운 식민시대를 열어가고 있다. 하지만 중국은 자국의 근로자를 대거 아프리카로 이주시키면서 현지 일자리를 고갈시키고, 기업 운영의 수익과 과실을 모조리 중국으로 되돌려 보낸다. 이러한 중국의 행태에 대해 아프리카 국가들은 과거 19

세기 서구의 식민통치와 유사한 '새로운 형태의 식민주의'에 다름없다는 불만을 쏟아내고 있는 상황이다.

어두운 제국의 자화상

중국이 세계의 지도적 국가가 되기 위한 조건은 얼마나 성숙되고 있을까? 저자는 인권 후진국을 만드는 제도와 정책, 짝퉁 천국, 부패와 범죄가 범람하는 중국의 실상을 파헤친다. 그리고 사람이 살 수 없는 파국으로 치닫는 심각한 환경오염 등 곳곳에 도사린 문제들을 조명한다. 글로벌 선진국으로 자리매김하기엔 턱없이 미흡한 어두운 제국 중국의 내면을 비판하는 것이다.

인권을 존중하지 않는 국가가 국제사회에서 리더십을 발휘하기는 어렵다. 중국 공산당에게 가족과 개인의 자유는 '지휘 통제'의 대상일 뿐이다. 이는 전국시대의 법가 정치인 상앙商鞅이 엄격한 형벌제도를 수립한 이래 지속되어 온 질긴 역사를 가진 적폐積弊의 관점이다. 이런 사고는 자연스럽게 개인의 자유와 인권의 존엄에 대한 무시로 이어진다. 한 자녀 갖기 정책의 일환으로 강제 낙태와 신생아 살해를 조장하는 것도, 2010년 기준 산업재해 사망자수가 7만 9,552명일 정도로 세계 최고 수준의 산업재해 위험현장을 방치하는 이유도 이와 무관하지 않다.

공안부가 공식적으로 밝힌 2010년 한 해 어린이 인신매매건수가 2,500여 건이지만 이는 빙산의 일각이다. 적어도 해마다 20만 명의 어린이가 유괴되고 지난 10년간 유괴되어 찾지 못한 어린이가 최소 60만 명에 이를 것으로 추정된다. 중국 당국이 2008년에야 비로소 '인신매매와의 전쟁을 위한 국가행동계획'을 수립하고 대책을 마련하고 있지만, 아직까지 실효를 거두지 못하고 있다.

중국이 만들어내는 온갖 제품의 싸구려 짝퉁이 판을 치는 상황은 이미 전 세계 소비자에게 더 이상 새로운 뉴스가 아니다. 중국은 과거 화약, 나침반, 인쇄술, 제지술 등 4대 발명을 통해 인류문명의 진화에 큰 기여를 했다. 현대 중국은 더 이상 새로운 발명과 혁신적 제품을 내놓지 못해 국제시장에서 경쟁력을 잃어가고 있는 상황이다.

2008년에 중국인 우주 비행사가 최초로 우주 유영에 성공하여 중국인의 자부심을 높여줬다. 그렇지만 중국 인민의 평균적인 생활수준을 향상시키는 데는 전혀 도움이 되지 못했다. 이런 상황을 개선하기 위해 중국이 조바심을 내는 것도 무리가 아니다.

중국이 뒤늦게 '국가과학기술혁신상'을 제정하고 '신 4대 발명' 선정 작업에 나선 이유다. 소의 인슐린 인공 합성 성공, 하이브리드 쌀 품종 개발, 컴퓨터 수학 모델 개발, 석유층에 대한 지질학적 이론 정립 등이 '신 4대 발명'으로 선정되었다. 하지만 국제사회의 주목은커녕 중국 내부에서 조차 놀라운 기술적 업적으로 평가받지 못했다. 이는 중국이 과학기술 분야에서 고질적인 낭패감에 빠져 있는 상황을 잘 대변해 준다.

글로벌 강대국이 되기 위해서는 핵심 원천기술의 확보가 중요하다. 2010년 기준 세계 최고 원천기술의 보유 현황을 보면, 미국은 95개 중점과학 기술 내 369개 세부기술 중 279개 기술(75.6%)을 보유하여 단연 1위의 최고 원천기술 보유국이다. EU는 56개로 15.2%, 일본은 33개로 8.9%인데 비해 우리나라는 단 1개의 기술을 보유하고 있어 0.3%에 그치고 있다. 우리나라가 보유한 최고기술은 정보·전자·통신 분야 중 1개 세부기술, 대면적 OLED.AM-OLED 기술이다.

우리의 모습도 초라하지만 G2 경제 대국으로 성장하고 있는 중국이 아직 단 한 개의 최고 기술도 갖고 있지 못하다는 사실은 더욱 충격적이다. 저임금과 낮은 기술을 이용한 중국의 외형적 성장이 곧 한계를 드러낼 것이다. 나아가 산업구조의 고도화가 필요할 단계에 이르면 성장세가 급격하게 둔화되거나, 기술 무역수지의 악화가 심화될 여지가 많다는 것을 시사한다. 이런 상황에서 중국이 세계의 경제 패권을 잡을 수 있다고 상상할 수 있을까?

중국은 기술의 혁신에서 돌파구를 찾지 못하고 있다. 새로운 것을 개발하기보다 이미 존재하는 것을 '재활용'하는 데 초점을 맞추는 행보를 취하면서 이런 상황이 더욱 악화되고 있다. 그런 가운데서 중국은 자신들의 기술을 세계 표준으로 인정받기 위해 안간힘을 쓰고 있다.

중국은 이미 널리 보급된 802.11이라 불리는 미국 무선 랜 보안표준의 대안으로, W-LANWireless Local Area Network 기술의 독자 버전인 WAPIW-LANW-Lan Authentication and Privacy Infrastructure을 개발했다. 중국은 이 WAPI를 국제표준으로 인정해 줄 것을 요구했지만, 30개국 중 단지 8개국만 중국에 손을 들어 무산되었다. 국제사회에서의 중국의 이런 좌절은 자신들의 기술이 인정받지 못하는 것을 악의적으로 비난하는 '기술 양심'의 삐뚤어진 행태로 나타나고 있다.

중국의 미래를 암울하게 하는 또 하나의 요인은 심각한 계급 양극화다. 중국의 중국가정금융조사연구센터의 조사 결과 2010년 중국 지니계수가 0.61로 집계됐다. 0부터 1 사이인 지니계수는 소득 불평등 정도를 나타내는 지표다. 0.4 이상이면 사회 불안을 야기하고 0.5 이상이면 폭동 같은 극단적 사회 갈등도 초래될 수 있다고 여겨진다.

중국 내에서조차 청나라 말기 태평천국太平天國의 난 당시와 비슷한 위험한 수준이라는 지적이 나오고 있는 상황이다. 중국 사회의 극심한 빈부격차에 따른 사회적 불평등은 더욱 심화될 조짐을 보이고 있어 사회불안의 요인이 되고 있다. 이러한 국민의 평균적 삶의 질을 개선하지 않고서는 선진국 대열에 합류하는 건 불가능하다.

다양한 분야에 걸친 저자의 중국 사회 진단은 결코 독설만 내뿜고 있는 것은 아니다. 지나친 중국 낙관론에 가려진 참담한 현실을 냉정한 눈으로 바라보게 해준다. 이들이 분석하는 중국 사회의 생생한 현실은 중국의 미래를 전망하는 균형 잡힌 시각을 제공하고 있다.

중국이 진정한 천하대국의 대장정을 성공적으로 수행하기 위해서는 중국 사회의 곳곳에 도사린 암울한 현실을 직시할 필요가 있다. G2의 외양과 군사대국의 위용에 도취하기보다 이런 현상을 초래하는 보다 심층적인 요인에 대한 통찰이 요구된다. 경제적 성취만으로 사회의 점진적 변화를 이끌어가긴 어렵다. 사회 자체의 개방성, 역동성, 창의성을 북돋기 위해서는 공산당 일당 독재체제의 근본적인 정치혁신이 선행되어야 하지 않을까? 중국이 세계의 패권을 쥘 수 있느냐의 여부가 여기에 달려있다.

23

중국과 일본이 충돌하면 한국이 피 보는 이유

《위험한 이웃, 중국과 일본》, 리처드 C. 부시 지음, 김규태 옮김,
에코리브르(2013), 656쪽.

중국의 대양 해군의 증강은 가공할 정도여서 중·일 간의 해양 전력의 차이는 곧 역전될 기미다. 양국의 군사적 충돌은 양국 모두에게 큰 재앙으로 이어질 수 있다. 특히 미·일 동맹을 맺고 있는 미국으로서는 최악의 상황이 된다. 미국은 중국과 경제적 의존 관계가 심화되고 있는 상황이고, 국제정치에서 협력을 얻어야 할 동반자여서 쉽게 일본 편을 들 수도 없는 입장이다.

하나의 산에 두 마리의 호랑이가 함께 살 수는 없을까? 중국의 부활로 동아시아에 일본과 중국, 두 강대국이 공존하는 상황이 전개되고 있다. 리처드 C. 부시Richard C. Bush는 '두 호랑이'가 만들어내는 협력과 갈등의 구조적 원인과 마찰의 지점을 분석하고 공존의 해법을 제시하고 있다.

중국과 일본 사이의 갈등과 위험은 이 책의 원제 'The Perils of Proximity근접성의 위험'가 말해주듯 양국이 너무나 가까이 인접해 있다는 데에서 발원한다. 양국은 비록 육지로 국경을 맞대고 있지는 않지만, 동중국해의 광활한 바다에서 국익의 경계를 다투고 있기 때문이다.

리처드 C. 부시는 미국 브루킹스 연구소의 동북아정책연구센터를 이끌고 있는 동북아 전략 분야에서 탁월한 전문가이다. 중국과 일본이 우호적 관계를 유지하길 기대하는 미국으로서는 중일관계가 만들어내는 마찰과 불협화음은 당혹스런 일이다. 부시가 미국의 관점에서 중일 양국의 협력과 공존을 위한 해법을 고민하는 이유이기도 하다.

중일 간 구원舊怨과 마찰 지점

중일 간에 과거의 상처는 상당히 깊다. 근대기 청일전쟁1894~1895의 패배도 쓰라렸지만 중국인에게 가장 혹독한 기억은 1930년대의 만주사변과 중·일전쟁을 통해 경험한 일본의 만행이다. 중국의 참담한 패배의 아픔은 중국인의 뇌리에 '사악한 일본'이라는 각인을 만들었다. 이후 중국의 민족주의를 자극하는 뇌관이 되었다.

감추고 싶은
중국의 비밀 35가지

청일전쟁의 결과로 시모노세키조약1895에 의해 청국은 랴오둥반도와 타이완, 펑후섬澎湖島을 일본에 할양해야 했다. 제2차 세계대전이 끝난 다음 할양받았던 영토가 반환되었지만, 1895년 일본 영토에 함께 통합됐던 센카쿠 열도(댜오위다오)는 제외되었다.

센카쿠 열도(댜오위다오)는 중국과 일본 양쪽 모두 법적으로 명확한 소유권을 확보하지 못함으로써 분쟁의 씨앗이 되고 있다. 센카구 열도(댜오위다오)는 중·일 간의 시모노세키 조약에 명시되지 않았다. 제2차 세계대전이 끝난 후 미국이 류큐 열도를 신탁통치하다 1971년 오키나와 반환 조약에 따라 이 지역의 행정 관할권을 일본에 넘겨 줄 때에도 분명한 언급이 없었기 때문이다.

중·일 간에 센카쿠 열도(댜오위다오)가 '뜨거운 감자'가 된 이유는 군사적 중요성 못지않게 막대한 경제적 이익이 걸려있기 때문이다. 센카쿠 열도(댜오위다오)를 둘러싼 동중국해에 상당량의 석유와 가스가 매장된 것으로 추정된다. 더구나 중국은 태평양으로 뻗어나가는 출구로 삼고 있고, 일본은 동남아와 멀리는 중동에 이르는 중요한 해상교통로로 여기기 때문이다. "두 나라의 해상 전략과 이해관계가 서로 맞물려 충돌하는 무대"가 된 것이다.

여기에 타이완 문제까지 얽혀 마찰 요인을 극대화시킨다. 중국은 타이완을 통합하여 동남아시아와 동북아시아의 뱃길을 장악하고, 태평양 해양 세력을 방호하는 전략적 거점으로 본다. 해상 수출입에 의존해야 하는 일본에게도 동남아시아와 태평양의 안전항행과 류큐 방어 등 일본

남빙의 해상 방호를 위해 타이완 해협은 '생명선'이다.

센카쿠 열도(댜오위다오), 동중국해의 석유 및 가스 자원 개발권, 타이완 해협 통행의 문제는 중국과 일본의 전략적 가치가 격돌할 수밖에 없는 뜨거운 지점이다. 영토의 다툼은 공중과 해상을 넘어 지하 대륙붕까지 확대되고 있다. 양국이 해상 영토주권을 놓고 한 치의 양보도 없이 대치하는 이유가 여기에 있다.

중일 양국의 의사결정 방식으로 본 충돌 가능성

중일 간의 전략적 갈등요인이 현실화될 가능성은 얼마나 있을까? 리처드 C. 부시는 중·일 양국 사이의 마찰 지점에서의 전략적 충돌이 실제의 군사적 충돌로 이어질 지 그 가능성을 여러 가지 차원에서 진단하고 있다. 특히 양국의 군사제도 및 정치제도의 차이와 정책 결정 방식, 전략 문화의 상이점이 야기할 상황을 추정해 준다. 양국의 위기상황에 대한 대응 양상이 바로 이런 요소들에 기인할 것이기 때문이다.

우선 중국과 일본의 군사제도의 차이가 유사시 상이한 대응 양상을 만들어 낼 것 같다. 특히 이런 과정에서 중요한 역할을 하는 양국의 민군民軍 관계의 특성을 이해할 필요가 있다. 중국은 군사 부문이 당에 제도적으로 종속된 레닌주의식 유형이다. 중국 공산당 지도부가 군의 지휘부를 장악하고 군사력의 사용을 적절히 통제한다.

반면 일본은 민간이 철저하게 군부를 통제하는 민간주도형이다. 부시는 이를 자유주의적 휘그당Whig Party식 민군 관계 모델로 설명하고 있다. 일본이 이런 모델을 취하게 된 이유는 군국주의의 폐해를 경험한 대중의 반군국주의 문화와 평화헌법 상 군대를 두지 못하도록 되어 있는 법률적 한계에 기인한다.

하지만 양국의 민군 관계도 서서히 변하고 있다. 중국은 제도적으로 정치국 상무위원회를 정점으로 외사공작영도소조, 국가안보영도소조, 타이완공작영도소조 등이 군부를 지도하는 하향식 정책결정 방식을 택하고 있다. 중앙군사위원회에서 각급 부대 사령원들의 권한을 강화하는 등 군부의 자율성도 대폭 신장되고 있다.

일본은 그동안 엄격한 민간통제를 위해 관료와 집권당이 중심이 된 상향식 의사결정 방식을 취해왔다. 하지만 2007년에 방위청이 방위성으로 승격되면서 작전 기획을 주도하던 민간 관료로 구성된 운용기획국이 해체되었다. 그 대신 자위대 내부에 통합막료감부(합동참모본부)가 설치되어 현역 통합막료장이 각 병종 간의 조정권을 강화하고 작전 수행을 담당하게 되었다.

특히 해상자위대의 전투 임무를 승인하는 법적 근거가 마련되어 해적 퇴치를 위한 무력 사용이 가능해지는 등 해상자위대의 작전의 자율성이 커졌다. 또한 총리의 위기관리 기능도 강화됐다. 양국의 민군 관계 변화의 공통점은 인민해방군과 자위대의 작전 실행기구의 권한과 자율성이 확대되고, 정치지도자들의 의사결정의 신속성을 높이려는 노력도 꾸준히 전개되고 있다는 점이다.

하지만 중국이 최종적 의사결정 권한을 공산당 총서기에 일임하고 있는데 비해, 일본은 군사상 심각하고 시급한 문제의 결정권을 총리에게 위임하지 않고 있다는 점에서 다르다. 따라서 정책결정 과정만 놓고 본다면 중국이 보다 효율적이고 신속하다. 이는 유사시 일본의 대응을 늦게 할 가능성이 높다는 것을 시사한다.

또한 양국 모두 군사 실행 기구의 권한이 확대되고 있지만, 부서 이기주의로 인해 외교부서와 국방부서의 조정 능력은 크게 떨어진다. 또 정보의 수집과 분석, 정책 결정에의 활용 과정에서 정보 처리 담당자들의 정책적 선호와 부서의 이익을 앞세우는 '집단적 사고'에 의해 의사결정이 왜곡되는 취약점을 공통적으로 안고 있다. 이런 여건에서 일선 부대의 군사력 사용 재량권은 높아지고 정보의 흐름에 왜곡이 커질 경우, 중·일의 마찰 지점에서의 사소한 충돌이 오판에 의한 군사적 큰 충돌로 비화될 가능성이 높다는 것을 시사한다.

중일이 충돌하면? 막을 방법은?

마찰 지점에서의 중·일의 충돌 가능성에 영향을 주는 변수는 여러 가지가 있다. 군사력 운영의 전략적 선호가 어떠한가도 관계가 높다. 중국의 전략 문화는 '선제공격과 기선 제압'을 최우선시 한다. 인민해방군은 전력상 열세에 있더라도 향후 그 열세가 더 커질 것으로 예상되면 먼저 공격하려는 경향을 보인다. 반면 일본의 경우 방어적 전략이 선호된다. 헌법과 제도에 의한 자위대의 제약적 성격에다 오랫동안 민간의 완전한 통제에 길들여진 탓이다.

이런 전략 문화의 차이로 미루어 볼 때, 센카쿠 열도(댜오위댜오)에서 중·일 간 충돌이 일어난다면, 인민해방군의 함정이나 전투기가 먼저 사격을 가하고 일본의 해상보안청이나 해상자위대가 응전하는 시나리오를 가상할 수 있다. 리처드 C. 부시는 이런 예기치 않은 군사적 충돌에서 일단 해상전력이 우세한 일본이 초전에서는 승리할 것으로 점치고 있다.

하지만 대규모 군사적 충돌이 이어지면 상황은 예측할 수 없다. 더구나 중국의 대양 해군의 증강은 가공할 정도여서 중·일 간의 해양 전력의 차이는 곧 역전될 기세다. 양국의 군사적 충돌은 양국 모두에게 큰 재앙으로 이어질 수 있다. 특히 미·일 동맹을 맺고 있는 미국으로서는 최악의 상황이 된다. 미국은 중국과 경제적 의존 관계가 심화되고 있는 상황이고, 국제정치에서 협력을 얻어야 할 동반자여서 쉽게 일본 편을 들 수도 없는 입장이다.

일본의 속내도 복잡하다. 일본인들은 자신들이 중국에게 공격을 받을 때, 과연 미국이 미일상호방위원조협정대로 '자동적으로' 지원해 줄 것인지에 대해 불안감을 갖고 있다. 한편으론 동맹관계로 인해 타이완을 둘러싼 미국과 중국 사이의 분쟁에 자신들이 끌려 들어갈지도 모른다는 우려도 갖고 있다. 일본은 중국과의 관계에 대한 두려움뿐만 아니라 미국과도 동맹국으로서의 딜레마 상황을 늘 의식하지 않을 수 없는 것이다.

중·일 간의 충돌은 불가피하게 미국과 중국 및 일본의 삼각관계를 더욱 복잡하게 만들 것이다. 이런 차원에서 리처드 C. 부시가 제시하는 해법은 어느 편도 들기 어려운 미국의 어려운 입장을 은연 중 대변하는 듯하다. 그가 센카쿠 열도(댜오위다오), 동중국해, 타이완을 둘러싼 중국과 일본의 안보 딜레마를 줄이기 위해 권고하는 방안 몇 가지를 요약해 보자.

첫째, 중국과 일본의 우발적인 충돌 가능성을 줄이기 위해 해상 사고 조약 같은 협정을 체결해야 한다. 둘째, 중국과 일본이 공군, 해군, 법 집행 활동에서 적극적이고 반복적인 상호 교류와 대화를 확대한다. 셋째, 센카쿠(댜오위다오) 영유권 분쟁을 보류하고 먼저 공동 개발을 추진한다. 넷째, 양국의 제도적 정치적 요인에서의 갈등을 완화시키거나 완화할 수 있는 환경을 조성한다. 전반적으로 양국 간의 세력 균형과 현상유지에 초점을 맞추고 있는 듯하다.

특히 리처드 C. 부시는 제도적, 정치적 요인의 개선 방안을 상세히 제시하고 있다. 이 책의 상당 분량에서 양국의 정치적, 제도적 정책 환경과 정책 결정 과정을 분석한 것에 대한 대응 해법인 셈이다. 첫째, 양국의 지도자들이 왜곡된 정보에 의해 의사결정을 하지 않도록 정보 수집 및 분석체계를 개선할 것을 제시한다. 정보의 오판에 의한 분쟁 가능성을 줄여보자는 의미다.

둘째, 민군 관계의 개선이다. 중국의 인민해방군은 군의 견해보다 중국의 전반적인 국익과 일치하는 접근방식을 취해야 한다. 이를 위해 "중국의 세 권력집단인 당, 정부, 군 간에 더욱 밀접한 융합이 필요하다." 일본의 경우 자위대의 역할에 대한 새로운 합의가 필요하며, 자위대의 독립성을 높이되 민주사회에서의 군의 역할에 대해 지속적으로 교육시킬 필요가 있다.

셋째, 양국의 정책결정 구조가 하부의 수많은 실행기구와 조정기구를 갖고 있어 원활한 통제가 어려울 수 있으므로, 양국 지도자, 관련 민간 기구, 방위 기관 간의 직통 전화를 활용해야 한다. '관제탑'끼리의 핫라인을 가동시켜 의사결정의 왜곡을 막아보자는 취지다.

넷째, 양국의 건전한 외교관계를 유지하기 위해 민족주의적 정서가 개입되지 않도록 유의하는 등 외교정책의 '독성을 빼'야 한다. 역사 화해 문제 등 난제보다 쉬운 일부터 문제를 해결하는 정치 환경을 만들자는 것이다.

만약 한중이 충돌한다면...

리처드 C. 부시의 제안은 상당히 합리적이다. 하지만 집행되기에는 상당히 많은 현실적 제약이 있다. 양국 정치지도자나 국방지휘부는 물론 국민, 기업인, 언론이 양국관계를 각각 어떤 시각을 바라보느냐 또한 중요하다. 이들의 상호작용이 양국 간의 정부 간 군사, 외교적 대응 양상에 심대한 영향을 미치기 때문이다.

특히 이런 점을 간과할 경우 "상대에 대한 우려를 바탕에 깔고 행동하는 과정에서 돌고 도는 악순환이 초래될 수 있"기 때문이다. 다만 중일 양국의 경제적 관계가 상호의존적인 만큼 이를 파탄 내는 위험한 도박을 쉽게 하시는 않으리라는 희망을 갖는다.

리처드 C. 부시의 중일관계의 분석은 정치적, 군사적 제도의 맥락에서 각 정부와 군의 정책결정 패턴을 분석하고 행동방식을 심도 있게 추론해 냈다. 다만 공산당 일당 독재의 중국 정치제도의 근본적 한계에서 초래되는 위험 요소들을 외면하고 있다는 점은 아쉽다.

정치체계의 변동은 위에서 저자가 제시한 갈등완화 방안의 상당 부분을 더 광범위하고 본질적인 차원에서 해결하는데 도움을 주거나 대체할 수 있을 것이기 때문이다. 사실 중국과 일본의 정치 체제의 상이함에서 초래되는 위험성이 '근접성의 위험The Perils of Proximity'보다 더 근본적이고 더욱 크지 않겠는가? 사정이 이러함에도 미국 역시 중국의 민주적 체제로의 변화를 이제 요구할 수 없는 상황이 된 것을 보는 것 같아 씁쓸하다.

《위험한 이웃, 중국과 일본》은 동북아에서의 핵심 행위자를 철저하게 중국과 일본으로 상정하고 있다. 사실 '근접성'에서 오는 위험으로 친다면 한국과 중국, 한국과 일본 사이의 위험 요인도 적지 않다. 특히 한국은 북한과 동맹관계인 중국과 바다로 국경을 맞대고 있지만 중일 관계처럼 군사적, 경제적으로 경쟁적 관계에 있지 못하다.

오히려 제주도 남방 해역에서의 한국의 해상 군사 역량의 열세는 날로 커지고 있다. 게다가 이어도 인근수역의 우리 해양 영토에 대해 중국은 분명하게 야심을 거두지 않고 있다는 점에서 중국의 대양 해군의 급성장이 이제 남의 일이 아니다.

이런 상황에서 한국은 자칫 동중국해에서의 중일의 '고래싸움에 새우등 터지는' 상황을 맞이할 수도 있다. 우리는 엄격한 중립을 지킬 수 있을까? 미국이 중·일의 갈등과 충돌 관계를 고민하듯, 이제 한국은 중·일의 관계가 상호 협력적 관계를 증진시켜 나갈 지 상호 대립과 갈등을 증폭시킬 지 예의 주시해야 한다. 중·일의 마찰 지점인 동중국해의 전략적 가치를 한국도 일정 부분 공유하고 있기 때문이다.

이제 우리는 중·일 관계에 대한 미국의 정책 방향과 대응 패턴을 예의 주시하면서, 유사시 한·중 사이에서 동맹국으로서의 미국이 한국에 어떤 대응 패턴을 보일 것인지에 대해 숙고해 봐야 한다. 또 한국에게 바람직한 협력과 지원을 얻어내기 위해 평소 우리가 어떠한 정책과 전략을 구사해야 할지 고민해야 할 것 같다.

24

세계를 집어삼키는 중국의 문어발식 이민전술

《차이나 브라더스》, 버틸 린트너 지음, 이은진 옮김,
푸른숲(2012), 287쪽.

"개혁·개방 정책 이래 중국 대륙을 떠나 해외에 거주하는 신이민자들이 꾸준히 늘고 있다. 이들은 현재 화교 사회에서 중요한 세력으로 부상하고 있다. 향후 이들은 미국과 여타 서구 선진국에서 친중국 세력을 이루는 근간이 될 것이다. 이는 우리나라의 현대화 작업을 촉진하고, 조국 통합을 실현하고, 영향력을 확대하고, 이민국과의 관계를 진전시키는 근본적이고 지대한 영향을 미칠 것이다."

세계화 시대의 가장 큰 특징은 사람과 문물의 자유로운 교류다. 보다 살기 좋은 나라, 무언가 필요한 나라로 가기 위한 이민이 활발해 지는 것도 자연스럽다. 인류가 새로운 땅을 찾아 나선 역사는 오래됐다. 17세기 초부터 유럽인들은 북아메리카 신대륙에 몰려들었다. 19~20세기에 유럽의 엄청난 이민자들은 남아메리카의 여러 나라와 뉴질랜드, 캐나다, 남아프리카공화국을 세웠다. 대규모 이민은 세계의 세력판도를 바꿨다.

요즘에는 전 세계를 향한 중국의 이민행렬이 러시를 이루고 있다. 과거 17세기 명나라가 몰락하면서 중국 남부지방 출신들은 동남아에 밀려들어 화교 사회를 이루었다. 최근의 중국 이민의 양상은 차원이 다르다. 중국 전역에서 이민을 떠나는 사람들이 줄을 잇는다. 저자는 중국의 신 이민의 물결을 추적하면서 그 파장을 다각적으로 분석하고 있다.

전방위로 퍼지는 중국의 '신 이민 프로젝트'

최고로 선호하는 목적지는 미국이다. 이제 이들이 향하는 곳은 동남아, 극동 지역은 물론 태평양 도서국까지 전방위적이다. 그 인원 규모도 대단하다. 미국으로 향하는 이민자만 해도 한 해에 3~4만 명을 넘는다. 다른 국가 이민자들은 헤아리기 조차 어렵다. 중국인의 '제3의 물결'이 세계의 판도를 변화시킬 기세다. 중국 당국이 1995년에 공식 발표한 '신 이민 프로젝트'의 일환이다. 공개적인 발표 문건이 중국의 이민정책의 목적과 방향이 명확히 드러낸다.

"개혁·개방 정책 이래 중국 대륙을 떠나 해외에 거주하는 신이민자들이 꾸준히 늘고 있다. 이들은 현재 화교 사회에서 중요한 세력으로 부상하고 있다. 향후 이들은 미국과 여타 서구 선진국에서 친중국 세력을 이루는 근간이 될 것이다. 신이민자 네트워크를 강화하는 일은 중요하고도 실제적인 의미가 있다. 이는 우리나라의 현대화 작업을 촉진하고, 조국 통합을 실현하고, 영향력을 확대하고, 이민국과의 관계를 진전시키는 근본적이고 지대한 영향을 미칠 것이다."

세계 각지에 퍼지는 신이민자들의 네트워크를 통해 중국의 영향을 확대하고 친중국 세력을 근간을 다지고자 하는 의도를 숨기지 않는다. 게다가 이민행렬은 중국 본토의 인구 압력을 줄이고 실업해소에도 도움이 된다. 또 이민자들의 해외송금은 중국 경제의 또 다른 수입원이 되니 일거양득이다.

특히 중국의 팽창주의로 인해 세계 곳곳과 갈등을 빚을 때, 중국 정부의 지원군 역할을 할 수 있다. 화교사회가 "국제분쟁 시 중국 정부가 동원할 수 있는 제5열(스파이)"이 될 수 있다는 이야기도 나온다. "중국계 미국인 물리학자 리원허의 스파이 사건"도 하나의 예라는 것이다.

중국인들이 제일 먼저 쏟아져 들어가는 곳은 러시아 극동 지역이다. "러시아 극동 지역은 이미 경제적으로 유럽 러시아로부터 분리되어 중국 경제에 통합되었다고 해도 과언이 아니다." 저자가 스케치하는 러시아 지역의 중국 이민자에 대한 위기감은 가볍게 볼 상황이 아닌 듯하다. 중국인 근로자가 1만 명 이상 상주하는 극동 지역에 중국 국경을 넘는 불법이민자들이 끊임없이 늘고 있어 골칫거리라는 것이다.

중국인 범죄조직 삼합회의 중국인에 대한 범죄도 같이 늘고 있다고 한다. "이런 유형의 범죄가 러시아 극동 지역에서 공식적으로 보고된 전체 범죄의 3분의 2를 차지한다." 러시아 범죄 조직은 세력을 잃고 이들의 하수인으로 일한다.

17세기부터 중국과 러시아 사이에 영토분쟁을 빚었던 하바롭스크 지역, 중국과 러시아 국경을 가르는 아무르 강둑에 자리 잡은 블라고벤스크는 중국의 경제적 지배가 강화되고 있다. 중국은 값싼 소비재 공산품의 공급처다. 러시아는 "중국에 원자재를 공급하는 산지이자, 저렴한 소비재를 내다파는 시장이 되었다."

최근 한 여론조사에서 "극동 지역에 사는 러시아인의 47%가 진심으로 극동 지역 영토가 중국에 합병될 가능성이 있다고 여겼다"는 결과가 나온 것은 러시아인들의 위기감을 대변해준다. 러시아의 극동 지역에서 모스크바는 멀고 베이징은 가깝다. "머지않아 동방의 실질적 지배자는 모스크바가 아니라 베이징이 될 것 같다"는 얘기를 웃어넘길 상황은 아닌 것 같다.

태평양의 전략적 요충지로 뻗어가는 중국 이민행렬

중국의 이민행렬은 태평양의 소국들에게도 뻗어가고 있다. 태평양 지역은 미국과 중국의 패권이 부딪히는 전략적 요충지다. 과거 유럽 여러 나라의 식민지였던 태평양의 미니 국가들이 이제 중국의 전략적 이민정책의 대상이 되고 있다. 저자가 조사한 중국의 대평양 이민 전략과 실상을 따라가 보자.

태평양 소국들에 대한 중국 당국의 통 큰 경제 지원을 이민자들에게 든든한 배경이 된다. 파푸아뉴기니, 미크로네시아연방공화국, 통가, 쿡 제도, 사모아, 바누아투 등은 이미 중국의 세력권 안에 들어왔다. 이들 국가의 인구는 고작 몇 만 명에서 몇 십만 명에 불과하다. 땅덩어리 역시 중국 대륙에 비하면 점점이 흩어진 '콩알'만한 미니국가다. 이런 '소인국 나라'에 '거인 중국'이 관심을 가질 무슨 매력이 있을까?

하지만 이들 국가는 한 국가 한 국가마다 중국의 한 표와 동일한 한 표를 가진 당당한 녹립국가다. 태평양의 12개 독립국은 모두 유엔 회원 국이다. 당연히 유엔 총회와 국제회의의 의사결정에서 중국의 지원군의 역할을 톡톡히 해 낼 수 있는 것이다.

실제 태평양의 도서 국가들은 과거 대부분 중화민국을 합법적 정부 로 인정했었다. 중국은 이들은 대만으로부터 돌려세워 중국을 유엔에서 유일한 합법정부로 만드는데 활용했다. 태평양은 각자 우군友軍 확보를 위해 대만과 중국 간에 치열한 경쟁이 벌어지는 특이한 상황에 놓여있 다. 양국 간의 물량 공세가 만만치 않다.

특히 중국은 '하나의 중국'을 인정하기만 한다면 조건 없는 지원을 약 속한다. 이제 대만을 중국의 합법적인 정부로 인정하는 나라는 전 세계 에서 20여 개 국가 밖에 안 된다. 그 중에 태평양의 작은 섬나라 키리바 시, 나우루, 마셜, 팔라우, 투발루, 솔로몬제도 등 6개나 속해 있다. 이 작은 국가들에게라도 합법정부로 인정받아야 하는 대만의 상황이 처량하다.

태평양의 미니국가들에 이민 온 중국인들은 급속하게 경제권을 장악해 나가고 있다. 중국은 이들 나라에 공공청사의 건립과 무이자 차관에 군사적 지원까지 확대하고 있다. 이들 국가의 땅 덩어리는 작지만, 이들이 점유하는 해역과 경제적 배타수역은 광대하다. 더구나 미국의 군사적 팽창을 제어할 수 있는 전략적 위치에 있다.

2차 세계대전 기간에 미국은 쿡제도의 전략적 가치를 읽고 아이투타키 비행장을 건설했다. 일본과의 태평양전쟁에서 중요한 역할을 했음은 물론이다. 중국은 쿡제도에 공항과 부두를 건설해주면서 환심을 얻었다. 중국은 태평양의 군사적으로 중요한 거점을 확보한 셈이다.

중국은 태평양 콰절런 환초環礁에서 벌어지는 미국의 미사일 실험을 감시하고 자국 위성의 궤도를 관측하고 정보를 교신하는 데 애쓰고 있다. 중국이 나우루공화국에 세운 타와라 기지가 이런 역할을 톡톡히 해냈다. 나우루공화국이 2005년에 다시 대만과 외교관계를 맺으며 타와라 기지를 잃어버리자 중국은 태평양에 추적 유도함 위엔왕 호를 상주시키고 있다. 중국은 태평양에서 군사적 교두보를 만들기 위해 물밑 작업을 계속하고 있다.

저자는 중국인 이민과 현지인과의 갈등이 나날이 커지는 상황에 주목한다. 태평양 소국들에 중국인 이민이 늘어나면서 반중국인 정서도 생겨나고 있다는 것이다. 2006년 솔로몬제도에서 벌어진 반중국인 폭동을 대표적인 에로 든다. 거의 모든 도매업과 소매업을 장악한 중국인들에 대한 현지인들의 분노는 항상 잠재되어 있다고 한다. 중국은 태평양 제도의 작은 국가들의 인구 구성의 비율을 변화시키면서 경제적, 군사적 영향력을 급격하게 바꿔나가고 있다. 태평양에서의 호주와 뉴질랜드, 대만, 미국의 영향력은 나날이 위축되고 중국의 세력은 팽창일로에 있다.

곳곳에서 갈등 빚는 중국 이민

이 뿐이 아니다. 중국은 최근 화교사회가 단단히 구축된 인도네시아, 말레이시아, 싱가포르 등 동남아시아의 우호국가 이외에 캄보디아와 미얀마, 라오스에 전방위적 지원을 아끼지 않고 있다. 특히 중국의 윈난 성을 거쳐 미얀마의 이라와디 강으로 가는 육로와 수로를 연결하는 야심찬 프로젝트가 주목된다. 이 새로운 운송로는 중국본토와 인도양을 직접 연결한다.

2009년 미얀마를 거쳐 중동과 아프리카 석유를 실어 나를 송유관 건설에 합의한 것도 이를 구체화하는 실행 사업의 하나다. 말라카 해협을 건너 싱가포르를 경유하는 옛 운송로보다 5천 8백 킬로미터를 단축하는 획기적인 사업이다. 이제 과거 '실크로드'가 그랬듯이 새로운 '에너지 로드'가 중국의 경제적 부상을 뒷받침할 것 같다.

중국은 신 이민정책은 태평양시대를 주도해 나갈 밑그림처럼 보인다. 태평양 소국의 광대한 해역과 경제수역, 전략적 가치는 빠르게 중국의 영향권 안으로 빨려들고 있다. 극동지역, 태평양 제도, 동남아시아로 뻗어나가는 중국인의 대규모 이민은 중국의 글로벌 네트워크를 강화하고, 중국을 호위하는 든든한 지원 세력이 될 것임에 틀림없다. 중국 화교의 경제적 공동체가 세계에서의 중국의 정치적, 군사적 영향력의 확대에 긍정적으로 작용할 것이다.

물론 곳곳에서 빚어지는 중국 이민자들과 현지인들과의 갈등이 반중국정서로 흐를 가능성도 적지 않다. 또한 중국의 이해를 강화하는 과정에서 약소국의 주권을 위협할 여지도 있다. 중국이 대규모 물량공세로 이민 국가들에게 경제적 지원을 아끼지 않는 이유이기도 하다. 중국의 이민자들이 각국에 자연스럽게 동화되어 각국의 발전을 자극하고 문명의 교류와 인류의 발전에 기여할 수 있기를 바랄 뿐이다.

중국 아킬레스건,
중국의 베일을 벗긴다.

감추고 싶은
중국의 비밀 35가지

제 5 부

굴종을 강요하는
힘의 외교

25 |

영원한 적도 우방도 없는 중국외교

《중국외교 150년사》, 가와시마 신·모리 가즈코 지음, 이용빈 옮김,
한울아카데미(2012), 305쪽.

이제 과거의 중심부의 입장에서 주변부와의 '선린우호'의 관계에서 탈피하여 '지역융합'
을 추구한다고 표방하고 있지만, 은연중 과거 중화제국의 부활을 의도하는 것이 아닌 가
유의할 필요가 있다. 중국 일각에서 초강대국을 지향하고자 하는 급진적인 민족주의가 대
중들 사이에서 인기를 끌고 있는 요즘의 상황에 비추어 볼 때 더욱 그런 의혹을 받을 여
지가 많다.

중국의 경제적 부상과 함께 국제사회에서의 위상도 날로 높아가고 있다. 글로벌 환경 속에서 한 나라의 위세 변화는 필연적으로 다른 나라와의 관계 변화를 초래한다. 국제사회에서의 상호 인식은 물론 외교관계에서 발휘되는 힘과 영향력이 달라진다. 바로 이 책은 중국이 격동하던 근현대사를 통해 어떻게 자신들을 인식하고, 어떤 국가적 목표로 세계와의 외교관계를 변동시켜 국익을 증진하며 영향력을 확대해 왔는지 관찰하고 있다.

중국의 근대 외교전략, 이이제이以夷制夷와 민족주의

저자는 '외교사外交史'야 말로 국제관계 연구의 기본 바탕이라는 인식을 갖고 근현대의 중국 외교의 역사를 개관하고 있다. 특히 중국의 역대 정권의 교체와 단절에도 불구하고 계승되어온 외교 전략의 핵심인자들을 추적함으로써 글로벌 강대국으로 부상하는 중국외교의 향방을 가늠하는 시사점을 주고자 한다.

중국의 외교사는 1949년 중화인민공화국의 건국 이전과 이후로 확연히 다른 양상을 보인다. 하지만 저자들은 현대 중국 외교의 맥락을 정확히 이해하기 위해서는 현대시기 뿐만 아니라, 청조淸朝 말에서 중화민국 시기를 포함하는, 즉 19세기 후반부터 150년의 역사로 시야를 확장하는 것이 필요하다고 본다. 이 시기의 정치주체의 변동을 외교의 단절이 아닌 연속과 계승의 관점에서 바라볼 때 중국 외교의 특징을 보다 잘 파악할 수 있기 때문이다.

저자 가와시마 신 도쿄대학 교수는 중국외교사 연구의 제1인자이다. 모리 가즈코 와세다 대학 교수 역시 현대 중국 연구의 태두로 저명한 학자다. 이들은 "역사학적인 방법을 바탕으로 외교문서에 근거한 근대 외교사 연구와 사회과학으로서 정치학 연구와 국제관계론 등을 배경으로 하는 현대 외교 연구 사이의 '단층'을 메우고자" 이 책을 공동 집필했다. 중국 외교의 변천과 특징을 충실하면서도 압축적으로 잘 보여준 이 책은, 한국에서 황무지와 같은 중국 외교사 연구가 일본에선 상당 수준으로 진전되어 있음을 알게 해준다.

근대기의 중국 외교사를 빚어낸 시기는 오욕의 역사 속에서 서구의 침략에 대한 대항의 논리와, 봉건국가에서 근대국가로 나아가려는 혁명적 동력이 혼재된 상황에서 주권수호와 민족주의의 담론이 지배한 시기였다. 1840년 아편전쟁 이후 중국은 열강의 지속적인 침략으로 반半식민지 상태에 빠진다. 이는 과거 화이사상華夷思想을 기초로 주변국들과 책봉·조공의 관계로 표현될 수 있었던 중국을 중심으로 한 전통적 국제질서의 붕괴를 의미했다.

19세기 중엽 이후 서구적인 조약외교 시스템에 의한 영국, 프랑스, 미국, 러시아와의 불평등조약의 체결은 중국이 이전에 경험해 보지 못한 충격적 결과를 수반했다. 과거 조공을 통한 '이무夷務'에서 조약을 통한 '양무洋務'로의 전환과 변용과정은 중국에게 큰 고통과 우여곡절을 안겨주었다.

중국 분할의 위기에 맞서 청말淸末의 관료가 대응한 외교 전략은, 천

감추고 싶은
중국의 비밀 35가지

하 중심의 국가관을 토대로 한 '일통수상지세一統垂裳之勢'에서 근대적 국제 관계를 내포하는 '열국병립지세列國竝立之勢'로의 전환이었다. 어느 한 강대국에 의존하기보다 열강에게 문을 열고 그들이 서로 견제토록 한 것으로써 춘추전국시대의 외교논리로 등장한 '이이제이以夷制夷'의 또 다른 변용이었던 셈이다.

이는 주체적 역량을 갖지 못했던 청조의 불가피한 선택이었다. 이 과정에서 통치세력과 백성들은 '중국'이라는 국가 자체가 청조를 대체하는 관념으로 인식하기 시작했고, 자연스럽게 민족주의를 배태시킬 수 있었다.

이러한 경향은 청일전쟁1894~1985과 의화단 사건1899~1901을 통해 더욱 심화되었다. 나아가 신해혁명1911을 계기로 한족 중심의 국가건설 시도와 국권 회복 운동으로 발현된다. 이런 상황에서 중국은 미국의 유도에 의해 제1차 세계대전에 참전하게 된다. 중국이 연합국의 일원으로 '서류상의 승리'를 경험하게 된 점은 중국 근대 외교사에 최초의 성과였다.

이는 과거 열강과 맺었던 불평등조약의 개정을 위한 노력에 힘을 실어주는 것이었다. 그럼에도 불구하고 군벌이 혼전을 벌이는 내정의 혼란과 통치능력의 한계는 국제사회의 신뢰를 얻는데 제약요인이 되었다. 그나마 국제연맹의 창립회원국이 된 점은 고무적이었다.

중화민국의 외교 성과

1920년대에서 1930년대에 이르는 국민당 정부시기에 만주사변1931과 중일전쟁1937을 겪으며 불평등조약의 전면폐기라는 새로운 스타일의 혁명외교가 등장한다. 이 때 중국은 국가건설을 위해 국제연맹과 기술협력, 인재양성 및 문화협력 등 포괄적 협력을 진행했다.

이는 선진 열강의 공동원조를 이끌어내는 한편, 만주국을 앞세운 일본의 화북지역에 대한 분리공작에 대해 국제협력의 틀 속에서 대응하고자 한 것이었다. 특히 소련과의 관계가 악화되어 가던 독일이 친중 정책을 대안으로 모색하던 상황을 활용, 중독中獨 조약을 체결하는 등 외교적 수완도 발휘됐다.

중국은 국제 외교무대에서 종속변수가 아니라 독립변수로서의 역할을 조금씩 축적해 나갔다. 그런 바탕이 있었기에 일본의 진주만 기습으로 태평양 전쟁의 막이 오르자 중국 국민정부는 1941년 12월 9일 일본에 대해 선전포고를 하고 유엔UN의 회원국이 되는 외교적 기민성을 발휘할 수 있었던 것 같다. 이 점은 현재 중국 공산당이 장제스 국민당 시기의 중국외교를 의식적으로 무시하는 것과는 달리 큰 의미를 부여할수 있다.

이후 중국이 독일, 일본, 이탈리아 추축국樞軸國과 대결하던 연합국의 일원이 됨으로서 중국의 근대이후 최고의 외교적 비원悲願이었던 국권회수와 불평등 조약의 개정 추진에서 유리한 입장을 갖게 되었기 때문이다. 실제로 중국은 연합국의 일원이 됨으로써 영국 및 미국과의 불평등조약을 철폐하는 데 적잖은 성공을 거두었다.

특히 26개 연합국 가운데 적어도 형식상으로 미국, 영국, 러시아와 함께 '4대 강대국'의 하나로 대우받았던 점은 기대 이상의 성과였다. 이런 국제적 지위가 가시적으로 드러난 것은 '카이로 회담'1943이었다. 이때 미국의 루스벨트 대통령, 영국의 처칠 총리, 중국의 장제스는 종전 이후의 세계 질서 정립을 위한 주요 문제의 처리 방침에 합의했다.

중국의 입장에서 '포츠담 선언'에 만주, 타이완, 펑후澎湖를 일본이 강탈해 갔다는 표현을 넣을 수 있었다. 특히 한반도 문제를 제기하며 "조선 인민의 노예상태에 유의하여 즉시 조선을 해방시키고 독립시킨다는 결의를 한다"라는 문장을 삽입시켰다. 일제의 압제에 시달리던 조선에게 결정적인 독립의 계기를 만들어 주었다는 점에서 우리에게 남다른 의미를 갖는다.

이후 전승국인 중화민국의 국제적 지위는 유엔 안전보장이사회의 5대 상임이사국의 일원이 됨으로써 절정을 맞는다. 하지만 1949년 모택동을 주석으로 하는 중화인민공화국의 건국과 함께 중화민국은 타이완으로 축출되어 주도적 지위를 상실한다. 이후 중화민국과 중화인민공화국을 둘러싼 중국의 대표권 문제가 대두되고 재조정되는 과정은 현대 중국 외교사의 극적 사건이 점철된 냉혹한 국제질서의 현실을 잘 보여준다.

'민주적인 중국'을 원했던 미국이 보장해 주던 중화민국의 안보리 의석과 중국의 대표권 인정은 오래가지 못했다. 2차 세계 대전이후 전개된 냉전체제와 6.25전쟁1950~1953, 베트남 전쟁1965~1973의 와중에 벌어진 중국 공산당과 미국의 대결이, 타이완을 터전으로 한 작아진 중국 '중화민국'의 국제적 지위를 유지시키는 데 일정기간만 기여했을 뿐이다.

공산당의 '일조선一條線 전략'에서 '도광양회韜光養晦'까지

1971년 닉슨 정부와 모택동은 키신저와 저우언라이를 앞세운 교섭에서 '상하이 코뮤니케'를 공동 발표했다. 미국은 "중화인민공화국 정부가 중국의 유일한 합법정부라는 점을 인정"했고 우여곡절 끝에 1979년 1월 1일 양국 간 국교가 정식 수립됐다. 미·중 수교는 현대 세계 외교사에 가장 큰 사건이었다. '어제의 적이 오늘의 친구'가 그리고 그 반대의 경우도 언제든지 벌어질 수 있다는 냉혹한 국제외교의 현실을 극명하게 보여준다. 1992년 한국이 중화민국과의 신의를 버리고 6.25전쟁에서 총부리를 서로 겨눈 중국과 수교한 것도 세계 질서 재편 과정의 한 여파였다.

이런 격변에는 다양한 요인이 배경으로 작용했다. 중국은 50년대 소련에 대한 일변도 정책을 펴다 60년대 들어 불화와 대결의 시기로 전환되었다. 이런 상황에서 '반소反蘇 통일전선'의 구축이라는 전략적 고려에서 미국과 손을 잡는 것이 절실했다. 이는 소련의 확장주의에 대항하여 미국, 일본, 중국, 파키스탄, 이란, 터키, 유럽이 가로선(협력라인)을 만들자는 중국의 '일조선一條線 전략'의 일환이었다.

모택동의 '일조선 전략'은 소련 패권주의에 의한 세계 전쟁의 발발을 상정한 준準군사적 사고에서 나왔다. 이 전략은 중·미 화해라는 좋은 결과도 만들어냈지만, 소련과 동맹을 체결하고 중국에 대항했던 베트남과의 중·월 전쟁1979이라는 대가를 치르게 했다.

덩샤오핑의 외교 전략은 '3개 세계론'에 입각했다. 이는 미·소 초강대국 사이에서 중국이 제국주의의 피지배 역사를 가진 아시아, 아프리카, 중남미 등의 제3세계와의 연대를 강화하고, 아세안에 대한 접근이나 상하이 협력기구를 통한 '지역주의 외교'를 중시하는 경향으로 나타났다. 이런 기조는 장쩌민에게도 일정부분 계승된다.

'3개 세계론'은 세계화의 진전에 따라 무너진다. 광범위한 세계 체제가 정치, 경제, 사회, 문화적 측면에서 교호적인 영향을 만들어냄으로써, 미국, 유럽, 일본 등 중심국가와 주변부 국가와의 단절과 구획을 모호하게 했다. 덩샤오핑이 '평화와 발전'을 세계가 직면하고 있는 과제로 인식한 것이나, 스탈린이 주장한 사회주의 시장과 자본주의 시장이 병존한다는 '두 개의 시장론'이 완전히 폐기되고 '한 개의 시장론'이 등장한 것도 이 같은 배경에서 나왔다고 볼 수 있다.

70년대에서 90년대에 이르는 시기에 중국의 외교적 관심은 서방이 평화적 수단을 통해 중국을 전복시키려는 음모를 진행하고 있다는 '평화적 전복'에 대한 경계였다. 서방세계가 중국에 사회주의 정치제도 및 경제제도의 변경과 공유제에서 사유제로의 변화, 의회민주제와 자유시장 경제의 도입을 요구하는 한편, 마르크스주의가 지도이념이 되지 않도록 의도하는 점이 '평화적 전복'의 구체적 사례로 상정되었다.

덩샤오핑의 이런 위기감은 소련 붕괴의 영향이기도 했다. 특히 중국의 정치적 개혁을 요구하는 국내의 압력에 대한 강한 경계심 때문에 국내에 영향을 미치려는 국제사회의 외교적 노력을 차단하려 한 것 같다.

이 시기에 등장한 핵심어가 중국 외교 전략의 일면을 그대로 보여준다. '자신의 힘을 숨기고 때를 기다린다'는 '도광양회韜光養晦'는 중국이 경제적 역량을 충분히 키울 수 있는 환경을 만들려는 내부 결속의 전략이기도 했고, 한편으론 '강대국이 되어도 결코 패권을 추구하지 않는다'는 인식을 국제사회에 심어주기 위한 은인자중의 전략이기도 했다.

하지만 '도광양회'라는 표현이 '와신상담臥薪嘗膽'을 연상시켜 모종의 위협감을 주고 중국의 일시적 전술이라는 오해를 쉽게 만들 수 있다는 비판이 일자, '평화적 부상'이라는 '화평굴기和平崛起', '책임 있는 강대국' 등의 슬로건으로 대체된다.

'신중화주의新中華主義' 가능할까?

최근에 중국이 애용하는 '중국식 외교술'은 '파트너십'이다. 중국은 1980년대 초부터 국제 정치에서 '격국格局'의 상황에 주목했다. 저자는 '격국'을 이렇게 정의했다. "국제무대에서 주요 정치권력 사이에 어떤 일정한 시기의 상호관계 및 상호작용이 만들어내는 구조의 상태"이며, "독립적으로 역할을 발휘할 수 있는 국제정치에 거대한 영향력을 지니고 있는 정치단위체"이다. 국제 정치의 향배는 강대국 사이의 역학관계에 달려있다고 본 것이다. 저자는 미국·중국·소련의 '대 삼각관계'가 상당기간 중요한 격국의 기능을 수행했지만, 미국·중국·일본의 '신 삼각관계' 가 이를 대체하고 있다고 파악한다.

국제외교에서 주요한 행위자인 '격국'이 다양한 권력을 보유한 주권 국가로 다변화되고 있었다. 이런 격국 사이의 세력균형이 중국 외교가 대처해야 할 핵심적인 대상이었다. 이에 대한 대응이 바로 주요 국가들 과의 '파트너십'의 확산이다.

중국은 여러 나라와 전략적 협력, 선린우호, 건설적, 전면적 협력 등 다양한 수식어로 파트너십을 맺고 있다. 하지만 중국이 외교관계에서 설정하는 '파트너십'은 상호 협력의 영역과 정도, 방식에서 상당한 차이 가 있음에 유의할 필요가 있다. 2008년에 한국과 중국은 '전략적 협력 동반자 관계'를 맺었지만, 북핵 문제 등 중요 이슈에 대한 양국의 '전략 적' 판단이 상이하다는 점을 체감하고 있지 않은가?

2000년대 이후 중국의 외교 전략의 방향은 새로운 지역주의로 전환 하고 있다. 동아시아, 중앙아시아, 러시아에 대한 접근이 대표적이다. 이런 경향은 중국이 과거 70년대에 제3세계에 연대적 차원으로 접근하 던 것과는 궤도가 다르다. 현재의 전략은 더욱 풍부해진 경제적 역량을 바탕으로 주변부의 경제적 흡인은 물론 국경지대의 안정과 자원의 안정 적 확보를 동시에 의도하고 있다는 점에서 그렇다.

특히 이제 과거의 중심부의 입장에서 주변부와의 '선린우호'의 관계 에서 탈피하여 '지역융합'을 추구한다고 표방하고 있지만, 은연중 과거 중화제국의 부활을 의도하는 것이 아닌 가 유의할 필요가 있다. 중국 일각에서 초강대국을 지향하고자 하는 급진적인 민족주의가 대중들 사이에서 인기를 끌고 있는 요즘의 상황에 비추어 볼 때 더욱 그런 의혹을 받을 여지가 많다. 이제 국제질서를 미국·중국의 양강 구도로 인식하는 경향이 점점 더 뚜렷해지고 있다는 점도 이와 무관하지 않다.

저자는 날로 흥기하는 중국이 '신 중화제국'으로 등극할 수 있을 지 그 가능성을 조심스럽게 진단하고 있다. 이들이 보는 제국의 판단기준은 4가지다. ①세계에 공공재를 제공할 수 있는가의 여부, ②제국으로서의 요건 중 하나인 문화력을 제공할 수 있는가의 여부, ③주변부에 자립적 국민경제를 허락하지 않는 글로벌한 경제력을 제공할 수 있는가의 여부, ④세계질서의 대도심부인 '제국'이 되고자 하는 욕망을 갖고 있는가의 여부 등이다.

이 기준에 비추어보면, 중국이 급격한 경제성장으로 외형적 발전을 달성했지만, 국제 사회에 기여할 수 있는 일원의 역할을 해낼 의지도 없고 그럴 역량도 부족한 것 같다. 더구나 월등한 문화력도 갖고 있지 못하다고 볼 때, 자신들의 바람과 무관하게 제국화의 가능성은 적다는 것이 저자의 판단이다.

하지만 저자의 판단기준은 경제적, 문화적 요인에 치중한 측면이 있다. 중국이 경제적 우월을 바탕으로 비약적으로 발전시킨 군사적 역량이 국제 사회의 외교영역에서 무시할 수 없는 영향력을 발휘하고 있다는 점은 간과하고 있는 것 같다. 특히 '제국적 행태'는 바로 강력한 군사력의 뒷받침 아래 다양한 방식으로 여러 나라에 투사될 수 있기 때문이다. 이웃하고 있는 한국은 물론, 최근 중국과 해상 영토분쟁으로 몸살을 앓고 있는 일본, 대만, 베트남, 필리핀 등이 이런 정황을 실감하고 있지 않은가?

이 책의 강점은 중국의 근현대기의 외교적 문제와 이에 대응한 전략과 핵심 가치들을 일목요연하게 보여준다는 점이다. 중국의 외교사는 국제정치의 냉혹한 현실을 그대로 보여준다. 중국과 미국, 소련, 일본의 외교적 관계는 적대국과 우호국 사이를 오락가락하는 순환적 모습을 보여 왔다. 이런 양상을 보인 이유는 국내 정치적 요인과 국제 정치적 변동 요인이 늘 복잡하게 얽혀 있는 가운데 그 때 그 때마다 추구하는 국가이익의 초점이 달라졌기 때문이다.

중국의 외교 전략에서 불변의 법칙이나 특징을 찾을 수 없는 이유이기도 하다. 이는 중국의 외교 전략을 예측하고 대응해야 할 우리에게 당혹감을 안겨준다. 하지만 이런 외교적 패턴은 어제 오늘의 이야기가 아니다. 인류 역사에서 생존 경쟁하는 국가 사이에 영원한 적도 영원한 우방도 없었던 현실의 한 부분일 뿐이다.

중국의 허상에 점점 미혹되어 가는 오늘날의 한국 외교의 전략적 방향을 모색하기 위해서는, 근현대를 관통하는 중국 외교의 현실주의의 기민성과 표방하는 것과 다른 내부의 숨은 전략을 파악하는 노력이 절실하다. 이 책이 대변하듯, 중국의 자기 인식과 외교적 대응 패턴과 그 의미를 읽어내기 위해 진력하는 일본학계의 노력에 비해 '중국 외교사'에 대한 심도 있는 연구서가 희소한 우리의 척박한 환경이 더욱 안타깝다.

26

러시아에 굴종한 핀란드, 우리도 중국에...?

《한반도에 드리운 중국의 그림자》, 복거일 지음,
문학과 지성사(2011, 5쇄), 149쪽.

"중국 사회와 정권에 쉽게 접근해야 자신의 지위를 유지할 수 있는 '중국 전문가들'은 중국에 대한 근본적 편향에서 벗어나기 어렵다." 이런 환경은 굴종을 지혜로운 정책으로 포장하고 미화하며 위선에 둔감해졌던 '핀란드화'의 양태로 나아가게 하는 징후다.

감추고 싶은
중국의 비밀 35가지

한 국가의 힘이 급격히 커지면 주변의 다른 국가는 여러 측면에서 영향을 받는다. 긍정적이든 부정적이든 국력이 큰 국가의 영향력에서 벗어나기 힘들어진다. 경제성장에 힘입은 중국의 흥기가 한국과 일본에 직간접적으로 많은 영향을 만들어내는 건 외면할 수 없는 현실이다.

복거일은 이 책에서 강대국 중국에 인접한 한국에 드리워진 중국의 정치, 경제, 사회적 영향의 그림자를 짚어보면서, 큰 나라에 대응하는 작은 나라의 '적응적 묵종adaptive acquiescence'의 대표적 예인 '핀란드화 Finlandization'의 가능성을 경고한다.

영토적 야심 감춘 중국의 제국주의

저자의 우려스런 전망은 우선 강대국의 흥성과 함께 나타나는 제국주의적 특질과 그에 수반되는 주변국과의 외교관계의 역사적 양태에 대한 날카로운 관찰에서 근거한다. 마르크스주의자들이 제국주의는 자본주의의 본질이라고 주장함으로써 부정적 이미지가 더 강하게 덧씌워졌지만, 제국주의가 자본주의의 본질적 특성에서 초래되는 것은 아니다.

제국주의imperialism는 우월한 지배권을 가진 "한 정치적 공동체가 다른 공동체에 대해서 어떤 형태로든지 정치적 통제나 영향력을 행사하는" 경향을 가리킨다. 이런 양태는 고대에서 현대에 이르기까지 여러 국가에 의해 시현되었다.

하지만 제국주의 그 자체보다, 국가 간의 관계에서 나타나는 특질이 어떠한가를 주목해야 한다. 미국과 소련 주도의 양극체제가 무너지고 미국이 초상대국으로 등장하면서 유럽 국가들이 미국에 반감을 드러내고 있지만 저자는 이를 과잉반응으로 본다.

2차 세계대전의 승전국인 미국은 일본과 독일에 배상을 요구하지 않았다. 6.25 전쟁 수행과정에서도 원자탄 보유 등 월등한 군사력을 갖고도 중국에 대한 확전을 포기하고 제한전으로 치렀다는 점에서 '비공격적 특질'을 보여주었기 때문이다.

복거일은 21세기에 급격하게 국력이 신장된 중국의 제국주의에 더 큰 우려를 보인다. 미국은 영토적 야심을 갖지 않는 '선량한 제국주의'의 특성을 보인다. 반면 중국은 오랜 역사를 통해 보여주었든 주변국에 영토적 위협을 가중시키는 '공격적 제국주의'의 특성을 보이기 때문이다. 더구나 최근의 급격한 중국의 해군력 등 군사대국화가 그런 우려를 키우고 있다.

중국의 제국주의의 위험성은 필연적으로 압제적 통치체제를 유지할 수밖에 없는 공산당 일당독재의 본질적 특질과 연계된다. 공산당 정권의 취약한 정당성을 민족주의로 보완해 나가는 체제의 특성상 언제든지 필요에 따라 극단적 민족주의에 의해 제국주의적 정책이 추동될 수 있기 때문이다.

중국의 '공격적 제국주의'에 가장 취약하게 노출되어 있는 국가는 한국이다. 중국의 북한에 대한 영향력은 절대적이어서 "북한은 실질적으로 중국의 속국이 되었다." 저자는 중국의 한반도에 대한 영토적 야심이 오래되었음을 상기시킨다.

6.25 전쟁 당시 북한군의 3분의 1 가량이 '국공 내전'의 경험을 지닌 중공군 출신이었다는 사료를 든다. 특히 중공군 164사단과 중공군 166사단은 각각 북한군 5사단과 6사단으로 그대로 편제되어 중국 국가 수립 선포이전인 1949년 7월에 북한에 들어왔다는 놀라운 사실을 밝힌다.

북한의 파병 요청 이전에 이미 중국은 한반도에 군사적 개입의 준비를 시작했고, 6.25 전쟁에서는 한반도 공산화를 위해 전면적으로 지원했다. 중국의 한반도에 대한 뿌리 깊은 영토적 야심은 오랜 역사를 통해 유지해온 종주권의 기억과 무관하지 않다.

핀란드의 '적응적 묵종'의 해악

이런 배경이 강대해진 중국 곁에 있는 한국의 '핀란드화'를 떠올리게 한다. 날이 갈수록 국력의 비대칭이 커지고 있기 때문이다. "힘이 비대칭적이면 강대국은 '지배적 정책policy of dominance'을 고르고, 약소국은 '묵종적 정책policy of acquiescence'을 고르게 된다." 특히 독립과 자치를 유지하기 위해 큰 나라에 의존하면서 나름대로 최선의 방책을 찾는 '적응적 묵종'을 선택하게 된다.

20세기 초반에 덴마크, 스웨덴, 오스트리아, 체코슬로바키아, 스위스 등이 독일에 대해 일정 기간 동안 '적응적 묵종'을 보여주었다. 에스토니아, 라트비아, 리투아니아 등이 러시아에 대해 그러했다. '핀란드화'란 불명예를 안을 만큼 핀란드는 1941년부터 1991년까지 오랜 동안

리시아에 적응적으로 묵종했다.

핀란드는 러시아와의 두 차례의 전쟁에서 졌다. 2차 대전 당시 독일 편에서 싸운 탓에 패전국으로써 러시아에 합병될 처지에 놓였었다. 핀란드는 영토의 일부를 러시아에 떼어주고 러시아에 철저하게 묵종함으로써 국가의 생존을 유지했다.

'적응적 묵종'이 선택하는 전략은 '양보concessions'와 '대항력counter-weight'이다. 강대국의 더 큰 압박을 막아내고 현상을 유지하기 위한 양보전략이다. 하지만 양보를 최소화 할 수 있는 외교적, 군사적, 시민적 대항력을 갖추지 못하면 점점 더 큰 양보를 할 수밖에 없는 상황으로 내몰린다. 강대국에 대한 유화정책은 한번 미끄러지면 다시 올라오기 어려운 '미끄러운 비탈slippery slope'이라는 것이다.

핀란드의 오랜 '적응적 묵종'은 쓰라린 대가를 낳았다. 영토를 떼어주고 전쟁 배상금을 치르고도 전범자들의 처벌은 물론 군사적, 외교적 통제까지 받았다. 각료 인선조차 러시아의 사전 승인을 받아야 할 정도였다고 한다.

'적응적 묵종'이 낳은 폐해는 컸다. 언론인과 학자들은 러시아가 싫어할 만한 주제와 논조를 피하는 '자기 검열self-censorship' 경향이 두드러졌다. 특히 러시아에 대한 굴종을 지혜로운 정책으로 미화하는 위선이 사회에 널리 퍼져 사회의 정체성과 도덕성을 훼손시켰다. 이런 해악은 "자신의 것을 지키기 위해서 자신의 것을 버려야 한다는 역설적 상황"에서 나온다.

중국에 대항력 키워야 '핀란드화' 막는다.

복거일이 '한반도의 핀란드화'를 우려하는 근거는 꽤 설득력이 있다. 물론 한국과 중국의 관계가 핀란드와 러시아 사이의 관계와 다른 점이 많다. 하지만 역대 중국 왕조와의 관계는 '자발적 핀란드화'고 볼 수 있을 만큼 핀란드와 한국의 처지가 근본적으로 유사한 점을 많이 갖고 있기 때문이다.

특히 중국이 한국의 최대 교역국으로 올라섬에 따라 경제적 의존도가 심화되면서, 크고 작은 주권의 침해 상황에 자주 직면하고 있기 때문이다. 수출경제에 의존하는 한국의 특성상 중국과의 정치적 긴장은 언제든지 중국의 무역 보복 조치로 연계될 수 있다는 점에서 한국의 행동 반경을 위축시킨다.

한국과 중국의 관계 변화가 영향을 미쳐 나타나는 최근의 현상들은 달갑지 않다. 국익보다 사익을 쫓는 대기업들은 중국에 무척 유화적이다. 게다가 외교관, 종교인, 언론인, 학자들도 친중적 유화정책에 점점 쏠리고 있다.

특히 "중국 사회와 정권에 쉽게 접근해야 자신의 지위를 유지할 수 있는 '중국 전문가들'은 중국에 대한 근본적 편향에서 벗어나기 어렵다." 이런 환경은 굴종을 지혜로운 정책으로 포장하고 미화하며 위선에 둔감해졌던 '핀란드화'의 양태로 나아가게 하는 징후다.

흥기하는 중국의 영향은 날로 커진다. 저자는 우리의 운명에 큰 영향을 미치는 중국의 부상에 대해 정직하게 현실을 살피고 괴로운 상황을 인정하는 도덕적 용기를 주문한다. 한국이 '적응적 묵종'을 피할 수 없다면 최선의 방책은 대항력의 함양을 통해 양보를 최소화하라는 것이다.

외교적 대항력, 군사적 대항력, 시민적 대항력을 키워야 적응적 묵종이 굴종이 아닌 지혜로운 적응이 될 수 있다. 우선 외교적 군사적 대항력은 자유민주주의의 체제의 동질성을 바탕으로 한 동맹국 및 우호국가와의 굳건한 동맹을 통해 신장시켜야 한다.

특히 '영토적 야심'이 없는 우군의 신뢰를 잃지 않는 게 긴요하다. 이런 차원에서 저자는 중국과의 외교관계를 '전략적 협력 동반자 관계'로 격상한 것을 우려한다. 중국의 외교적 틀에 내재한 논리가 두 나라 사이의 여러 측면의 수준에서 '체계적 편향systemic bias'을 동반시켜 전통적 우방과의 관계를 소원하게 만들 가능성이 높아지기 때문이다.

우리 사회의 이념적 분열에 기인한 낮은 응집력으로 인해 약화된 시민적 대항력을 키우는 일도 시급하다. 북한은 우리 사회 안의 북한 옹호 세력을 부추겨 사회적 혼란과 분열을 증폭시킨다. 나아가 외교적, 군사적 대항력을 보충해주는 미국과 일본에 대한 반감을 확산시킨다.

과거 북한의 입장을 두둔하는 햇볕정책은 결과적으로 한·미동맹을 이완시키고, 중국에 대한 묵종과 지식인들의 자기 검열을 강화시켰다. 이런 점에서 대북정책의 정립이 대 중국 전략의 중요한 출발이 되는 것이다.

힘의 논리가 지배하는 냉혹한 국제관계 속에서 이해관계가 밀접한 주변 4강에 둘러싸인 한국은 늘 생존 전략을 고민해야 하는 숙명에 놓여

있다. 특히 중국의 흥성은 과거 역사적 특수 관계에 있던 한국의 국가 전략에 유형무형의 영향력을 증대시키며 '적응적 묵종'을 요구하고 있다.

복거일은 이러한 중국과의 변화된 상황 속에서 우리가 생존하고 번영할 수 있는 '합리적 적응' 방안을 냉철하게 인식하고 실행할 것을 촉구하고 있다. 아직도 늦지 않았다.

27 |

중국—북한 이상기류? 꿈 깨야하는 이유

《북한 중국관계 60년》, 히라이와 순지 저, 이종국 역,
선인(2013), 479쪽.

여러 가변적 상황에도 불구하고 주변국 가운데 북한에 대한 영향력을 그나마 상대적으로
많이 갖고 있는 국가 또한 중국임을 부인할 수는 없다. 중국이 북한에 대한 영향력이 없다
고 하는 것이 실제의 사정이 아니라 책임을 회피하기 위한 변명일 수도 있는 이유다. 중국
이 국제정치의 다자 관계에서는 '북한에 대한 영향력이 없다'며 자신의 역할을 한정하고,
중조 양자 관계에서는 나름의 영향력을 유지하는 이중의 전략을 구사하는 것은 아닐까?

한국의 현대사에 외교안보 및 정치경제적으로 가장 긴밀히 연관되어 왔고 큰 영향을 미치고 있는 나라는 미국과 중국이다. 특히 중국은 분단된 한반도와 육지와 해상으로 영토를 맞대고 있을 뿐만 아니라, 북한의 절대적 후견인 역할을 하고 있다는 점에서 한반도의 통일에 가장 직접적인 이해관계를 갖고 있는 나라이다.

따라서 동북아시아의 안정과 평화정착, 나아가 한반도 통일의 도정에서 중국의 경제적, 군사적 부상은 중국의 역할에 대한 관심과 기대를 그 어느 때 보다도 높여주는 계기가 되고 있다. 물론 그 기대는 긍정적인 측면과 함께 부정적인 우려 또한 동반하고 있다.

중국은 북한의 도발로 인해 남북한의 갈등이 고조될 때, 가끔 우리에게 우호적 입장을 보여주는 듯하다. 하지만 종국에는 대부분 북한에 대한 옹호로 결말지어 우리를 실망시키곤 했다. 이는 우리가 중국의 대북한 행동방식을 잘못 이해하고 있는 데서 기인한다.

따라서 중국의 행동패턴을 정확하게 이해하는 일은 긴요한 일이다. 특히 중국과 북한의 오랜 관계의 특수성과 관계 변용 과정의 함의를 제대로 이해하지 못하면 동북아의 국제정치에서 중국이 취할 행동방식을 예측하기 어렵기 때문이다.

저자는 북한과 중국의 60년의 관계사 속에서 핵심적 이슈를 중심으로 그 관계 요인을 규명하고 있다. 이를 통해 중국이 북한을 바라보는 시선과, 북한이 중국을 대하는 내심을 간파함으로써 양국 간의 관계의 의미와 행동방식을 이해하게 해준다.

북한과 중국의 '순치脣齒관계'

한마디로 북한과 중국의 관계는 입술이 없으면 이가 시린 '순망치한脣亡齒寒'의 관계로 규정할 수 있다. 저자는 이러한 '순치脣齒관계' 생성의 역사적 배경과 이러한 인식 구조가 만들어내는 현실의 특정사안에 대한 양국관계의 외교관계의 특징, 그리고 순치관계의 변용과정을 상세히 분석해냈다.

중국과 북한의 '순치의 관계'는 항일투쟁과 한국전쟁에서의 상호 공조의 경험에서 시작되었다. 마오쩌둥毛澤東, 1893~1976, 저우언라이周恩來, 1898~1976, 덩샤오핑鄧小平, 1904~1997 등 중국공산당 혁명 1세대는 김일성1912~1994, 김책1903~1951, 최현1907~1982, 박성철1913~2008 등 1936년부터 빨치산 활동을 함께 하던 북한의 혁명 1세대와 동지적 교감을 나누어왔다. 또 중공 인민군의 참전으로 피를 나눈 전우애까지 덧붙여졌다. 이런 끈끈한 관계가 양국의 '순치관계'의 정서적 뿌리라고 볼 수 있다.

중국과 북한에게 서로 '순치의 관계'를 구성해주는 실질적 내용은 무엇일까? 무엇이 서로를 의지하게 하고, 한쪽이 없으면 다른 한쪽의 존재가 힘들어지는 관계를 만들고 있는가. 저자가 유형화한 북·중 관계를 규정하는 요인은 크게 네 가지로 볼 수 있다. 첫 번째, 안전보장, 두 번째 요인은 이데올로기, 세 번째는 전통적 관계, 네 번째 요인은 경제 관계다.

이러한 관계 요인들은 한 번에 동일한 긴밀도로 형성된 것이 아니라, 역사적으로 전개된 국내외적 상황의 변동에 따라 부가적으로 추가되었다. 또한 각각의 관계 요인에 있어서도 중국이 바라보는 북한에 대한 인식과 북한이 바라보는 중국에 대한 인식이 완전하게 동일한 것이 아니다. 시대별로 미묘한 차이를 보였다는 점에 유의해야 한다.

50년대는 중국과 북한이 서로의 중요성을 충분히 느낀 시기였다. 사회주의 혁명을 완성해 나가는 과정에서 이데올로기적 동지애는 물론, 6.25전쟁기의 중공 인민군의 참전은 '제국주의'에 대한 공동투쟁전선에서 '항미抗美'의 상징을 극명하게 보여주었다.

중국은 타이완 해협에서 긴장을 조성하면서 북한 내 인민군을 단계적으로 철수시켰다. 이를 통해 북한에게 미국의 위협에 균형점을 만들어 줄 수 있는 중국의 존재가치를 강하게 인식시킬 수 있었다. 또한 타이완과 한반도에서의 미국과의 대결의 장에서 북한과의 결속력을 통해 대미투쟁력을 제고할 수 있었다.

북한 역시 남한을 무력으로 공산화하려는 '조선혁명'을 국내적 사안이 아니라 세계혁명의 일환으로 규정했다. 이를 통해 중국과 소련의 관여를 확보하고, 한국과의 투쟁과 미국과의 투쟁이라는 두 개의 연속성을 지속시킬 수 있었다.

특히 북한은 한국의 혁명적 상황을 조성하기 위해 조국통일 노선을 중심적 과제로 설정하여 주한미군철수를 필요불가결한 조건으로 규정했다. 특히 대미 투쟁의 안정적 발판을 만들기 위해 1961년 7월 6일 및 11일에 소련 및 중국과 각각 '우호협력 및 상호원조조약'을 체결하여 안전보장상의 담보를 제도화하는 데 성공한다.

중국이 북한과 맺은 '중조우호협력상호원조조약'은 "체약국의 한쪽이 어떤 한 나라 또는 수개국의 연합으로부터 무력 침공을 받아 선생상태에 돌입한 경우, 체약국의 다른 쪽은 모든 노력을 기울여 지체 없이 군사적 및 그 이외의 원조를 제공한다"고 규정하고 있다.

이는 북한이 관여된 한반도 유사시 중국의 자동개입을 천명한 대목으로 중국과 북한 관계의 긴밀함을 강력하게 담보하는 것으로써, 이후 중국과 북한의 관계를 특정 짓는 중요한 요소가 되고 있다. 특히 조·소 조약이 북한 유사시 자동지원을 '의무'화하고 있지 않고 5년마다 갱신되는 유한조약인데 반해, 조·중 조약은 '의무'라는 문구를 명시하고 있고 무기한이란 점도 주목할 만하다.

밀월과 갈등관계 오가는 북 · 중 관계의 시계추

중국과 북한의 관계는 시대적 환경에 따라 밀월관계에서 긴장 내지는 갈등관계 사이를 시계추처럼 오갔다. 특히 1963년 중국과 북한 정상의 상호 방문을 통해 그 관계를 다졌다. 중국은 북한이 마르크스 레닌주의의 원칙과 프롤레타리아 국제주의에 기초하고 있음을 인정했지만, 북한이 주체성을 강조하면서 불편해지기 시작했다. 북한의 조선인민의 혁명투쟁과 건설 사업을 영도하는 데 있어 주도적 역할을 강조했다. "모든 문제를 독자적으로, 자국의 실상에 맞게, 그리고 주로 자기 자신의 힘으로 해결해 나가는" '주체'의 원칙을 강조하면서 양국의 관계 구조가 서서히 변하기 시작한 것이다.

북한의 '주체사상' 강조는 사회주의 사상의 종주국이자 주축국인 소

감추고 싶은
중국의 비밀 35가지

련 및 중국과 일정한 거리를 두겠다는 인식에서 비롯되었다. 북한은 소련과 중국에 자신의 '주체'를 인식시키는 데 성공한다. 북한의 '자주노선'은 1965년 중국에서 프롤레타리아 문화 대혁명이 시작되면서 홍위병의 김일성 비판을 불러왔고, 이는 중국과 북한 관계를 더욱 악화시켰다.

문화대혁명이 '자본주의의 길을 걷는 실권파' 타도라는 정치적 의도에서 시작된 만큼, 류샤오치를 비롯한 실권파가 비판의 도마에 올랐다. 마오쩌둥의 타도 대상이었던 류샤오치는 북한의 마오쩌둥을 겨냥한 '교조주의' 비판을 공유하고 북한의 주체를 인정해 주는 태도를 취했다. 이로 인해 덩달아 김일성과 북한지도부는 홍위병의 비판을 받게 되었다. 북한으로서는 다시한번 중국으로부터 '주체'를 인정받아야 하는 상황에 처하게 된다.

중국과 북한이 각각 대사를 소환할 만큼 심각한 긴장 상황에 빠졌다. 이후 1970년 김일성의 중국 비밀방문에 의해 저우언라이와 마오쩌둥과의 연속회담을 계기로 양국 관계가 정상화됨으로써 해소되었다. 여기에는 중국과 소련이 불편한 관계에 처한 당시의 국제정치적 환경이 도움이 되었다. 1968년 소련의 체코 군사개입에 대해 중국이 소련을 '사회제국주의'로 비판했다. 김일성 역시 평소 공산당, 노동당 간에 호혜평등, 내정불간섭의 원칙 유지를 주장하면서 소련에 대한 불신감을 드러내고 있었다. 이런 상황에서 중국과 북한의 관계 개선이 자연스럽게 이루어지게 되었다.

이 과정은 이데올로기적 차이에서 발생한 갈등이 전통적인 관계에 의해 수복되는 과정으로 평가된다. 저자는 양국관계의 수복 과정에서 1925년 중국공산당에 입당했던 친중파인 최용건1900~1976이 상당히 중요한 역할을 수행했다고 평가하고 있다. 그를 주목하는 이유는 중국과 북한의 전통적 관계의 상징적 인물들이 속속 사망하면서 존재감이 더 커졌기 때문이다. 나아가 친중파들의 사망에 의한 퇴조는 불가피하게 향후 양국 간의 전통적 우호의 긴밀도를 낮추고 관계의 회복력 또한 저하시킬 수밖에 없었다는 것을 시사했다.

70년대에 들어와 중국과 북한의 '순치 관계'의 구조가 변화하고 '전통적 우호관계' 또한 이완되는 변동을 겪는다. 1972년 2월 미국의 닉슨 대통령이 중국을 방문하고, 9월에 중일국교가 정상화 되었다. 또한 1972년 7월 4일 남북공동성명이 발표되고 남북의 상대를 상호 인정하고 남북대화를 촉진시키는 등 국제 및 동아시아 정치질서에 격변이 일어났기 때문이다.

이로 인해 미국과의 투쟁의 이념전선을 강조하던 북한의 투쟁성을 악화시킬 수 있는 위험성이 커졌다. 더욱이 미국을 우선시한 중국의 국제관계관은 북한에겐 굴욕적인 사태였다. 이러한 상황에 직면한 북한은 자신들의 혁명관과 국제사회관의 근본적 수정을 하지 않으면 안 되었다. 나아가 중국과의 새로운 관계 설정으로 변화된 현실 사이에서 자신들의 관점에 정합성을 주어야 했다.

하지만 중국은 미국과의 관계 개선에 이어 1979년 정식 수교를 통해 미국이 대만과 단교하고 '하나의 중국'을 인정하게 만드는 외교적 성공을 거둔다. 나아가 한반도 문제를 미중관계를 결정적으로 저해하지 않는 구조, 즉 '한반도 문제의 한반도화'로 변질시켰다.

이는 북한에게 '한반도 문제와 타이완 문제의 연계'와 미국을 주적으로 하는 중조 유대 관계가 형해화形骸化되는 것을 의미했다. 또 중국과 북한 관계를 규정하는 요인인 안전보장 관계와 이데올로기적 관계의 비중을 저하시키는 과정이기도 했다.

더구나 중국은 등소평의 지도 아래 80년대 체제유지와 정치적 투쟁의 일환으로 개혁·개방 노선에 박차를 가했다. 반면 "주체사상이라는 일원적인 가치기준에 의해 관철되는 체제"가 개혁·개방과 충돌하는 측면이 있었다. 북한은 경제개혁으로 사회가 다원화 되고, 개인주의화 되는 것이 정치적 다원화를 추동하는 위험성을 수반한다고 보고 이를 경계하였던 것이다. 특히 북한은 소련의 경제개혁이 체제개혁으로 이어져 결국 소련의 붕괴를 가져왔다고 보았기 때문이다. 북한이 개혁·개방을 두려워하는 이유가 바로 여기에 있다.

중국의 대북한 영향력의 변질

북한의 개혁·개방노선의 기피는 성공적 경험을 갖고 있는 중국이 일정한 역할을 할 수 있는 여지를 축소시켰다. 게다가 한국이 북방외교의 결실로 1990년 소련과 국교를 맺고, 1992년에 중국과 잇달아 수교함에 따라 북·중 관계의 구조적 변질이 가속화되었다. 이는 한국, 미국, 일본과 수교한 중국이 국제정치에서 북·중 양국 간 관점에서 다자적 관점으로의 전환을 요청받게 된 상황에 기인했다.

이런 상황은 중국이 북한에 대한 독점적 영향력을 상실하게 하였다. 한편으론 북한의 경제난 등에 따른 국제적 지원 분담으로 자신의 부담을 경감시켜 주었다. 특히 중국은 이 와중에 "한반도 문제를 국제문제화시켜 그 속에서 상대적 영향력의 우위를 확보하고, 한반도 정세에 관한 주도권을 확보"할 수 있었다.

하지만 중국은 한국과 주변국의 기대에 부응하는 영향력을 발휘하지 못했다. 1993년 북한이 NPTNuclear Nonproliferation Treaty, 핵확산방지조약 탈퇴 선언으로 시작된 한반도의 핵 위기 상황에서 한반도의 항구적인 평화적 체제 구축을 위해 1997년 한국, 북한, 미국, 중국의 4자회담이 시작되었다. 중국이 한반도의 비핵화를 지지했지만, 이후 북한에 대한 적극적인 영향력을 행사하지는 못했다.

북한의 핵문제 해결을 위해 2003년 시작된 6자 회담에서도 중국이 의장국을 맡았다. 하지만, 2006년 7월의 북한의 미사일 발사실험, 10월의 1차 핵실험, 2009년 4월의 미사일 발사실험과 5월의 2차 핵실험을 막아내지 못했다. 또 사후에 국제적으로 압박한 대북제재에도 중국은 미온적이었다.

2010년 3월 26일 북한의 천안함 폭침 도발과 2010년 11월 23일 연평도 포격 도발에 대해서도 중국은 사전에 통보받지 못했다고 한다. 설사 이런 징후를 포착했더라도 미연에 자제시키지 못했을 가능성도 있다. 북한이 2차 핵실험 사실을 사전에 중국에 통보했던 것과 대조적이다. 이는 햇볕정책의 폐기로 경제지원을 중단한 이명박 정부와 한국 국민에 대한 보복임과 동시에 다자관계 속에서 북한을 제대로 대변하지 못하고 있는 중국에 대한 누적된 불만의 표출이기도 했다.

중국은 북한에 대한 통제력과 영향력을 완전히 상실한 것일까? 2001년 '9.11' 이후 중국의 한반도정책은 "미중관계를 항상 의식하면서 북한과의 관계를 계속 조정하는 점점 '미묘한 관계'가 되지 않으면 안 되었다." 현격하게 약화된 중국의 대북한 영향력은 북한의 완고한 벼랑 끝 전술에도 기인하지만, 중국이 한국과 북한에 대해 '등거리 원칙'을 적용하는 데에서 비롯되는 것인지도 모른다.

중국의 대북한 3대 정책기조와 시사

이런 점에서 저자가 진단한 한·중 국교정상화 이후 중국의 대북한 정책의 기조는 설득력이 있다. 그는 중국이 "①남북 두 정권을 한반도 문제의 당사자로 인정하고, 남북 간의 합의를 중요시하고, ②자주성을 중요시하는 북한의 태도를 경화시키지 않기 위하여 스스로 적극적 관여는 행하지 않고 일정한 역할을 확보하고, ③국제적인 틀을 통해서가 아니라, 2국관계의 틀만으로 북한과의 관계를 유지한다"는 북한정책을 추진하고 있다고 보았다.

특히 한중 수교에도 불구하고, "중국의 한국에 대한 자세는 중조관계를 희생으로 하지 않는 범위 내에서 이루어져야 한다는 제한"이 여전히 존재한다는 것이다. 결국 북·중 관계에서 '순지 관계'와 '선통적 관계'가 상당히 희석된 것은 사실이지만, 북·중 친선을 강화하고 발전시키는 것이 중국의 전략적 방침임은 분명하다는 것이다. 이는 중조 양국의 정상과 지도부가 상호 방문 시 반복하여 강조하는 대목이기도 하다.

저자가 진단하듯, 중국이 "북한이 철저하게 거부하는 문제를 바꾸는 영향력"은 갖고 있지 않는 것 같다. 이는 북한이 "중국의 영향력이 절대적인 것이 되지 않도록, 교묘하게 중국 이외의 관계국을 이용하려고 할 것"이기 때문에 더욱 그렇다. 북한이 대외정책의 중심을 대미관계에 둘 때, 중국의 북한에 대한 영향력은 상대적으로 약화된다. 또한 한국과의 관계가 긴밀해질수록 북한에 대한 중국의 영향력은 줄어들고 중국에 대한 북한의 반발과 갈등의 소지는 오히려 높아질 수 있다.

여러 가변적 상황에도 불구하고 주변국 가운데 북한에 대한 영향력을 그나마 상대적으로 많이 갖고 있는 국가 또한 중국임을 부인할 수는 없다. 중국이 북한에 대한 영향력이 없다고 하는 것이 실제의 사정이 아니라 책임을 회피하기 위한 변명일 수도 있는 이유다. 중국이 국제정치의 다자 관계에서는 '북한에 대한 영향력이 없다'며 자신의 역할을 한정하고, 중조 양자 관계에서는 나름의 영향력을 유지하는 이중의 전략을 구사하는 것은 아닐까?

현재 북한은 중국의 경제지원이라는 생명선에 의지하고 있다. 그런 만큼 중국과의 경제적 관계는 더욱 긴밀해지고 있다. 중국 또한 북한에 대한 일정한 영향력을 유지하기 위해, 나아가 중국 자신의 국익을 위해 경제지원을 중단할 수 없는 입장에 있다. 따라서 중국과 북한의 정치체제가 변화하지 않는 한, 중국과 북한 쌍방에게 상대의 '전통적 우의'의 존재가치는 여전할 것이다.

이러한 상황 인식은 북한의 핵개발 포기와 도발을 중단시키고 한반도 신뢰 프로세스를 만들어 나가야 할 한국에게 새로운 해법을 모색하는 데 도움을 준다. 이 책이 중국과 북한관계의 구조와 특징을 잘 보여줌으로써, 한국이 대북한 정책을 둘러싼 중국 등 주변국과의 관계의 방향을 어떻게 설정해 나가야 할지에 대해 숙고하게 만들기 때문이다.

중국과 북한관계를 규정하는 4가지 특징적 요인 중에서 한국과 중국이 원천적으로 안전보장, 이데올로기, 전통적 관계는 공유할 수 없다. 한국이 중국과 북한의 관계요인 중 상쇄시키거나 대체할 수 있는 요인은 현재로선 오로지 '경제적 관계'뿐이다.

하지만 중국과 북한에서 항일투쟁과 한국전쟁의 경험을 공유한 세대가 점차 소멸하고, 중국에서 자본주의를 접하며 성장한 신세대가 대두하면 할수록 북·중 사이의 이데올로기와 전통적 관계가 희석되고 형해화할 것은 틀림없다. 게다가 중국과 한국의 경제적 관계의 확산이 새로운 가치를 만들어낸다면 북·중 관계에 더 큰 변화의 물꼬가 만들어질 수도 있을지 모른다. 또 그런 변화가 북한에서 발생할지도 모를 일이다.

중국과 북한의 관계는 계속 변화해 왔고, 앞으로 '전통적 관계'의 변용의 여지가 전혀 없는 것은 아니다. 다만 중국의 북한에 대한 영향력 발휘를 통해 북한을 변화시키기 위해 중국에 지나치게 의존하려는 경향은 지양할 필요가 있다. 중국의 대북한 영향력의 한계가 존재하는 것을 부인할 수도 없다. 하지만 한국의 대북한 정책, 미국과 일본의 대북한 정책의 변화를 통한 영향력 확보 전략에 대해서도 고민할 필요가 있기 때문이다. 한반도 신뢰 프로세스의 구축은 길고도 험한 길이다. 긴 호흡을 가져야 한다.

28
탈북 난민보호 외면하는 중국의 검은 속내

《탈북자 문제의 인식 2》, 정주선 지음,
프리마북스(2011), 355쪽.

핵심적인 쟁점은 탈북 주민을 난민으로 볼 것인가 아니면 단순 월경자로 볼 것인가이다.
국제사회와 학계에서는 탈북자를 '경제 난민' 내지는 '환경 난민'으로 규정하여 국제법상
의 난민의 처우를 받아야 한다고 주장한다. 따라서 탈북자를 그들의 의사에 반하여 북한
으로 강제 송환하는 것은 국제법의 위반이라고 보는 것이다.

최근 장성택 전 국방위원회 부위원장의 공개처형 과정은 전 세계인을 경악시켰다. 최고의 권력을 분점하던 그가 하루아침에 역적이 되어 기관총 난사로 총살되었다는 소식은, 죄목의 진실 여부를 떠나 김정은 유일독재체제의 극악성을 분명하게 재인식하게 했다.

이번 사건은 힘없는 인민들에 대한 북한 정권의 비인권적 처사가 얼마나 심각할지를 짐작하게 해준다. 누구든 북한 전체주의체제에 위해가 되는 행위를 할 경우 언제든지 처참한 보복이 가해질 수 있다는 공포정치의 극한을 보여준 것이다.

탈북자 줄 잇는 이유

작금의 북한의 상황은 그동안 북한의 경제난, 인권 탄압 등으로 인해 지속되어 온 북한 주민의 탈북 문제에 또 하나의 변수가 될 것으로 보인다. 북한 정권의 체제 단속이 강화되어 탈북이 더욱 힘들어질 것 같다. 나아가 중국 내 탈북자의 처리 문제에 대해 북한 강제송환 등의 강경한 조치를 중국 당국에 요구할 가능성이 높아졌다.

북한의 체제 위기가 심각해질수록 인민의 생활은 힘들어진다. 북한 당국의 감시 또한 강화되어 탈북을 통한 자유의 쟁취 가능성도 그만큼 어려워진다. 물론 북한 내 탈북 요인의 압력이 커질수록 급변 사태 시 한꺼번에 그 압력이 폭발할 가능성도 배제할 수는 없다. 우리 정부도 이제 북한 주민의 탈북 문제와 대량 탈북 사태를 가정한 다각적인 대책을 모색할 시점에 와 있다.

저자가 진단하는 탈북자가 발생하는 근본 원인은 여러 가지다. 첫째, 김일성 유일사상에 기초한 전체주의체제에 대한 부적응 및 사회주의의 이념에 염증을 느끼는 주민들이 늘고 있기 때문이다. 특히 다양한 정보에 의해 자유민주주의 체제인 한국의 생활상을 알게 되면서 전문 직종 종사자 및 가족의 집단 탈북 등 기획 탈북을 시도하는 사례도 증가하고 있다.

둘째, 북한의 에너지 부족으로 인한 공장 가동률의 저하와 홍수와 흉작의 연속으로 인한 식량난 악화, 배급경제의 붕괴로 인한 기아와 궁핍 등이 겹쳐 북한 주민을 탈북으로 내몰고 있다. 이러한 경제적 요인은 선군정치의 강화로 인해 날로 심각해지는 상황에 놓여있다.

셋째, 북한 주민의 지역 간 계급 간 차별적 대우와 열악한 인권 상황, 개인적 비리나 범법행위 등 사회문화적 요인도 탈북을 감행하는 동기가 되고 있다. 자유로운 삶에 대한 동경 또한 열악한 상황에 처한 북한 주민의 탈북을 유인하는 요인이 된다. 이런 요인들은 북한의 체제불안정이 지속될수록 확대될 것으로 전망된다.

탈북자는 보호받아야 할 난민

탈북자의 최종 목적지는 대부분 대한민국이다. 미국 등 제3국을 희망하는 경우는 적다. 한국으로 입국하는 경로는 휴전선의 통과와 해상으로의 탈출이 가장 가깝다. 하지만 이는 사실상 불가능하다는 점에서 중국이 탈북의 1차적 경유지가 된다. 따라서 탈북자 처리 문제는 필연적으로 중국과의 외교적 마찰요인이 되고 있다.

헌법상 북한 주민은 대한민국 국민이다. 북한을 탈출하는 모든 주민을 대한민국은 받아들여야 한다. 하지만 탈북자 처리 문제에 대한 우리의 관점과 북한, 중국의 관점이 날카롭게 대립되어 갈등을 빚고 있는 상황이 계속되고 있다.

난민은 국제법에 의해 보호된다. 1951년 '난민의 지위에 관한 협약', 1967년 '난민의 지위에 관한 의정서'에 의거 난민은 "자신의 생명이나 자유가 위협받을 영역으로 강제 송환되는 것으로부터 보호받을 권리"를 인정받고 있다.

나아가 1969년 채택된 아프리카통일기구협약OAU, Organization of African Unity에서는 난민을 "그의 출신국 또는 국적국의 일부 또는 전부에서의 외부 침략, 점령, 외국의 지배나 공공질서를 심각하게 해치는 사건을 이유로 강제로 자신의 나라를 떠나야만 했던 자를 의미"하는 것으로 확대 정의했다.

게다가 1984년 카타헤나 선언Cartagena Declaration에서는 각 정부대표와 전문가협의회를 통해 OAU의 난민 기준에 인권침해 사항을 추가했다. 즉 "일반화된 폭력, 외부침략, 국내소요, 대량의 인권침해 또는 심각하게 해치는 기타 상황으로 인하여 자신의 생명, 안전이나 자유가 위협받음으로 인하여 자국을 탈출한 자"를 난민으로 확대해석하고 있다.

핵심적인 쟁점은 탈북 주민을 난민으로 볼 것인가 아니면 단순 월경자로 볼 것인가이다. 국제사회와 학계에서는 탈북자를 '경제 난민' 내지는 '환경 난민'으로 규정하여 국제법상의 난민의 처우를 받아야 한다고 주장한다. 따라서 탈북자를 그들의 의사에 반하여 북한으로 강제 송환하는 것은 국제법의 위반이라고 보는 것이다.

하지만 북한은 탈북자를 체제이탈자로 보아 정치범에 준하는 처벌을 한다. 체포된 탈북자에게 갖가지 체형을 가하는 것은 물론 수용소 수감과 심지어 총살형에 처하기도 한다. 북한은 1960년대 초 중국 공안당국과 '북중 탈북자 및 범죄인 상호 인도협정' 일명 '밀입국자 송환협정'을 체결하였다. 또 1986년에 '북중변경지역관리에 관한 의정서'를 체결하여 탈북 난민을 북한 공민으로 보아 강제 송환하도록 협력하고 있다.

중국 정부 역시 북한이 탈북 난민을 '범죄자'라고 주장하는 데 동조하는 입장이다. 이에 따라 중국은 중국에 잠입한 탈북자를 월경 및 도피범으로 보고 이들을 색출 체포하여 북한으로 강제송환하고 있다.

중국은 1982년 난민협약에 가입한 당사국이다. 따라서 탈북 난민의 강제송환은 국제법의 원칙을 위반하는 행위다. 하지만 중국 당국은 탈북자를 난민으로 인정하지 않고 있어 국제법에 위배되지 않는다고 주장한다. 특히 탈북자의 처리 문제에 있어 '주권'과 '내정간섭 불용內政干涉不容'이라는 강력한 방패를 앞세우고 있는 실정이다.

중국은 북한과의 동맹관계와 송환협정을 통해 동반자 관계를 튼튼하게 구축하고 있다. 탈북자의 강제북송에 대한 국제사회의 지탄을 일축하는 배경은 바로 혈맹인 북한과의 관계를 훼손할 수 없다는 인식이 깔려있다. 나아가 탈북자를 난민으로 인정할 경우 탈북자의 대량 유입시 중국 변경의 체제안정이 흔들릴 수 있다는 성치석 입장도 가세하고 있다.

탈북자가 대한민국에 안전하게 입국하게 하기 위해서는 중국 정부의 전향적 자세 전환이 중요한 관건이 된다. 유엔고등난민고등판무관실UNHCR, Office of the United Nations High Commissioner for Refugees은 1951년 탈북자를 '협약 난민'으로 인정하고, 난민협약 당사국인 중국에 난민협약 준수를 촉구하고 있다.

인권 외면하는 중국의 내정불간섭 원칙

하지만 중국이 '내정불간섭'이나 '주권'의 문제라는 주장을 내세우며 탈북자 처리 문제에 대한 국제기구의 간섭이나 국제사회와 한국의 인도적 요구를 일축하고 있다는 데 문제의 심각성이 있다. 물론 중국 당국이 "탈북자를 난민협약상의 난민으로 인정하지 않더라도 UNHCR 규정의 '위임 난민'으로 인정하여 최소한 강제송환 금지의 원칙만은 준수"해야 한다.

'위임 난민'은 난민협약상 보호받지 못하는 경우라 하더라도 이들을 방치할 경우 생명을 상실하거나 심각한 인권유린을 당할 우려가 있는 경우 UNHCR이 구호하는 자를 말한다. 실제로 탈북자가 북송될 경우 이들의 고문과 구타 등 인권 침해와 공개 처형 등 생명이 심각하게 위협받기 때문에 인도주의적 보호가 절실히 요구된다.

물론 난민의 범위를 확대하여 인정하도록 하는 문제는 쉽지 않다. 북한으로 강제 송환된 탈북자의 인권침해나 처형 사례 등의 증거 수집이 어려운 것도 한 이유다. UNHCR과 국제사회의 면밀한 감시활동이 요구되는 대목이다. 물론 해당국가의 요청이나 동의 또는 양해가 없을 경우 UNHCR이 난민 문제에 개입할 수 없다는 한계가 있다.

탈북자 난민 지위 인정을 호소하는 국제적인 서명 운동이나 인도적 차원의 탈북자 돕기 운동도 필요하다. 아울러 중국 당국의 인식의 변화를 이끌어내기 위한 적극적인 외교협상도 중요하다. 가장 중요한 것은 우리 정부의 적극적 노력이다.

중국 내 탈북자에 대한 구체적이고 객관적인 자료의 확보는 물론, 이들에 대한 안전한 국내 입국 경로를 확보하는 실질적 대책을 수립해야 한다. 중국 당국과의 물밑 해결과 동시에 공개적인 탈북자 보호 활동도 병행해야 한다. 탈북자들이 목숨을 걸로 북한을 탈출했지만, 중국에서의 체포 구금의 위협에 시달리거나 제3국을 떠도는 불행한 상황이 하루 빨리 종식되었으면 좋겠다.

탈북자는 남북통일의 과정에서 중요한 역할을 할 사람들이다. 탈북자 문제에 대한 정치권과 우리 국민의 관심과 인식의 전환이 절실히 요구된다. 미국, 일본 등이 북한인권법을 제정 운용하고 있음에도 정작 당사자인 우리나라는 아직도 국회에서 표류하고 있지 않은가? 부끄러운 일이다.

29

핵심이익 확대하는 중국의 강경 외교

《후진타오 시기 중국의 안보 국방정책 결정 메커니즘 분석》, 이상국·신범철·이강규 지음,
국방연구원(2011), 328쪽.

중국의 핵심 이익의 확대 기조와 이를 실현하려는 군사력의 확충은 불가피하게 한국, 일
본, 미국과의 외교적, 군사적 긴장과 갈등은 물론 군사적 충돌의 가능성까지 높이고 있다.
북한의 천안함 폭침 도발 이후 한·미 서해 해상 군사훈련에 대해 중국이 이의를 제기하는
것도 서해(황해)를 자국의 핵심 이익으로 설정한 맥락에서 나온 것임을 간파할 수 있다.

한 국가의 정책은 하루아침에 이루어지지 않는다. 당연히 하루아침에 변하지도 않는다. 정책은 국내외의 정책 환경의 상호작용의 결과이자, 정책 주도자들의 성향과 정책결정 메커니즘의 총체적 산물이기 때문이다.

보수적 경향을 띄는 대외 안보 및 국방정책 정책의 경우 특히 그러하다. 하지만 과거의 정책 패턴과 결정 행위자들의 성향을 분석하면 현재의 정책 결정의 양태는 물론 미래의 정책 변화의 방향을 예측하는 데 상당한 시사점을 찾을 수 있다.

중국의 안보정책은 핵심이익 지키기

이 책은 후진타오胡錦濤 시기의 중국의 외교 안보 정책의 기조를 다각적으로 분석하고 있다. 날로 심화되는 중화민족주의의 경향과 중국군의 강경기조에 영향을 미치는 요인들을 정책 결정 구조와 핵심 엘리트의 성향과 영향력, 안보 정책의 상관관계 속에서 논의하고 있다.

최근 중국이 동중국해 항공식별구역의 일방적 확대 선포로 촉발된 동북아의 안보 정세의 급변의 원인과 의사결정 구조를 추정하고 향후 중국의 외교 및 안보정책의 기조를 예측하는 데 도움을 줄 것 같다.

기본적으로 중국의 국방 안보정책의 기조는 중국의 '핵심이익核心利益'의 유지 및 확대와 밀접한 관련이 있다. 중국의 핵심이익은 '절대로 양보할 수 없는 이익'의 영역에 속한다. 대외 안보 정책은 이러한 핵심 이익의 실현을 위한 의지의 표명과 이를 관철시키기 위한 힘의 과시의 결과로 나타난다.

중국의 3대 핵심이익은 ①중국의 기본(정치) 제도 및 국가안보 보존, ②국가 주권과 영토 완정領土完整, ③경제 및 사회의 지속적인 안정적 발전이다. 중국의 사회주의 정치체제의 유지와 영토의 완성이 대외 안보 정책의 핵심이익이 된다.

중국은 국토 완정의 대상으로 대만, 티베트, 신장 등을 설정하고 있었다. 하지만 최근 남중국해와 서해(황해)를 새로 추가했다. 이는 한국에도 위협적인 안보 갈등 요인을 만드는 계기가 되고 있다. 물론 중국이 대외 안보 정책에서 '상대국의 핵심 이익과 주요 관심사에 대한 주의'를 원칙으로 표방하고 있지만, 중국의 핵심이익과의 정면충돌 시 자국의 핵심 이익을 우선시하리라는 점은 명확하다.

중국의 핵심 이익의 확대 기조와 이를 실현하려는 군사력의 확충은 불가피하게 한국, 일본, 미국과의 외교적, 군사적 긴장과 갈등은 물론 군사적 충돌의 가능성까지 높이고 있다. 북한의 천안함 폭침 도발 이후 한·미 서해 해상 군사훈련에 대해 중국이 이의를 제기하는 것도 서해(황해)를 자국의 핵심 이익으로 설정한 맥락에서 나온 것임을 간파할 수 있다.

중국 외보안보 정책결정 시스템

후진타오 시기의 안보 정책의 기조는 점차 강화되는 민족주의적 성향과 맞물려 군부 내 강경 엘리트의 영향력이 증대되는 경향을 보여 왔다. 중국의 국내 정치와 안보 영역이 분리되면서, 중국군의 안보 영역에서의 자율성과 영향력을 강화시키는 결과를 낳고 있다.

특히 주요 안보 이슈 발생 시 과거 하향식 의사결정방식 주도적이었지만, 후진타오 시기부터 상향식 의사결정 방식이 확대되고 있다. 이는 정치국 상무위원회의 최종 의사결정에 인민해방군의 내부 의사가 점차 영향력을 더 많이 미치고 있다는 의미다.

중국의 의사결정은 집단 영도적 방식이 강조되면서 계파 간 합의consensus를 통해 의사결정이 이루어진다. 결국 정책 결정 시간이 길고 복잡한 과정을 거치게 된다. 중국이 대외의 안보 이슈에 대한 공식 입장이 상당히 늦게 나오는 것도 이 때문이다.

현안에 대한 국가적 차원의 합리적인 의견 조정 시스템도 미비하다. 외교 국방 분야의 최고 의사결정 시스템은 정치국 상무위원회와 중앙외사영도소조이다. 하지만 이 의사결정 시스템에 참여하는 엘리트 간에 부처 간 이기주의로 외교, 상무, 안보 부문에 협조가 원활하지 못하다. 특히 최근에 외교부의 영향력이 약화되는 반면, 중국 인민해방군의 영향력은 증대되는 경향을 보인다.

정치 및 군사 엘리트들의 의사결정 행위에서도 강경 세력이 득세하고 있다. 시진핑習近平은 그동안 대외안보 영역에서 줄곧 강경한 목소리를 내어왔고 민족주의적 경향이 강한 편이다. 물론 국내 자유주의적 성향의 개혁파 인사들과 일정 부분 교류를 지속하고 있기는 하다.

시진핑의 강경 외교 노선

시진핑이 주석이 된 이래 강경한 대외정책 기조를 유지하고 있는 것도 과거 그의 성향과 행태의 연장선에서 이해되어야 한다. 앞으로의 정책 결정의 방향도 같은 맥락에서 추측할 수 있다.

저자들은 중국 대외정책의 결정 시스템과 엘리트들의 성향 분석을 통해 미래의 정책 대응 방향을 제시하고 있다. 특히 중국의 안보 정책에서 보수적, 공세적 성격이 강화되면서 한국의 안보에 불리하게 작용할 여지에 주목하고 있다.

한국에 어떤 "선택을 강요하는 환경 자체에서 탈피할 수 있는 전략 마련을 위해 지혜를 모아야" 함을 강조하고 있다. 쉽지 않은 일이다. 중국의 적극적 대외 안보 정책으로 인해 미국과 중국의 경쟁이 날로 격화되고 있기 때문이다.

또한 중국의 군사적, 외교적 공세 요인을 약화시킬 수 있는 대응방안의 모색도 요구된다. 중국의 사이버 민족주의에 대응하여 사이버 외교를 강화하는 방안도 필요하다. 주요 안보 이슈에 대해 중국의 다양한 유관기관과의 대화 채널을 구축하고, 국내 관련 부처 간 효율적인 의사 협력 시스템의 구축도 절실하다.

특히 군사 영역에서의 한중간의 신뢰 회복 및 강화 노력도 필요하다. 한·미·일 안보협력을 강화하되 중국과 불필요한 갈등이 야기되지 않도록 정기적인 한·중 군사교류와 고위급 인사 간 상호 방문 등을 활성화할 필요가 있다. 물론 북·중 동맹이 유지되는 상황에서 한·미동맹의 유지와 강화의 당위성에 대한 중국의 양해를 구하는 노력도 병행해야 한다.

중국의 대외 안보 정책의 기조와 방향을 이해하기 위해 우리 정부의 정치 및 군사 지도자들은 물론 관심 있는 연구자, 사회지도층에게 일독을 권한다.

중국 아킬레스건,
중국의 베일을 벗긴다.

감추고 싶은
중국의 비밀 35가지

제6부

주변국 주권을 침탈하는
신중화주의

30

고구려 역사 침탈하는 동북공정

《동북공정 고구려사》, 마다정 외 지음, 서길수 옮김,
사계절(2006), 822쪽.

중국의 동북공정은 과거의 역사를 현재적 관점에서 멋대로 재단하고 조직적으로 역사를 침탈하는 비열한 기도다. "소위 단군은 존재하지 않았으며 고조선족은 중국 고대 역사에서 이 지역 하나의 민족 및 지방 민족정권이었으며", 고구려사뿐 아니라 "현재의 한강 이북지역은 줄곧 고대 중국의 영토"였다고 강변한다.

감추고 싶은
중국의 비밀 35가지

"고구려 민족 및 그 정권은 중국 역사의 고대 민족과 지방 정권인 동시에 중국 역사에서 흥망성쇠를 거듭했던 기타 고대 민족 및 그 정권과 동일하다." 한민족의 독립 왕국이었던 고조선과 고구려를 중국의 지방 정권으로 규정하는 동북공정의 괴이한 논리다.

주변국 역사를 침탈하는 중국 공산당의 음모

중국의 역사 침탈의 관점은 오만하고 황당하기 그지없다. 이들은 "수백 년도 좋고, 수천 년도 좋다. 이 범위 내에서 활동한 민족을 우리는 모두 중국사의 민족이며, 이 범위 내에서 건립된 정권은 모두 중국 역사상의 정권으로 여겨야 한다"고 주장한다.

중국의 동북공정은 과거의 역사를 현재적 관점에서 멋대로 재단하고 조직적으로 역사를 침탈하는 비열한 기도다. "소위 단군은 존재하지 않았으며 고조선족은 중국 고대 역사에서 이 지역 하나의 민족 및 지방 민족정권이었으며", 고구려사뿐 아니라 "현재의 한강 이북지역은 줄곧 고대 중국의 영토"였다고 강변한다.

저자가 폭로하는 동북공정의 실체는 한국인의 분노를 자아낸다. 이 모든 것이 중국 공산당의 치밀한 기획 아래 이루어졌다. 중국 공산당은 마다정馬大正, 양바오롱梁保隆, 리다롱李大龍, 경테화耿鐵華, 권혁수權赫秀, 화리華立 등 관변사학자를 6명을 동원한다. 소위 '동북 변경 역사와 현황에 대한 체계적인 연구 프로젝트東北邊境歷史與現狀系列研究工程', 약칭 '동북공정'을 추진한 것이다. 이중 권혁수는 한국학중앙연구원에서 박사학위를 받은 조선족 학자다.

1980년부터 1995년까지 15년간 고구려사 연구를 시작하여 역사 왜곡의 1단계 준비기를 마친다. 2단계(1996~2001)로 역사 침탈을 추진하여 1차 왜곡을 완성한다.《고대 중국 고구려역사 총론》의 발행이 그 결과물이다. 3단계(2002~2003)에 2차 왜곡을 진행하여《고대 중국 고구려역사 속론》을 발행함으로써 동북공정의 큰 틀이 완성되었다. 이후에도 역사 왜곡을 심화시키는 동북공정은 현재진행형이다.

동북공정을 추진하고 있는 핵심기구는 '중국변강사지연구중심中國邊疆史地研究中心'이다. 가장 중요한 조직은 지도위원회다. 위원장은 공산당 중앙위원 겸 중국사회과학원 학술위원회 주임이다. 동북3성의 부성장과 마다정이 부위원장을 맡고 있다. 학자는 마다정 한명 뿐이고, 조직의 핵심 간부 모두가 공산당의 핵심 정치적 보직자다. 동북공정이 학계 주도의 연구인 것처럼 포장하고 있지만, 실상 연구의 방향을 좌지우지 하는 건 바로 중국 공산당이란 걸 확연히 알 수 있다. 이는 중국 공산당의 전형적인 수법이다.

역사 왜곡으로 외교적 마찰이 발생하면 역사학자들의 순수한 학술연구 활동이어서 중국 공산당이 관여할 수 없다는 식으로 대응한다. 이는 뒤에서 모든 것을 기획하고 조종하면서 학술활동으로 포장하여 책임을 회피하려는 치졸한 수법이다.

더구나 집필을 맡은 핵심 인물인 마다정과 리다롱은 고구려사 전공자도 아니다. 이 과업과 함께 고구려사를 연구하기 시작한 초보자다. 기라성 같은 고구려 연구가들을 제켜놓고 이들 비전공 초보자에게 동북공정을 맡겼다는 것 자체가 역사 왜곡의 저의를 그대로 드러낸 것이다. 이미 고조선과 고구려가 중국의 지방정권이었다는 결론을 내놓고 초보 관변학자를 동원하여 꿰어 맞추기식 연구를 진행했으리라고 여겨지는 대목이다.

중국공산당은 이들의 연구가 학술적으로 불완전하더라도 대수롭게 여기지 않는 듯싶다. 일단 공산당이 뒷배를 든든히 봐주고 있는 동북공정의 결과물은 역사적 진위나 합리성 여부와 관계없이 아무도 거스를 수 없는 역사 서술의 지침이 될 것이기 때문이다. 동북공정의 결과물로 발간된 고구려사 〈총론〉과 〈속론〉은 이미 중국의 고대사를 중원 중심의 역사에서 과거 오랑캐로 여기던 이민족의 역사까지 포괄하는 것으로 확장시켜 놓았다.

조공과 책봉을 받았으면 모두 중원 왕조의 지방정권?

이제 중국의 역사학자들에겐 이 〈총론〉과 〈속론〉의 내용을 반복하고, 심화하는 역할만 주어질 것이다. 중국 공산당의 공인된 사관에 어긋나는 연구와 서술을 어떻게 할 수 있겠는가? 이제 한 목소리로 고조선과 고구려의 역사가 중국의 지방 정권의 역사에 불과했다는 논리를 강화하고 이를 구현하는 역사 서술에 매달릴 게 분명하다. 이런 비틀린 역사 서술과 교육은 중국의 기성세대와 자라나는 세대에게 그릇된 역사 인식을 심어줘 한국인과의 역사 인식의 괴리를 더욱 크게 만들 것 같다.

저자가 《동북공정 고구려사》에서 고구려사를 중국의 지방 정권으로 규정하는 핵심 근거를 살펴보자. 우선 중원의 왕조가 변경 민족에게 "벼슬을 내리고冊封, 정기적으로 찾아와 인사를 올리고朝見, 인질을 바치도록納質 요구하던" 번속藩屬관계를 근거로 삼는다. 중국 역사학자들은 변경 국가들을 '국가'라고 부르지도 않는다. 단지 중원 왕조에 부속된 '정권'일 뿐이다. 고구려를 독립국가로 호칭하지 않고 '고구려 정권'으로 격하시킨다.

과거 한나라에 변경 민족 정권들이 칭신납공稱臣納貢했던 것이 '번신藩臣'과 '외신外臣'임을 나타내는 지표라는 것이다. 신하를 칭하였던 변경 민족은 중국의 지방 정권이라는 것이다. 이들의 단순 논리에 기초한 지방 정권론이 얼마나 억지와 모순으로 가득 차 있는지 쉽게 발견할 수 있다.

"번속관계가성립되면변경민족정권통치자개개인의권리에는분명한 변화가 발생하지 않았으나," 변경 민족의 통치체계의 왕과 이하 관료들은 "동시에 한 왕조의 지방 관원이기도 하였"다는 것이다. 이쯤 되면 견강부회牽强附會의 정도가 너무 심하다.

이렇듯 칭신납공을 하던 모든 변경 민족을 지방정권으로 규정해 놓았다. 고구려와 백제, 신라 역시 모두 중국 왕조로부터 책봉冊封을 받고, 조현朝見하며 신하를 칭하였다는 점을 강조하고 있다. 한민족 삼국 역시 지방 정권이었다는 규정하고 싶은 것이다.

변경 국가의 지방정권론을 보강하는 순환논리는 끝없이 이어진다. 한 왕조가 번속 관계를 수립한 후 변경 민족 정권에 조령詔令의 준수를 요구하고 한 왕조를 안정시키는 울타리 역할을 요구했었다는 것이다.

다만 변경 정권에 '자주권'을 주고 칭신납공, 납질納質, 조현朝見을 요구했던 것은 말에 재갈을 물리고, 소에 멍에를 씌어 부리는 것과 같은 기미羈縻통치의 차원이었다는 것이다. 기미통치의 일환으로 '자주권'을 주었던 것이지, 독립국가로 인정한 게 아니었다고 주장하고 있다. 칭신납공, 납질, 조현의 의무를 수행한 것이 중원의 지방정권이었다는 증거라는 것이다.

결국 《동북공정 고구려사》는 한나라, 수당 왕조와 고구려가 신속臣屬관계를 맺고 사신을 보내 조공하고 책봉을 받았다는 점을 정치적으로 완전하게 예속된 관계로 확대해석하는 중대한 오류를 범하고 있다. 이는 중국의 관점에서 나온 논리적 비약이자 자의적 해석일 뿐이다. 고구려, 백제, 신라가 중원 왕조와 조공과 책봉의 관계를 유지했던 현실적인 이유와 배경은 중국의 억지 해석과는 완전하게 상치된다.

칭신납공은 고대 국가 간의 외교적 방편일 뿐 예속관계의 증거가 아니다

한반도의 3국은 중원 대국과의 현실적 국력의 차이에서 오는 불필요한 갈등을 야기하지 않고 원만한 관계와 안정을 유지하기 위한 외교적 방편이 필요했다. 칭신납공이 적절한 수단의 하나가 되었던 것이다. 조공 역시 토산품을 바치고 중원의 선진 물품을 받아오는 국가 수준의 또 다른 물물교역의 형태의 일종으로 보는 게 맞다. '사대외교', '조공무역'

이란 용어가 등장한 것도 같은 맥락으로 이해할 수 있다.

이러한 유형은 동서양의 고대 국가에서 패권적 국가와 주변 국가 간에 흔히 보이는 유사한 정치적, 경제적 거래 형태일 뿐이다. 따라서 중국이 조공과 책봉을 근거로 고구려를 중국 왕조의 지방 정권이었다고 주장하는 것은 상호 호혜적 의미를 갖던 역사적 배경을 도외시한 억지가 아닐 수 없다.

중국은 변경 국가의 침략을 막고 달래는 방편으로 활용하고, 변경 국가는 선진 문물을 수용하는 안정적 체제를 원했다. 이런 양자의 이해관계가 만들어낸 정치적 구조가 칭신납공이었던 것이다. 칭신납공은 고대 동아시아 국가 간에 형성된 특이한 정치·외교적 체제였다. 이를 완전한 정치적 예속관계로 해석하는 것은 보편적 역사해석과 거리가 멀어도 한참 멀다.

특히 한민족의 3국은 분명한 자주국으로서의 주체적 의식을 갖고 있었고 주체적으로 국가를 경영했다. 더구나 중국의 주장처럼 중원의 지방 정권으로서의 인식을 갖고 있었다는 것을 증명할 역사적 사료는 전혀 찾아볼 수 없다. '조공'은 결코 지방 정권의 지표가 될 수 없는 것임에도 중국 관변 역사학자들은 고구려사에서 이 점을 거듭 강조하고 있다.

하지만 조공과 책봉 관계에도 불구하고 고구려는 국가적 정체성을 유지하면서 중원 국가와 대등한 입장에서 패권을 다투었다. 당연히 고구려가 수나라 및 당나라와 벌인 전쟁은 엄연한 독립 국가 간의 전쟁이었다. 고구려 '지방 정권'이 반란을 일으키고 '중원의 왕조'가 진압하는 양태의 전쟁이 아니었다는 뜻이다. 고구려가 중원의 지방 정권이었다면 어떻게 중원 왕조에 맞설 수 있었겠는가? 고구려는 한민족의 정통성을 공유하면서 백제와 신라의 방파제 역할까지 했던 것이다.

《동북공정 고구려사》의 역사 날조는 심각하다. "고구려 정권 내부에 많은 한인들이 있었는데 이것 역시 고구려 통치자가 중국과 동일한 인식을 가지는데 영향을 주었고, 역대 왕조를 중국 '정통'으로 받든 원인의 하나가 되었다"고 기술한다. 완전한 아전인수식 날조에 불과하다.

고구려인이 중국인과 동질 의식을 갖고 있었다?

동북공정 고구려사는 고구려인들이 중국에 대해 동질 의식을 갖고 있었다고 강변하고 있다. 하지만 이를 뒷받침 할 역사적 사료는 전혀 없다. 고구려가 중원 왕조를 "정통"으로 받들었다는 것은 역사가 아닌 황당한 소설에 불과하다. 고구려가 멸망한 후 몇몇 무장이 중국으로 건너가 벼슬을 한 것을 중원에 대한 동질 의식의 소산으로 확대 해석하는 것에 이르면 아연실색하게 된다.

중원의 한족과 한민족의 민족 성원은 근본적으로 다르다. 당연히 중원과 한민족 3국의 문화적 정체성이 확연히 달랐다. 물론 한민족은 한자와 중원의 기술 문명을 받아들였다. 하지만 이는 주변국간의 문화·기술적 교류의 양태로 이루어지는 것이다. 높은 수준의 문명이 낮은 곳으로 흘러들어가는 건 자연스런 현상일 뿐이다.

그런데도 중국은 이를 "고구려 정권의 한화漢化 과정"으로 침소봉대하고 있다. 고구려가 중원의 경제와 문화 기술적 영향을 받은 것 자체를 한화漢化된 지방 정권의 근거로 연계시킨다.《동북공정 고구려사》에는 이런 논리를 뒷받침하려는 왜곡된 기술이 가득하다. 이는 날조를 넘어 역사의 침탈이다.

고구려가 간간히 중원의 여러 왕조와 신속臣屬 관계를 유지하였던 점은 분명하다. 하지만 그때그때 일시적이고 편의적인 선택이었을 뿐이었다. 고구려는 한민족이 중심 백성으로 이루고 있었던 완전한 독립 국가였다. 결코 한족 중심의 중국 왕조의 지방 정권이 될 수 없었다.

고구려의 유구한 705년(BC 37~AD 668년)의 역사를 보라. 705년 동안 중원에서는 한(234년), 삼국시대(60년), 진(153년), 5호 16국(137년), 남북조 시대(169년), 수(38년), 당(50)이 명멸하는 이합집산의 초라한 역사가 있었을 뿐이다. 더군다나 수나라는 몇 차례의 고구려 침략의 참패가 왕조의 멸망으로 이어지는 결정적인 요인이 됐다.

강대하고 영속했던 고구려를 '지방 정권'으로 치부한다면, 과연 수십 개 왕조가 난립하고 명멸하는 와중에 어느 왕조가 중원의 대표 왕조로서의 통치권을 주변국에게 지속적이고 실효적으로 행사할 수 있었단 말인가? 200년을 넘겨 존속한 왕조라고 해야 하나밖에 없었던 중원의 왕조가 705년간이나 존속한 고구려를 지방 정권으로 지배했다고 주장하는 것 자체가 얼마나 허구적인가?

《동북공정 고구려사》에서는 신라를 중국의 고대 번속 관계를 모범적으로 준수한 정권으로 기술하고 있다. 신라가 조공을 받치고 왕의 책

감추고 싶은
중국의 비밀 35가지

봉을 요구하여 받아갔다는 점을 들어 신속臣屬관계의 본보기로 들고 있는 것이다. 이런 관점은 삼국통일 과정을 보는 시각에서도 충돌하게 만든다.

삼국통일 전쟁이 당나라의 통일 전쟁?

당나라와 신라는 동맹을 맺고 백제와 고구려를 공격했지만, 전쟁을 의미를 달리 보고 있었다. 중국은 삼국통일을 위한 신라, 백제, 고구려와의 전쟁을 당 왕조에 의한 지방 정권의 통일 전쟁과정으로 보았다. 당은 한반도 전체를 중국의 땅으로 차지하려는 영토적 야심을 드러냈던 것이다.

《동북공정 고구려사》에서 신라가 "당 왕조에 의해 통일된 백제의 영토를 침략해 점거"하고, "고구려의 잔여 세력을 이용하여 북쪽으로 확장을 시도하였"다고 규탄하는 이유이기도 하다. 신라, 백제, 고구려가 갖고 있던 삼한일통三韓一統의 시각과 완전히 괴리된다.

《동북공정 고구려사》는 또 이렇게 기술하고 있다. "조선의 고대 왕조가 우리 영토에 속해 있었던 고구려의 관할 구역을 조금씩 점거하였다고 설명하는 것은 다만 역사의 진상을 설명하고자 하는데 있을 뿐이라는 점이다." 이는 한반도 중앙부까지 차지했던 고구려의 땅이 중국의 영토에 속했다는 인식을 감추지 않는 것이다.

또 그럼에도 불구하고 오늘날 당장 과거 자신들의 고구려 땅에 대한 점유권을 주장하지는 않겠다는 말이기도 하다. 마치 큰 아량이라도 베푸는 것 같다. 참으로 어처구니없는 발상이다.

중국은 《동북공정 고구려사》에서 백제와 신라 역시 고구려와 마찬가지로 칭신납공을 했음에도 이들 두 국가 역시 직접 중원의 지방 정권이라고 주장하고 있지는 않다. 이는 고구려의 칭신납공을 변경의 지방 정권이었다는 강력한 근거로 삼는 것과 사뭇 모순된다.

고구려에 적용한 논리대로라면 당연히 백제와 신라 역시 중국의 지방정권이었다고 주장해야 맞는 것 아닌가? 그런 주장을 하지 못하는 것은 자신들의 억지 주장의 모순을 너무나 잘 알기 때문이다. 중국은 고구려와 고조선 등 현재 중국의 영토 안에 속해있는 땅에 대해서만 중국의 지방 정권이었다고 집중적으로 공략하고 있는 셈이다.

이는 과거 백제와 시라의 강역이 현재의 중화인민공화국의 영토가 아니기 때문에 더 이상의 무리수를 두지 않을 뿐이다. 그렇다고 한반도 전체가 속국이자 중원의 지방 정권이었다는 인식을 완전히 버린 것으로 보기는 어렵다.

한민족 정통성 부정하는 동북공정, 한반도 통일과정의 무서운 암초
고구려를 중국의 지방정권이라고 주장하면서 이들이 가장 곤혹스럽게 여기는 것은 고려가 고구려를 계승한 국가라는 점을 한민족이 당연시 하고 있다는 점이다. 고구려와 고려가 같은 민족이라는 엄연한 사실이 중국의 역사 왜곡과 침탈과정을 모순에 빠지게 만드는 부분이다. 고려가 고구려를 계승했다는 우리의 역사관은 고구려가 한화漢化된 지방 정권이었다는 자신들의 주장을 무력화시키기 때문이다.

이에 따라《동북공정 고구려사》에서는 고구려와 고려는 전혀 다른 나라였다는 점을 증명하려 애쓴다. 고조선, 부여, 고구려, 고려로 이어지는 한민족의 정통성을 부정하려는 갖가지 기술을 펼치는 이유다.

그럼에도 중국은 "옛 사람의 마음속에 가지고 있던 '중국'을 중국의 범위로 받아들일 수 없다"며 과거 한족의 강토 인식을 버리고 현재 중화인민공화국의 잣대로 새로운 '중국'의 역사와 그 역사가 만든 강역을 회복하려는 야욕을 거침없이 드러내고 있다.

《동북공정 고구려사》는 "현재의 한강 이북지역은 줄곧 고대 중국의 영토였다"는 근본 인식을 깔고 여기에 모든 것을 꿰어 맞추고 있다. "중화인민공화국 국토 범위는 물론, 이 범위 내에서 활동한 민족은 모두 중국사의 민족이며 이 범위 내에서 건립된 정권은 모두 중국 역사상의 정권으로 여겨야 한다." 이것이 동북공정에서 반복적으로 강변하는 결론적 메시지다.

하지만 이들은 과거를 되돌아볼 필요가 있다. 1950년대 말 북한과 중국의 국경획정 협정에서 마오쩌둥은 "당신들의 경계는 요하 동쪽인데 봉건주의가 조선인들을 압록 강변으로 내 몰았다"고 말했다. 요동지역이 원래 조선 땅이라고 확인해 준 것이다. 저우언라이 역시 "압록강 서쪽이 중국 땅이었고, 조선은 중국의 속국이었다는 것은 터무니없는 말"이라고 확언했다. 중국 외교부 문건에 나오는 이야기다.

중국 공산당은 자신들이 공언한 말을 손바닥 뒤집듯 했다. 1980년대부터 이런 인식을 완전히 부정하고 동북공정을 통해 고구려 강역을 중원의 것으로 삼고, 그 땅 위에 있었던 독립왕조 고조선, 부여, 고구려를 중원의 지방 정권으로 찬탈해 간 것이다.

　중국의 동북공정 역사관의 확장은 끔찍한 상황을 초래할 수 있다. 만약 북한 급변사태 시 중국이 개입하여 북한지역을 점거한다면 어떻게 될까? 이때 중국 공산당이 국제적 명분을 얻는 데 동북공정에서 전개된 논리가 효과적으로 활용될 가능성이 높다. 북한을 중국이 관할하는 것은 '고대 중국의 영토'의 회복이자, '고대 지방 정권 강역의 수복'이라고 주장할 가능성도 있다는 의미다. 그러면 자연스럽게 동북 4성의 하나로 편입을 주장할 논거가 된다. 지나친 기우일까? 어쩌면 동북공정의 궁극적 목적이 여기에 숨어있는지도 모른다. 한 역사를 두 나라가 사용하고 있는 '일사양용一史兩用'의 현재의 상황을 방치하는 비극이 어떤 양태로 진전될 지 아무도 모른다. 한국이 중국의 동북공정의 깊은 저의를 묵과하고 있는 동안 이들의 한민족 역사 침탈은 끊임없이 진전되고 있다.

　중국의 고구려 역사 침탈은 단순히 고대 영토의 관할과 과거 역사의 계승권의 문제에 그치지 않는다. 곧바로 현재의 문제이기도 하다. 동북공정의 역사관을 배우고 자라는 중국의 젊은 세대들의 그릇된 역사관이 광신적 민족주의와 결부될 경우 한민족 통일의 여정에서 불행한 변수로 작용할 가능성도 배제할 수 없다. 그 시나리오는 결코 우리에게 유리한 양태만은 분명 아닐 것이다. 우리 정치인 가운데 동북공정을 한반도의 통일과 연계하여 심모원려深謀遠慮하는 사람이 과연 몇이나 될까.

31

중국, 동북공정 이어 이번엔 청나라 역사까지...

《중국의 청사공정 연구》, 정혜중·김형종·유장근 지음,
동북아역사재단(2008), 203쪽.

청조로부터 영토주의적 역사의식과 다민족을 포괄했던 지배 체제를 유산으로 물려받은 중국 공산당은 이제 청조를 이민족 지배로 부각시켜 분리시키기보다, '중화민족'이라는 '상상의 공동체' 속에 포괄해내는 '신중화주의'를 만들어냈다. 한족 단결을 외치며 만주족 타도를 격동시키던 민족 투쟁의 관점을 '중화민족 대가정론'으로 전환시킨 것이다. 정치적 목적에 따른 노회한 변신이다.

중국이 과거로 눈을 돌리고 있다. "역사는 과거와 현재의 끊임없는 대화"라고 갈파했던, 에드워드 핼릿 카Edward Hallett Carr, 1892~1982의 역사의식에 이제야 눈을 뜬 것 같다. 카는 '과거 사실의 충실한 재현'에 근거한 실증적 역사관을 도외시한 채, 현재의 눈으로 과거를 재구성하고 해석할 것을 주장했다.

카는 인류가 소비에트 유형과는 다른 사회주의로 가야한다고 평생 동안 염원했고, 현재적 시각으로 역사를 재해석함으로써 새로운 미래를 창출하는 동력으로 삼아야 한다고 생각했다. 우리나라는 카의 역사관을 맹목적으로 추종한 사람들에 의해 근현대사가 심각하게 좌편향 왜곡되는 등 적지 않은 해악을 경험했다. 현재 중국이 추진하고 있는 청사공정淸史工程을 보면서, 에드워드 핼릿 카의 역사관과 그의 역사관이 만들어낸 악영향이 먼저 떠오르는 것도 같은 맥락에서다.

봉건체제를 강화해 온 '역대수사易代修史'의 전통

중국은 세계에서 유일무이하게 새롭게 들어선 왕조가 이전 왕조의 역사를 기록하여 중국 역사를 이어간다는 이른바 '역대수사易代修史'의 전통을 이어오고 있다. 그런데 특이하게도 역사의 기술을 민간 역사학계의 자율에 맡기지 않고, 관官이 주도해왔다. '학자수사學者修史'가 아니라 국가적 사업의 일환으로 '관찬정사官撰正史'를 내놓음으로서 역사학자들의 자유로운 직필直筆의 여지를 봉쇄해왔던 것이다.

《사기》로부터 시작하여 역대 왕조가 바뀔 때마다 전대의 역사를 기록하여 지금까지 24사(혹은 25사)가 나왔다. 반고의 《한서》와 진수의 《삼국지》, 공동 저작에 의한 《송사》, 《원사》, 《명사》가 바로 그것들이다. 그런데 청나라 멸망 이후 중화민국 정부에서 편찬한 《청사淸史》가 정사正史로 확정되지 못하면서, 새로운 청사를 편찬하기 위한 청사공정이 시작된 것이다.

이 책은 중국의 청사편찬 사업의 추진 배경과 경과, 청사 기술 방향에 대한 중국 역사학계의 관점, 앞으로 주변국에 예상되는 영향 등 다양한 이슈를 3명의 저자가 세 편의 논문을 통해 소개하고 있다. 과거 조선과 여러 관계를 맺었던 청나라의 역사 기록이 남의 일만은 아니다. 특히 일본과 타이완의 많은 역사학자들이 청사공정에 다양한 방식으로 참여하고 있지만 한국은 소외되고 있는 상황이기 때문이다.

중국의 역사 기술의 전례로 보면 청사의 기술에 반드시 외국과의 관계에 대한 내용이 포함될 것이다. 자연히 그 내용에 과거 청나라의 시각은 물론 현대 중국이 주변국을 바라보는 관점이 녹아들어갈 수밖에 없다. 우리가 중국의 청사공정에 주의를 기울여야 하는 이유가 여기에 있다.

중국이 관이 주도하여 과거의 역사를 정리하고 평가하는 정사의 위상을 명확히 하는 사학의 전통을 유지하는 건 이유가 있다. 역대 왕조들은 정사편찬을 통해 새 왕조가 개창되면서 고통을 당했던 백성을 위무하고 어지러웠던 민심을 안정시키며 새 왕조의 위업을 과시하고자 했다.

또한 전 왕조의 흥망과 성쇠, 성공과 실패를 거울삼아 새로운 왕조의 국가통치 전략으로 활용하고자 헀다. 특히 전 왕조 역사의 편찬은 새 왕조의 안착을 대내외에 알리는 효과적인 수단이기도 했다. 이렇듯 '역대수사'는 봉건 전제군주제를 유지하고 강화시키는 다목적에 기여하는 통치수단의 하나로 상속되어왔다.

중국 공산당 주도의 청사공정

1911년 신해혁명으로 청나라가 멸망하고 근대국가인 중화민국이 들어섰지만, 국가주도의 역사편찬의 비합리성에 대한 어떠한 의문도 없이 역대수사의 전통은 그대로 이어진다. 과거 역사 정리의 전통의 무게가 그만큼 컸기 때문일까? 하지만 과거 왕조의 역사를 기록해야 한다는 중화민국 정부의 강박관념은 부실한 역사기록을 초래했다.

중화민국 정부는 1914년부터 1925년까지 11년 동안 100여 명의 학자를 동원하여 《청사》를 편찬해냈다. 그러나 주로 청나라 유신遺臣들이 참여한 결과 청을 옹호하고 청을 멸망시킨 신해혁명에 대한 반혁명성을 드러내는 등 청대 관료적 시각이 많이 노출되었다고 한다. 《청사》가 공식적 정사로 인정받지 못하고 《청사고淸史稿》로 격하되어 불리게 된 배경이다. 청조의 유신들과 중화민국의 창업 주체들 간의 역사인식의 차이 때문에 빚어진 일이다.

흔히 '역사는 승자의 기록이다'라는 말이 상기되는 대목이다. 하지만 《청사》가 중화민국의 혼란한 정치 상황에 기인한 자료 수집의 어려움과 자금 부족이 가중된 상황에서, 청대사의 방대한 사료를 정리하고 보존하는 역사서 역할을 했다는 점은 평가받을 만하다. 이후 타이완으로 물러난 중화민국은 '민족 혁명'의 관점을 견지하고 한족의 대의와 기개를 강조하기 위해, 항청抗淸 운동과 태평천국의 난 등의 사실을 긍정적으로 기술하는 등《청사고》의 원문을 대폭 수정했다. 하지만 아직도 청조 통치자들의 입장이 상당 부분 배어있다는 비판에서 자유롭지 못하다.

정작 중화인민공화국은 청사 편찬의 필요성을 늦게 인식했다. 아니 사회주의 혁명과 건국 과정의 혼란한 정치상황이 역사의 재정립에 눈을 돌릴 틈을 주지 않았다고 보아야 할 것 같다. 1950년대 후반에 저우언라이周恩來, 1898~1976가 청사관의 설치 등을 계획했으나 경제난으로 실시되지 못했다. 또 '프롤레타리아 문화대혁명' 직전인 1965년 청사편찬위원회가 성립되었으나, 혁명의 소용돌이 속에서 잊어졌다가 혁명이 종료된 후 1978년에서야 청사연구소가 설립된다.

이후로도 편찬계획이 준비되고 분야별 역사기술이 부분적으로 시작되지만 본격적인 청사 편찬은 미루어진다. 2002년에야 비로소 공산당 정치국 상무위원 장쩌민江澤民, 주룽지朱镕基, 후진타오胡錦濤, 리란칭李嵐淸 등 4인의 비준을 거쳐 국무원 판공청의 주도 하에 국가청사편찬영도소조가 구성되고, 청대사, 근대사 연구자로 구성된 국가청사편찬위원회가 정식으로 설립된다. 인민대학 명예교수 다이이가 주임직으로, 동북공정의 핵심 인물인 중국사회과학원 학술위원 마다정馬大正 등이 부주임으로 청사공정을 이끌게 되었다.

2002년부터 10년 계획으로 시작된 '신청사공정'에 중국 정부는 총

6억 위안(한화 약 1,000억 원) 이상을 쏟아 붓고 약 1,600여 명의 연구 인력을 투입시켰다. 이제 머지않은 시기에 청사의 발간이 이루어질 전망이다. 과거 몇 차례 청사편찬을 시도했던 시기에 비해 사회가 안정되어 있고 국가적 지원도 전폭적이니만큼, 중국의 경제 사회 역량에 걸맞은 '성세수사盛世修史'의 성과를 낼 수 있을 지 주목된다.

타도 대상이던 만주족의 나라 청을 끌어안은 신중화주의

만주족이 건국하여 한족을 지배했던 청의 역사를 바라보는 중국 공산당 건국의 중심 세력인 한족의 관점은 시대에 따라 변모했다. 중화민국 시기는 물론 공산당이 세력을 넓혀가는 혁명의 시기에 만청滿淸은 민족주의와 계급주의적 관점에서 타도해야 할 봉건체제였다. 인민공화국 시기에도 정치인들이나 역사가들은 청의 역사에 대해 배타적 입장을 견지했다. 만주족을 여전히 이민족으로 간주했다. "청조의 통일은 전국의 생산력을 대폭 파괴시킨 대가를 치른 것이었으며", 중국의 발전을 100여 년이나 지체시켰고, 결국 서구 열강에 의해 멸망을 초래했다고 보았다.

특히 "중국인들의 반청의식은 유물론과 마오쩌둥주의적 해석 방식에 따라 반봉건·반제국주의라는 형태로 전환"되었다. 중국 공산당은 청조의 멸망과 인민공화국의 새로운 창건의 시대적 당위성을 유물론적 입장에서 청조의 봉건제도와 만주족을 귀족으로 한 계급문제의 모순을 폭로하고 이를 타파해 나가는 데서 찾으려 했다. 민중의 민족주의적 감정과 계급모순을 적절히 활용한 셈이다.

따라서 이런 관점에서 볼 때 청사를 긍정적으로 평가할 수 없게 된다. 이러한 마오쩌둥주의적 관점을 중국 역사와 근대사에 어떻게 적용시킬 것인가 하는 문제가 중국 역사가들의 오랜 화두였다.

하지만 중국 공산당은 70년대부터 서서히 청조를 바라보는 시선을 바꿔나가려고 노력해 왔다. 청조는 중국 최대의 영토를 확장했고, 다민족 통일국가를 건립했다. 중국 공산당은 청조로부터 영토주의적 역사의식과 다민족을 포괄했던 지배 체제를 유산으로 물려받았다. 행운이 아닐 수 없다. 중국 공산당은 이제 청조를 이민족 지배로 부각시켜 분리시키기보다, '중화민족'이라는 '상상의 공동체' 속에 포괄해내는 '신중화주의'를 만들어냈다. 한족 단결을 외치며 만주족 타도를 격동시키던 민족 투쟁의 관점을 '중화민족 대가정론'으로 전환시킨 것이다. 정치적 목적에 따른 노회한 변신이다.

에드워드 핼릿 카의 역사관처럼 현재의 필요에 부응하는 방향으로 과거의 역사가 기술되고 해석될 수 있다면, 중국 공산당이 주도하는 청사가 어떤 역사의식과 배경에서 기술될지 추정을 가능하게 한다. 하지만 "20세기 정치적 고려에서 만들어진 '중화민족' 개념을 무분별하게 과거의 역사에 투사"하는 것은 큰 문제다. 이는 '신중화주의' 강화로 연결되면서, 역사학의 발전에 부정적인 영향을 끼치게 될 것이 우려된다. "역사 연구가 현실적인 정치나 애국심에 지배당하거나 거기에 종속되는 길로 나아갈 위험성은 항상 존재하기 때문이다."

조선을 속국으로 가두려는 청사공정

중국 공산당이 '신중화주의'를 청사의 역사 기술에 주입시키게 되면, 과거 조공과 책봉 체계를 유지하던 한국을 비롯한 주변국들과 연관된 역사의 기술 내용과 방식에 봉건체제적 사고가 투영될 수밖에 없다는 점이 더욱 우려된다. 특히 중국은 과거 역사 기술에서 주변국을 '사이四夷'나 '제이諸夷' 열전의 일부(예: 東夷列傳)로 다루다, 《요사》, 《금사》, 《원사》, 《명사》에는 '외국열전外國列傳'의 일부(예: 高麗傳, 朝鮮傳)로 기록해 왔다. 반면, 《청사》에서는 이러한 관행조차 버리고, '속국열전屬國列傳'이라는 기이한 형식으로 기술하는 방안을 선택했다.

이런 명칭의 변경은 우리로서는 불쾌한 정도를 넘어선다. 이는 19세기 후반 열강의 침략에 대항하고자 자신의 통제를 받던 조선을 '속국屬國'의 틀 속에 묶어두려던 외교 관념을 그대로 이어받은 것이기 때문이다. 그럼에도 우리 정부와 학계의 대응은 무기력하기만 하다. 이런 상황이 행여 청사 속에 조선이 어찌 기술되든 대한민국의 정체성과 무관하다는 안이한 인식에서 나온 것이라면 문제의 심각성을 모르는 단견이다. 단순히 명칭의 문제가 아니다. '속국'이라는 관계 규정은 양국 관계사의 역사 기술 내용과 방식을 내내 지배하게 될 것이기 때문이다.

중국이 편찬하는 청사는 현대 중국인들에게 과거를 기억하는 방식과 내용을 규정하게 된다. 이는 중국인들에게 현대 중국과 한국의 정체성에 대한 인식에 상당한 영향을 미치게 된다는 뜻이다. 중국의 현세와 후세들이 한국을 언급하면서 과거 자신들의 '속국'이었던 나라의 이미지를 연상한다고 생각해 보자. 이런 관념은 한국에 대한 중국인의 의식과 행동에 알게 모르게 부정적인 영향을 미치게 되지 않을까?

중국은 양국 외교 관계 및 지속적 발전을 위해 '속국열전'과 같은 낡은 관점은 이제 버려야 한다. 중국의 청사공정이 주변국의 주체성과 정체성을 침탈하거나 왜곡하는 방향으로 진행되어서는 안 된다.

청사공정에 대한 한국의 대응 방향

중국 공산당의 영도 아래에 있는 청사공정팀이 만들어 낼 청사의 모습은 어떤 것일까? 지금까지 그랬듯이, 편찬의 주체인 중국 공산당의 역사인식이 투영된 '관수정사官修正史'가 될 것임에 틀림없다. 지금 상황에서 한국은 새로운 청사의 기술 내용과 방향을 알 길이 없다.

우리 역사학자들은 청사공정 관계자들이 참여하는 공개된 청사토론회 등에서 나오는 '공개적인' 수준의 정보만 귀동냥할 수 있을 뿐이다. 청사공정에 대한 연구 동향과 정보에 대한 접근이 제한된 어려운 여건속에서 분투하는 저자들의 안타까움이자 이 책의 한계이기도 하다.

지금까지 노출된 내용을 보면, 역사학자들이 역사편찬을 주도하며 국가는 간여하지 않는다는 청사편찬의 기본적인 원칙을 밝히고는 있다. 하지만 정치와 학문이 분리되어 있지 않은 중국의 상황에서 중국 공산당의 역사 인식을 벗어나는 기술이 불가능하다는 점은 두말할 필요가 없다.

중국 공산당은 청의 역사를 어떻게 바라보고 있을까? 또 어떤 방향으로 기록되길 희망할까? 청사는 현대 중국의 G2의 위상의 토대가 된 역사적 동력을 발굴하고 중국인들의 자긍심과 애국심을 고양시킬 수 있는 방향으로 기술될 것이다. 나아가 '중화민족'의 개념적 근거를 만들고 그 뿌리를 17세기 이전에서부터 찾으며, '중화민족 대가정론'을 공고하게 만들려 할 것이다.

중국의 청사공정이 중국역사를 연구하는 한국의 소수 학자들만의 관심사항에 그쳐서는 안 된다. 장기적으로 국가적 차원에서 중국 역사연구 및 청국과 조선 관계사 연구에 대한 지원도 필요하다. 특히 중국의 청사에 조선의 역사와 모습, 청과의 관계가 어떻게 기술될 지에 대해 정부차원의 관심과 대응이 요구된다. 시진핑 주석과 친교가 두터운 것으로 알려진 박근혜 대통령이 청사편찬과 관련하여 한국과 중국의 미래지향적 관계를 해치는 어떠한 역사분쟁의 실마리도 만들어지지 않도록 관심을 가져주길 기대해 본다.

32

북 정권 유사시 중국 무력개입이 공상이라고?

《중화민족의 탄생》, 요코야마 히로아키 지음, 이용빈 옮김,
한울 아카데미(2012), 285쪽.

'대일통'의 통치원리는 '화이지변'의 논리에 따라 한족이 이민족을 지배하는 것을 제1의
정통으로 추구하다가, 만약 한족이 이민족의 지배를 받게 될 경우 '화이지변'을 대신하는
논리가 된다. 즉 이민족이 한족을 대신하여 중화세계의 지배를 하늘로부터 위임받고, 모
든 주변의 민족이 중화의 지배자에게 기쁜 마음으로 귀순歸順했다고 자기 합리화하는 것
이다.

민족이란 무엇인가? 인송과 언어, 관습 등 역사적, 문화적 공동의 정체성이 만들어낸 '상상의 공동체'이다. 민족은 인위적으로 만들어진 가공물이 아니라, 오랜 세월에 걸쳐 인간이 부대끼면서 만들어진 자연발생적인 구성체라고 볼 수 있다. 민족은 사람들을 묶어주는 문화적 구심의 역할을 하기도 하지만, 민족이라는 이름 아래 인간 사이에 투쟁과 갈등을 일으키는 불행의 씨앗이 되기도 한다.

거대한 영토를 갖고 있거나 역사의 부침이 많은 나라일수록 민족을 둘러싼 크고 작은 갈등과 대립의 역사를 안고 있다. 중국이 바로 대표적인 예다. 중국의 중심 민족인 한족과 주변의 여러 이민족과의 오랜 대립과 갈등이 바로 민족의 문제를 어떻게 바라볼 것인가에 대한 중대한 문제를 환기해준다. 《중화민족의 탄생》은 중국의 이민족 지배의 논리의 모순과 허구성을 제3국인의 입장에서 객관적으로 분석한 책이다.

이민족을 보는 상반된 시선, 화이지변華夷之變과 대일통大一統

중국인의 민족관의 뿌리는 깊다. 중국 역사의 시작과 전개 과정은 한족漢族과 이민족異民族 사이의 대립의 기록이라고 봐도 과언이 아니다. 이민족을 바라보는 중국인의 원초적인 시각은 중화中華와 이적夷狄을 구별하는 화이사상華夷思想, 즉 화이지변華夷之變이다. 중국의 문명을 만들어낸 한족을 '중화'라 일컫고, 주변의 이민족을 이적, 즉 오랑캐로 호칭하며, 동이東夷, 서융西戎, 남반南蠻, 북적北狄으로 구별했다. 지금의 한국과 일본의 선대 왕조 모두 동이로 취급되었음은 물론이다.

고대 중국인들이 화華와 이夷를 구분한 기준은 문명적인 도덕의 유무, 즉 덕조德祚의 유무였다. 중화문명이 발상한 황하유역의 한정된 문화 중심지를 의미했던 '화'는 문명 수준이 낮은 주변국들을 멸시하는 잣대가 되었던 것이다. 따라서 '화이지변'은 문명 수준이 높은 중화의 한족이 야만스런 오랑캐 민족을 지배하는 것이 당연하다는 중화지배의 정통성을 부여하는 논리로 확장된 것이다.

　하지만 한족은 자신들이 멸시했던 주변의 오랑캐 이민족의 막강한 군사력 앞에서 무너지기 일쑤였고, 여러 이민족의 지배를 받게 된다. 몽골족, 만주족에 의한 지배는 문명 수준이 높은 중화가 미개한 이민족을 지배한다는 화이지변의 논리와 정통성을 일거에 무너뜨리는 심각한 굴욕이었다. 중화가 이적을 지배하는 게 마땅한데, 야만의 이적이 중화를 지배했으니 화이지변이 역전된 것이다.

　화와 이의 관계의 역전을 '화이변태華夷變態'라고 한다. 이러한 논리의 모순에 직면한 한족은 새로운 논리로 대응한다. 즉 한족의 왕조인 송나라와 명나라가 덕조를 상실했을 때, 몽골족과 만주족이 대신하여 중화의 덕조를 구현하고 중화세계를 구제했다는 논리를 통해 이민족 지배의 정통성을 강조함으로써 자기모순에서 벗어나려했다. 결국 화이지변의 논리가 허구라는 점을 스스로 드러낸 셈이다.

　한편 중국에서는 '화이지변'과 상반된 '대일통大一統'이라는 통치체제의 전통도 이어져왔다. "대일통의 국가정권은 한 명의 황제, 하나의 정부가 중국판도 내의 민족을 통일하는 행정관리체계"로 정의된다. 대일통은 진시황제가 천하를 통일한 시기부터 지금까지 면면히 유지되어온 중화제국의 통치원리다.

원래 '대일통'은 주周 왕조가 천자의 아래로 제후들을 하나로 통합시키기 위한 통치이념으로 출발했지만, 이후 야만스러운 이민족의 세계까지 포괄하는 대중화大中華 권역의 통치원리로 확대된 것이다. '대일통'의 통치이념은 중화제국을 의미했던 천하를 왕조의 성쇠에 따라 달라지는 중화제국의 판도에 의해 이민족까지 대상으로 삼을 수 있다는 점에서 패권적 발상의 산물이다.

'대일통'의 통치원리는 '화이지변'의 논리에 따라 한족이 이민족을 지배하는 것을 제1의 정통으로 추구하다가, 만약 한족이 이민족의 지배를 받게 될 경우 '화이지변'을 대신하는 논리가 된다. 즉 이민족이 한족을 대신하여 중화세계의 지배를 하늘로부터 위임받고, 모든 주변의 민족이 중화의 지배자에게 기쁜 마음으로 귀순歸順했다고 자기 합리화하는 것이다. '대일통'의 세계에서는 한족이든 만주족이든, 티베트족이든, 몽골족이든 문제가 되지 않기 때문이다.

저자는 '대일통'의 논리에 하나의 속임수가 숨겨져 있다고 폭로한다. 대일통의 논리로 한족이나 이적夷狄 민족이나 누가 지배하든 덕을 갖춘 왕권이 천하를 통일한 '왕도정치'라고 포장할 수 있다. 하지만 실은 지배를 받는 민족의 측면에서 보면 자기정체성의 상실을 의미하는 것이므로 그 지배는 실제적인 의미에서 '패도 정치'에 다름 아니라는 것이다. 즉 한족이 주도하는 '대일통'의 지배만이 '화이지변'과 상호 모순되지 않을 뿐, 이민족이 지배할 경우 '화이지변'과 '대일통'의 논리는 근본적으로 상충되기 때문이다.

화이지변과 대일통 논리의 충돌의 역사

화이지변과 대일통의 논리적 모순이 극명하게 나타난 것은 중국의 근대혁명기였다. 1911년 신해혁명의 슬로건은 바로 오랑캐 이민족의 나라 청 왕조의 타도였다. 한족은 270년간의 만주족의 지배로부터 해방되는 '광복혁명'을 일으킨 것이다. 이 때 사상적 근거가 된 것이 바로 '화이지변'이다. 혁명파의 중심조직이던 흥중회興中會의 혁명 강령은 "달로㺚虜의 축출, 중국의 부흥, 합중국 정부의 창립"을 목표로 명시하고 있었다.

달로는 '타타르 오랑캐'를 뜻하며 만주족을 가장 멸시하는 호칭이었다. 혁명파의 이러한 혁명 지향은 단순히 청 왕조를 타도하고 명 왕조를 부흥시킨다는 반청복명反淸復明을 넘어 "이민족인 만주족이 지배하고 있는 것이 중화의 정통성으로부터 일탈한 것임을 강조하고 한족의 정통성을 회복해야 한다는 점을 명료하게 보여주기 위한 것"이었다. 즉 '화이지변'의 부활을 의미했다.

신해혁명의 지도자 쑨원 역시 '달로'라는 멸칭을 사용하며 만주족을 오랑캐 족속으로 경멸해 왔던 한족의 전통적 민족의식을 각성시키고자 했다. 청 왕조를 몰아내고 중화의 지배를 회복하는 것은 곧 한족의 광복운동이었던 것이다. 이렇듯 '화이지변'은 오랑캐 이민족의 지배를 해체시킬 때 유효한 논리로 활용된 것이다.

　가장 선동적으로 만주족의 야만성을 비판하면서 한족의 민족의식을 격동시켰던 인물은 쩌우룽鄒容이었다. 그는 만주족을 '이리 새끼의 흉폭한 마음'을 지닌 종족이라며 만주인을 쫓아내거나 혹은 죽여서 복수하자고 선동했다. 이런 선동이 당대의 지식인과 대중을 격동시킬 수 있었던 것은 그만큼 한족의 마음 깊이 이민족을 멸시하던 '화이지변'의 역사적 근원이 뿌리 깊게 자리하고 있음을 여실히 보여준 것이다.

　반면 캉유웨이姜有爲, 1858~1927 등 입헌주의 변법파는 청 왕조 타도를 위한 혁명이 천하 '대일통'의 중화제국을 와해시킬 수 있다고 보고, 청 왕조를 개량하여 민주적 입헌군주제를 확립하고자 했다. 캉유웨이가 '화이지변'의 논리를 배제하고 '대일통'을 강조한 이유다. 한족과 만주족은 일체화되고 있으므로 '화이지변'보다 '대일통'을 강조하여 열강의 침략에 대응해야 한다는 입장이었다.

　캉유웨이의 제자인 량치차오梁啓超, 1873~1923는 만주족 배척이 아닌 만주족 타도를 주장하면서도 '대일통'의 전통을 계승하여 다민족으로 구성되는 '대민족주의'를 제창했다. 그는 민족 감정 차원에서 한족의 처참한 비극에 가슴아파하면서도 '폭력 혁명'이 초래할 중국의 혼란의 상황을 우려하여 "만주족에 대한 타도를 외치더라도 극단적인 종족 혁명이 아닌 이성적 차원의 정치혁명으로 실현되는 것을 소망했던 것이다."

　하지만 신해혁명에서 중화민국의 탄생에 이르는 과정의 초기에 주류를 형성한 사조는 '민주 자치의 연방공화국'의 수립이었다. '화이지변'

의 논리를 바탕으로 청 왕조를 타도하고 억압을 받던 모든 민족이 자치를 누리는 연방공화국을 만들어야 한다는 것이었다. 하지만 혁명이 성취되는 단계가 되자 '대일통'의 주장이 다시 부활하게 된다. 한족, 만주족, 몽골족, 회족, 티베트족의 5족이 일체가 되어 공화국을 건설한다는 '5족 공화론'이 등장한 것이다.

이민족 지배의 논리 '중화민족'의 탄생

'화이지변'의 논리에 의하면, 한족이 만주족으로부터 독립하여 중화를 회복하는 것과 동일한 논리로 만주족으로부터 지배를 받았던, 몽골족, 티베트족, 위구르족 또한 만주족으로부터 독립을 이루어 민족국가를 건설할 수 있어야 마땅했다. 즉 '화이지변'의 논리에 의지해 신해혁명이 발발한 것은 몽골족, 티베트족 또한 광복혁명을 통해 독립을 이룰 수 있는 절호의 기회이기도 했다.

하지만 한족은 '화이지변'의 논리를 한족이 만주족으로부터 독립을 강조하는 논리로 활용할 뿐, 이를 이민족이 똑같은 논리로 활용하여 자신들의 독립을 추구하는 것을 용납하지 않았다. 이율배반적인 행태가 아닐 수 없었다.

전통적 '대일통'의 사조가 재현되었지만 쑨원은 '5족 평등·공화'를 혐오했다. 그는 신해혁명이 한족에 의한 혁명이었다는 점에서 민족적 차별주의 관점을 부활시켰다. 자립이 불가능한 열등한 민족을 자위능력을 갖춘 중화가 구제한다는 한족우월주의에 입각하여 민족 간의 주종관계를 재정립하고자 했다.

쑨원孫文, 1866~1925은 티베트, 몽골, 신장 등 변강 지역을 '한화漢化' 시키는 동화정책을 정당화하기 위해 '중화민족'이라는 새로운 개념을 창안했다. '화이지변'의 논리와 '대일통'의 논리 사이의 충돌을 완화하려는 절충안으로 볼 수 있다.

국민당 정부 시절이나 중국 공산당 정권의 수립과정에서도 '화이지변'과 '대일통'의 논리는 한족의 필요에 따라 자의적으로 적용됐다. 특히 공산당의 이민족 정책의 기조는 철저한 기만전략으로 점철되었다. 중국 공산당은 초기에 마르크스주의에 매우 충실하여 제국주의에 의해 지배받고 있는 여러 민족의 해방에 적극 동조했다.

그런 점에서 1922년 중국공산당이 공표한 이민족 정책의 핵심이 '자유연방제의 원칙'이었다는 점은 놀라운 것이 아니다. 중국 공산당은 몽골, 티베트, 회강이 자유의지에 따라 연방에 참가할 수도 탈퇴할 수도 있다고 명시했던 것이다. 이는 민족자결의 원칙을 중시했던 코민테른의 지도를 충실히 따랐음을 의미한다.

특히 마오쩌둥毛澤東, 1893~1976은 중국의 통일에 반대했다. 그는 청년 시절부터 자신의 고향인 후난성湖南省을 '후난 공화국'으로 만들자고 호소했었다. 그는 "국가는 하나의 허구이며 실체가 없다"며, "유일한 구제방법은 중국을 해방하는 것이며, 통일에 반대하는 것이다"라고 역설했다. 마오쩌둥은 '각 성 인민자결주의'를 강조하면서 중국의 각 지방을 27개의 국가로 나누는 것이 가장 좋은 방안이라고 주장했다.

하지만 마오쩌둥은 1939년부터 '자유연방제'적 국가구상을 슬그머니 숨기고, '중화민족'을 거론하기 시작한다. 결국 자유연방제는 결과적으로 공산당 중심의 세력화를 위한 민족통일전선 전략의 일환이 되고 말았다. 마오쩌둥은 다민족 자유연방제 대신에 '구역자치'를 들고 나왔다. 변경의 소수민족을 '중화민족'에 편입시켜 '자치권'만 부여한다는 쑨원과 마오쩌둥의 노선이 확립된 것이다.

중국 공산당이 "소수 민족의 자결권을 주장했던 것은 소수민족을 끌어들이기 위한 미끼에 불과하며, 공산당이 천하를 차지하면서부터는 더 이상 미끼를 던져줄 필요가 없"었기 때문이다. 결국 '화이지변'이 부정되고, '대일통'의 논리를 채택한 것이다. 중국의 역대 왕조와 정권들이 사용한 '화이지변'과 '대일통'의 논리는 이렇듯 권력의 쟁탈과 국가의 수립 과정을 거치면서 작위적으로 사용되어왔다.

주변국 위협하는 대중화주의

저자는 중국의 국가관과 민족관의 변화과정을 추적하면서 한족 중심의 민족우열차별주의가 면면히 잠복되어 왔음을 보여준다. '중화민족'은 실체가 없는 허구적 개념이다. 더구나 몽골, 티베트, 신강 위구르 지역의 자치는 허울뿐이다. 오히려 '중화민족'이라는 '상상의 공동체'는 고유의 문화적 정체성을 가진 이민족의 독립을 근본적으로 부정하는 억압적 통치이념으로 기능하고 있다. '중화민족'으로 편입된 이민족에게 독자적인 국가를 형성할 기회를 원천적으로 차단하고 있기 때문이다.

부상하는 중국의 '내일통', '대중화'의 재현은 한족 중심의 중화사상을 강화하고, '화이질서'를 무한하게 확장시키는 욕구를 자극하고 있다는 점에서 주변국인 한국과 일본에게도 남의 일이 아니다. 특히 고구려의 역사를 중국의 소수민족의 역사로 침탈해 가고 있는 것 또한, '화이지변'과 '대일통'의 논리의 연장에서 이루어지는 것이란 점에서 그렇다.

특히 한민족을 '동이'로 보는 시각이 중국인들에게 잠재해 있다면, 이는 대한민국과 북한에게 모두 잠재적 위협이 될 수 있다. 이런 관점에서 볼 때, 북한의 유사 사태 시 중국이 무력 개입하여 북한을 동북 4성으로 편입시키려는 시도를 할지도 모른다는 우려가 일부 과민한 공상론자의 이야기만으로 치부하기도 어렵게 한다.

중국이 이민족이란 말 대신 '소수민족'이란 용어를 쓰는 것 역시, 각 민족의 고유한 정체성을 희석시켜 '중화민족' 속에 포괄해 나가려는 '대일통'의 논리다. 소수민족이라는 용어 속에는 티베트 민족, 위구르 민족, 몽골 민족의 고유한 정체성을 부정하고 중화에 귀순한 하나의 소수민족으로 격하시키려는 의도가 숨어있는 것이다.

나아가 위구르인과 티베트인들의 분리 독립운동을 '중화민족'을 분열시키는 반란으로 탄압하는 근거가 되기도 하는 것이다. 이민족을 지배하는 논리로 창안된 '중화민족'의 관념이 얼마나 허구적인가는 쉽게 확인된다. 티베트인과 위구르인에게 한번 물어보라. 당신은 '티베트 민족' 혹은 '위구르 민족'인가? 아니면 '중화민족'인가?

33

달라이 라마는 왜 독립 아닌 자치를 요구하나

《달라이 라마에게 무슨 일이 일어났는가?》, 로버트 서먼 지음, 문정희 옮김,
김영사(2011), 347쪽.

티베트인의 기본 인권과 자유는 심각하게 침해받고 있다. 중국 정부는 중국인들의 대량
이주를 통해 티베트 지역에서 티베트인을 소수민족으로 만들고 있다. 또 핵무기 생산을
위한 기지와 핵폐기물의 투하 장소로 활용함으로써 청정한 티베트의 자연환경을 파괴하
고 있다. 티베트 민족의 고유한 언어와 문화적 정체성은 고사 위기에 놓여있다. 멸족의 상
황으로 치닫고 있는 것이다.

생존하는 세계의 종교지도자 중 세계인과 가장 활발하게 소동해 온 사람은 달라이 라마Dalai Lama다. 제14대 달라이 라마 텐진 갸초丹增嘉措, 1935~. 그는 티베트인에게 살아있는 부처, 활불活佛로 추앙받는다. 게둔 두파根敦朱巴가 1391년 제1대 달라이 라마로 시작한 환생의 계보를 이어받은 종교적·정치적 최고지도자다. 달라이 라마 제도는 티베트 불교를 대표하는 것을 넘어 티베트인들에게 관세음보살의 발현으로 여겨져 정신적 지주 역할을 하게 하는 독특한 제도다.

지금까지 티베트의 달라이 라마는 티베트민족의 정치적, 문화적, 사회적 정체성을 유지시키고, 티베트인의 삶을 지탱해 온 구세주적 존재였다. 티베트인들은 달라이 라마의 영도 아래 티베트인들의 독자적인 역사와 문화, 국가를 존속시켜 왔다. 하지만 달라이 라마는 1959년 중국 공산당의 무력 침공에 의해 점령당한 라싸를 탈출하여 인도의 다람살라에서 티베트 망명정부를 수립하고 티베트의 자치와 독립을 위한 고난의 행군을 이끌고 있다. 티베트 수도 라싸의 아름다운 포탈라 궁전에 은거해야 할 달라이 라마가 전 세계를 떠돌며 자유와 인권, 평화와 자치의 전도사가 된 이유다.

비폭력 평화주의의 전도사 달라이 라마

이 책의 저자 로버트 서면Robert Thurman은 한때 학승으로 수계까지 받았고, 라마불교학 연구에 평생 몰두해 온 콜롬비아 대학 불교학과 교수다. 특히 그는 달라이 라마와의 지속적인 교류를 통해 40여 년 간 달라이 라마가 정신적·정치적 측면에서 세계적 지도자로 성숙해 간 과정을 잘 알고 있는 사람이다. 따라서 인간 달라이 라마의 역정과 비전을 가장 정확하게 전달할 수 있는 인물인 듯싶다.

저자는 달라이 라마가 세계를 향해 설파해온 종교적, 정치적 담론의 의미와 가치를 심층적으로 해석하면서, 달라이 라마의 연설 및 주장에 담긴 조국 티베트의 자치를 위한 비폭력주의와 중도적 해결책을 소개한다. 나아가 중국과 티베트 민족의 평화적 공존을 위해 중국과 티베트인 및 달라이 라마가 취해야 할 5단계 해법을 중재안으로 제시하고 있다.

그동안 달라이 라마는 무엇을 역설해왔고, 무엇을 성취했을까? 저자는 달라이 라마의 표현을 빌려 그가 헌신하고 있는 '필생의 세 가지 과업'을 소개한다. 첫째, 달라이 라마는 인간의 보편적 가치관, 관용, 자비의 정신을 촉구하고 있다. 달라이 라마는 속세를 떠난 승려의 신분이지만, 인간으로서 추구해야 할 보편적 가치관인 '세속 윤리'를 도외시하지 않는다. 그는 인간의 보편적 가치관, 관용과 자비의 정신이 인간사회의 삶을 행복하게 만드는 요소가 된다고 본다.

둘째, 달라이 라마는 종교 실천가로서 세계의 종교적 조화와 불교적 자기수양을 강조한다. 나아가 '세속적 인본주의'를 세계 종교로 여긴다. 그는 세계의 여러 종교가 서로 개종을 앞세운 경쟁에 치닫지 말 것을 호소해왔다. 달라이 라마는 각 종교가 공통적으로 사랑과 자애를 강조하면서도 정작 왜 자신과 다른 종교에 대한 사랑과 관용은 부족한지에 대해 성찰하게 만든다.

그는 윤리적 측면에서 '인간 공동의 종교인 자애'에 대한 상식적 실천을 강조하는 것이다. 인간에 대한 깊은 사랑과 수양에서 나온 타 종교에 대한 그의 관용 정신과 개방적 자세는 그를 티베트 불교 지도자의 위치를 넘어 종파 간 경쟁과 갈등을 조정하는 세계적인 종교 지도자의 위상으로 자리매김하게 만들었다.

셋째, 그는 중국의 억압이 풀릴 때까지 티베트 민족을 대표하지만, 정치 일선에서 물러나 내생의 환생으로 티베트인들의 영적 교사가 되길 희구한다. 그는 현재 서글픈 망국의 지도자다. 그의 필생의 목표는 잃어버린 나라를 되찾고 티베트인에 의한 자유롭고 개방된 티베트를 건설하는 것이다. 그는 그 방편으로 비폭력적이며 윤리적인 해방운동을 전개해왔다. 자신은 자유 티베트가 완성되면, 오로지 티베트인들의 영혼에 가르침을 주는 영원히 환생하는 종교지도자가 되기를 소망한다.

달라이 라마의 '필생의 과업' 가운데 인간의 보편적 윤리를 일깨우고, 종교 간 관용과 각성을 촉구하는 그의 노력은 그동안 높이 평가받아 왔다. 세계인들에게 준 지혜와 영감, 그리고 감화가 작지 않다. 하지만 티베트의 자치를 향한 그의 정치적 목표는 중국은 물론 세계 각국의 여러 정치적 관계망에서 날카로운 긴장을 만들어내면서 아직까지 뚜렷한 성과를 일구어내지 못하고 있다. 특히 그가 추구하는 비폭력주의가 중국의 동화에 의한 티베트 민족 말살정책을 방어해 내는 데 아무런 효과를 발휘하지 못하는 게 아니냐는 무용론이 끊임없이 제기되고 있다.

자유 티베트를 향한 달라이 라마의 '중도적 해결책'

티베트 민족의 숙원은 중국에게 침탈당한 국권을 회복하고 티베트의 자유를 쟁취하는 민족해방이다. 이를 성취하기 위한 방법은 무장투쟁과 평화적 협상으로 갈린다. 중국 공산당은 총 2백만 명으로 추산되는 인민해방군과 인민무장경찰을 동원하여 폭압 통치를 하고 있다. 그럼에도 이런 막강한 무력에 대항하는 유효 수단이 무장봉기라고 믿는 티베트인들이 여전히 존재한다.

달라이 라마는 어떠한 경우에도 폭력적 방식에 동의하지 않는다. 그는 중국 공산당의 민족말살정책의 폭력성을 잘 알고 있지만, 폭력은 또 다른 폭력을 야기할 수밖에 없다는 점을 강조한다. 따라서 그의 '비폭력 자유투쟁'은 '중도적 해결책'이다. 그는 티베트 민족의 자유대변인을 자처한다. "자유를 위한 투쟁에서 폭력을 수단으로 사용하는 것을 단호히 반대"한다. 무력봉기 등 폭력을 불사하는 강경론자들의 노선과 확실히 다르다. 하지만 달라이 라마의 이러한 평화적 협상 전략은 티베트의 해방에 직접적 효과를 발휘하지 못하고 있는 게 엄연한 현실이다. 그럼에도 저자는 달라이 라마의 비폭력주의에 동의한다.

달라이 라마는 왜 '중도적 해결책'을 제기하는 것일까. 그 해법의 핵심 내용은 무엇일까. 달라이 라마의 연설과 담화에서 그의 철학과 해법의 내용을 살펴볼 수 있다. 달라이 라마의 티베트 자유투쟁의 정신의 밑바닥에는 인간 본성에 대한 통찰이 짙게 깔려있다.

그는 "인간은 모두 자유를 원하고, 개인이자, 민족으로 자기의 운명을 결정할 권리"를 갖고 있다고 역설한다. 인간의 본성이 근대적 민주주의를 갈구하게 만들고 나아가 민족자결의 원칙을 자연스럽게 배태시킨다고 보는 것이다. 그의 티베트 자유에 대한 희구는 인간의 보편적 가치 추구에 깊게 뿌리박고 있는 셈이다.

달라이 라마의 '자유의 정신'과 인본주의의 가치관은 자연스럽게 비폭력 노선의 정신으로 이어진다. "우리의 투쟁은 비폭력적이고 증오심에서 벗어난 것이어야 합니다. 우리는 우리 민족이 겪는 고통에서 벗어나려고 애쓸 뿐 다른 이들에게 고통을 주려고 하지 않습니다"라는 그의 호소가 이를 잘 말해준다.

달라이 라마가 추구하는 '중도적 해결책'의 틀은 의외로 소박하다. 티베트의 완전한 '독립'이 아니라 '자치'다. 이 점이 '완전한 독립'을 강조하는 티베트인 강경론자들에게 비판을 받고 있는 점이다. 하지만 달라이 라마가 그리는 그림은 보다 거시적이다. 중국 전역의 연방제적 운용의 틀 속에서 티베트인에 의한 민주적 정부체제를 희구하는 것이다. 형식적 독립보다 '자치'를 통해서도 티베트인만의 문화적, 역사적, 종교적 정체성을 바탕으로 '실질적 독립'을 구현할 수 있다는 자신감과 소신에서 나온 것인지도 모른다. 달라이 라마가 자유 티베트의 해방을 위해 중국 공산당 정부에 요구하며 전 세계의 관심과 지지를 호소한 내용을 보면, 현재 티베트인들이 처한 고난의 현실과 중국이 티베트를 강점하고 있는 이유를 쉽게 간파하게 해준다. 달라이 라마가 1987년 9월 미국 하원에서 촉구한 5개항이다. 이는 1988년 스트라스부르 제안의 토

감추고 싶은
중국의 비밀 35가지

대가 된다.

1. 티베트 전역의 평화지구화
2. 하나의 민족단위로서의 티베트인의 생존 자체를 위협하는 중국의 인구이동정책의 포기
3. 티베트인의 기본인권 및 민주적 자유의 존중
4. 티베트의 자연환경 복구 및 보호, 핵무기 생산을 목표로 행하고 있는 중국의 티베트 이용 및 핵폐기물 투하의 포기
5. 티베트의 향후 상태 및 티베트인과 중국인 간의 향후 관계에 대한 진지한 협상 착수

티베트인의 기본 인권과 자유는 심각하게 침해받고 있다. 중국 정부는 중국인들의 대량 이주를 통해 티베트 지역에서 티베트인을 소수민족으로 만들고 있다. 또 핵무기 생산을 위한 기지와 핵폐기물의 투하 장소로 활용함으로써 청정한 티베트의 자연환경을 파괴하고 있다. 티베트 민족의 고유한 언어와 문화적 정체성은 고사 위기에 놓여있다. 멸족의 상황으로 치닫고 있는 것이다. 애처롭기 그지없다.

달라이 라마가 '외교와 국방 사안'을 중국이 맡고 나머지 부문만이라도 '자치'를 허용해 달라고 호소하는 것도 이런 현실적인 상황의 급박성 때문이 아닐까? 그가 말하는 '자치'는 완전한 독립과는 거리가 멀다. 외교와 국방의 권리를 확보하지 못한다면 진정한 자주독립국이라고 볼 수 없

기 때문이다. 하지만 한정된 '자치'가 중국의 국제적 위상도 올리고 티베트의 "고유의 문명을 보존할 기본권과 자유를 보장받고, 민감한 티베트 고원의 환경보호를 보장받게" 만드는 현실적 대안이라고 보는 것이다.

티베트의 해방과 자유를 위한 중국과 티베트의 5단계 해법

로버트 서먼은 달라이 라마의 '중도적 해결책'에 공감한다. 나아가 티베트의 해방과 자유 티베트 건설을 위한 보다 상세한 대안을 중국과 티베트인들에게 중재안으로 제시하고 있다. 그의 해법은 달라이 라마에게 영향을 받은 듯, 비폭력주의와 평화적 협상론의 기조 위에 있다. 저자가 제시하는 '5단계 계획'에는 중국이 야기한 문제의 실마리를 해결하는 내용이 담겼다.

대 티베트를 '뵈(티베트인들이 티베트를 부르는 고유의 명칭) 자치구'로 복귀시킨다(1단계). 홍콩과 유사한 1국 2체제를 도입한다(2단계). 중국 이주민과 군대를 철수시킨다(3단계). 이를 토대로 달라이 라마를 중국으로 초청하여 관계를 개선한다. 유엔의 배석 하에 양국 지도자의 공동 서명을 발효시키고(4단계), 티베트 전역을 환경적 보존 구역으로 선언하자는 것이다(5단계).

이에 대응하여 로버트 서먼은 달라이 라마가 취해야 할 '5단계 반응'도 함께 제시했다. 달라이 라마가 베이징을 방문하여 중국 공산당 지도부와 회동하고 톈안먼 광장에서 성대한 '태평太平 서명행사'에 참석한다. 이어 재통합된 '뵈 자치구'의 미래를 티베트인들이 스스로 결정할 수 있도록 국제적 참관 아래 자유투표를 실시한다(1단계). 달라이 라마와 전 세계가 중국 지도부를 노벨 평화상 후보로 추천하여 중국 지도부에 대해 보답한다. 라싸의 포탈라 궁과 조캉 사원의 제전행사를 복원하고 베이징 최대의 라마교 사원인 융허궁雍和宮의 재건 등 티베트 문화를 회복시킨다(2단계).

나아가 달라이 라마의 설법을 통해 티베트의 민족적 통일성과 소수민족 간의 조화를 증진시키는 노력을 한다(3단계). 만일 티베트 민족이 원한다면 중국의 공식적 일부로 편입될 수 있다는 목표를 달라이 라마가 공식 선언하라는 것이다(4단계). 또한 달라이 라마가 중국의 친선사절 겸 특사 역할을 수행하여 중국과 인도의 국경분쟁의 수습 등 중국이 당면한 국제적 분쟁 해결에 적극 나서라는 것이다(5단계).

로버트 서먼의 해법은 중국과 티베트 모두에게 한발 씩 양보할 것을 요구하고 있다. 중국이 티베트의 무력 점령 상황을 종식시키는 대신, 달라이 라마와 티베트인들은 중국의 일원으로서 역할을 수행할 것을 약속하라는 것이다. 저자는 양국 지도자가 취할 조치들의 세부적인 추진 방안과 그에 따른 장애요인을 최소화 할 수 있는 대책도 제시하고 있다. 이대로만 실천된다면 얼마나 좋겠는가?

하지만 저자의 절절한 희망사항은 지나치게 낭만적이다. 중국이 티베트를 강점하려는 근본적 이유를 간과하고 있다. 중국에게 티베트는 티베트 민족 하나만의 차원이 아니다. 중국 공산당은 중국 전역을 '대일통大一統'의 관점에서 티베트 민족, 몽골 민족, 위구르 민족, 만주족을 중화의 천하 속에 묶어 두려고 하기 때문이다.

티베트의 자유와 자치, 암울한 전망

저자는 자유로운 티베트가 생태학적으로나 경제적으로 중국과 티베트, 나아가 전 세계에 유익하다는 점을 강조한다. 충분한 근거가 있다. 중국이 티베트를 식민지화하면서 자연환경을 파괴하여 야기되는 비용과 생태적 교란의 악영향은 막대하다. 중국의 이주정책에 의해 해발 3천 미터 이상의 고지대로 이주한 중국인들은 고산병으로 생체적인 곤경을 감내해야 한다.

또 약 2백만 명으로 추정되는 인민해방군과 인민무장경찰의 유지비는 또 얼마나 많겠는가? 저자는 중국이 티베트를 해방시킨다면, 이대로 강점하면서 중국이 치러야 할 경제적, 생태적 희생을 더 이상 치르지 않아도 된다는 점을 강조하며 중국을 설득하려 애쓴다.

하지만 중국 공산당 지도부가 이를 수용할 여지는 현재로서는 거의 없어 보인다. 사실 달라이 라마가 호소하는 '연방제적 자치'는 원래 마오쩌둥이 1922년 선언한 이민족 정책의 핵심인 '자유연방제'에 다름 아니다. 그럼에도 마오쩌둥은 1939년부터 '자유연방제'적 국가구상을 슬그머니 감추고, '중화민족'을 거론하면서 다민족 자유연방제 대신에 '구역자치'를 들고 나왔다. 하지만 이는 이름뿐인 자치일 뿐, 각 민족 고유의 정체성을 보존하면서 스스로 다스리는 진정한 의미의 '자치'와는 거리가 멀다.

달라이 라마의 비폭력 평화주의에 기초한 '티베트의 자치'는 언제 이루어질 수 있을까? 달라이 라마는 2011년 티베트 망명 정부의 정치적 지도자의 자리에서 물러났다. 미국 하버드 대학 출신의 티베트인 롭상 상가이Lobsang Sangay를 후임 총리로 선출하면서 망명 정부의 파격적인 세대교체가 이루어졌다.

이제 달라이 라마는 티베트의 정신적 지도자로만 남게 되었다. 이렇듯 정치와 종교를 분리한 티베트 망명정부는 달라이 라마의 정치철학을 계승하고, 중국과 새로운 관계를 구축하여 이를 관철해 나가는 과제를 안게 되었다.

달라이 라마는 종교적 극단주의와 일체의 폭력주의를 경계했다. 그가 조국의 암담한 현실에도 비폭력 노선을 포기하지 않고, 전 세계 지도자들을 향해 티베트 자유와 평화의 확보를 호소했다. 그의 이런 노력은 1989년 노벨평화상 수상으로 인정받았다. 이로 인해 중국 정부의 국제적 견제와 압력은 더욱 심해졌다.

2008년 베이징 올림픽 개최 즈음에 발생하던 티베트인들의 무장 봉기와 시위, 분신자살이 이어질 때에도 달라이 라마는 폭력적 수단을 지지하지 않았다. 티베트 민족이 겪는 수난의 역사를 폭력을 되갚지 않고, 비폭력 평화주의를 견지하는 달라이 라마의 위대한 정신은 비폭력 무저항주의의 상징인 간디에 필적한다.

이제 세계인들이 티베트 민족의 아픔에 눈길을 주어야 할 때다. 하지만 티베트 민족의 간절한 소망에 귀를 기울이는 나라와 지식인들은 점점

사라져간다. 2012년 달라이 라마의 방문을 허용했던 데이비드 캐머런 영국 총리는 얼마 전 의회 답변에서 "영국은 티베트가 중국의 일부임을 인정하고, 티베트의 독립을 지지하지 않을 것"이라고 선언해야 했다.

캐머런 총리는 달라이 라마를 접견했다가, 2013년 가을로 예정된 중국 방문 계획을 취소해야 했다. 80억 파운드(약 13조 6000억 원) 규모에 이르는 중국의 대對영국 투자가 무산될 위기에 처했기 때문이다. 결국 12월에 이루어진 방중에서 인권문제를 거론하지 않았고, 티베트의 독립을 인정하지 않겠다고 밝혀 굴욕외교라는 빈축을 샀다. 달라이 라마를 고립시켜 자유 티베트를 향한 한 치의 노력도 허용하지 않으려는 중국의 외교적 보복이 얼마나 무서운지 전 세계에 보여준 생생한 사례다.

우리도 이런 영향권에서 벗어나지 못하고 있다. 달라이 라마는 한국 인들에게 잘 알려진 이름이다. 불교 지도자로서의 이미지는 친숙한 편이다. 그렇지만 실제 그의 철학과 정치적 주장의 요체에 대해서는 자세히 알려져 있지 않다. 달라이 라마가 전 세계 문명국가를 누비며 티베트의 자유와 평화를 위한 지지를 호소하고 있지만, 아직도 한국 방문은 이루어지지 않고 있다. 우리 정부가 달라이 라마 방문을 허용할 경우 안게 될 중국의 유형, 무형의 제재와 압력을 견딜 수 없을 것이기 때문이다.

티베트 불교계에서 같은 불교권 국가이면서도 달라이 라마가 방문할 수 없는 나라는 '티베트와 한국'뿐이라는 자조가 나오는 것도 무리가 아니다. 일부 국가들처럼 '오로지 종교적 차원'이라는 단서를 붙인 방문조차 허락할 수 없는 우리 정부의 지나친 '중국 눈치 보기' 현실이 씁쓸하다.

"내적평화를통한세계평화"라는내면의혁명을체현해온달라이라마라는'활불'의 헌신은 멈추지 않는다. 무력한 노선이라는 일부의 비판에도 "비폭력적 해방투쟁"에서 벗어나지 않는 달라이 라마의 고귀한 평화애호 정신은 빛난다. 그럼에도 날로 강성해지는 중국의 패권주의 앞에서 이제 세계는 티베트 민족에 대한 연민조차 함부로 엿보일 수 없게 되어 간다.

저자도 이런 상황이 심화되는 걸 우려하는 듯하다. 중국지도자들은 달라이 라마가 입적하면, "티베트 소유의 불법성이 끝장을 보게 되리라고 생각"한다고 보기 때문이다. 그래서 더욱 저자는 중국지도자들을 향해 평화주의자 달라이 라마야말로 티베트 문제의 진정한 해결사가 될 수 있다며, 그와의 협상을 간곡하게 촉구하는 것 같다.

가장 중요한 일은 티베트 인들이 조국의 자유를 향한 의지와 희망을 잃지 않는 일이다. 821년에 티베트와 중국이 평화협정을 맺으며, 조캉 사원 앞의 돌기둥에 양국 언어로 새긴 선언을 전설로 만들지 않기 위해서.

"중국인은 중국에서 행복하게 살고, 티베트인은 티베트에서 행복하게 살 것이다."

34

류큐 놓치고 이어도에 침 흘리는 중국의 속내

《중국의 습격》, 강효백 지음,
Human & Books(2012), 224쪽.

2010년부터 중국 해군은《중국-류큐 관계 연구 총서》를 발행하는 등 중국과 류큐 간의 역사 문화적 관계를 중점적으로 연구하기 시작했다. 이는 영토의 편입이전에 역사 문화적 편입을 시도한 동북공정의 초기 단계를 닮았다는 점에 주목할 만하다. 저자는 동중국해에서의 해양주권의 분쟁이 중국의 해양대국화의 큰 추세 속에서 이루어지는 것으로 볼 때, 이어도 영유권 분쟁이 한국으로 확산될 수 있다는 점이 우려된다는 것이다.

잊어진 왕국 류큐琉球를 아는가? '오키나와'라는 이름으로 더 잘 알려진 류큐는 조선과도 적극적으로 교류하며 유구국琉球國으로 불리던 독립 해상왕국이었다. 12세기경에 200여 개의 크고 작은 섬들이 점점이 흩어진 류큐 제도의 최대 섬인 오키나와에서 류큐 왕국이 탄생했다.

류큐 왕국은 당시 명나라에 조공을 바치며 중국과의 무역독점권을 획득하고, 중국과 일본, 조선을 비롯한 동남아시아 여러 국가들과 활발한 중개무역을 통해 400여 년 간 융성했던 해상중개무역의 요충지였다.

일본에 강제 합병되는 조선과 닮은꼴 류큐 왕국

류큐 왕국은 임진왜란 당시 전쟁 군량미를 분담하라는 도요토미의 요구를 거부하였다. 전후 중국과의 관계를 회복하고자 알선 역할을 요구한 도쿠가와 막부에도 고분고분하지 않는 등 중국과 일본 모두에 일정한 거리를 두는 비무장-평화애호 정책으로 일관했다.

류큐의 독립왕국 지위가 흔들린 것은 도쿠가와 막부의 승인 하에 1609년에 이루어진 시마즈 다다스네의 침공이다. 이렇다 할 군대가 없었던 류큐는 싱겁게 굴복한다. 이후 '중국을 아버지의 나라, 일본을 어머니의 나라'로 섬기는 이중 종속국으로 전락하고 만다.

류큐 왕국이 일본에 합병되어 멸망하는 과정은 조선이 국권을 상실하고 일본의 식민지가 된 과정과 닮은꼴이어서 씁쓸하다. 30년의 시차가 있었을 뿐이다. 1875년 일본은 내무대신을 마쓰다 미츠유키를 류큐에 파견하여 '마쓰다 10개 조항'을 반포하게 한다.

이 조치로 일본은 청나라의 책봉을 받는 것을 금하고 메이지의 연호를 따르도록 했다. 또 류큐의 상업을 일본 영사관의 관할 하에 두었다. 30년 후인 1905년 일본이 대한제국을 강박하여 체결한 을사늑약으로 외교권을 박탈한 것과 유사하다.

1876년 류큐 왕국의 상태왕이 향덕굉向德宏, 임세공林世功, 채대정蔡戴程 등 밀사 3인을 청나라에 보내 출병하여 류큐를 구해 달라고 청했으나, 이홍장은 외면했다. 조국을 구하려던 뜻을 못 이룬 임세공은 청나라에서 자결했다.

대한제국에서는 30년 후인 1907년 고종황제가 헤이그에서 열린 만국평화회의에 이상설, 이준, 이위종 3인의 밀사를 파견하여 일제의 침략행위를 막아줄 것을 호소하려다 실패하고 이준 열사가 순국한 것과 똑같은 안타까운 역사가 되풀이 되었다.

류큐 왕국은 1879년은 일본에 병합되고, 대한제국 역시 31년 후인 1910년 한일합방으로 역사 속에서 사라졌다. 류류 왕국은 청국과 일본의 이중 종속국의 애매한 위치에서 일본의 강압에 의한 병합으로 일본의 오키나와 현으로 편입되었다. 류큐와 조선은 400년에서 600년의 유구한 역사를 자랑하던 독립왕국에서 하루아침에 일본의 무력 앞에 허무하게 무릎을 꿇었다. 동병상련同病相憐을 느끼지 않을 수 없다.

류큐 왕국의 수난과 멸망의 역사는 지정학적 특수성 때문이다. 저자 강효백은 류큐 제도는 중국을 가두는 포위망이 될 수도 있고, 광대한 해양수역을 확보할 수 있는 영토의 기점이자 태평양으로 진출할 수 있는 출구가 된다고 본다. 이런 전략적 가치로 인해 류큐제도는 중국과 일본, 미국의 이해가 첨예하게 충돌하게 뜨거운 지점이 되고 있다.

저자는 해상 독립왕국 류큐가 어떻게 멸망해 갔는지, 그 배경을 추적하고, 류큐를 둘러싸고 중국과 일본, 미국의 이해관계와 갈등이 어떻게 전개되었는지 조명했다. 특히 그 과정에 숨어있는 청국 및 중화민국의 실책과 현대 중국 공산당의 해양팽창 전략을 해부하고 있다.

청나라가 류큐 왕국을 잃어버린 것은 통치자들이 해양의식과 지정학적 사고 능력, 국제법적 식견이 부족했기 때문이다. 이홍장李鴻章, 1823~1901은 태평양의 출구로서의 류큐의 전략적 가치를 몰랐다.

종주국과 속국관계는 국제법적 효력을 가질 수 없었다. 조선이 청국에 조공을 하면서도 자주독립국이었듯이 류큐 역시 형식상 청국의 책봉을 받고 조공을 바치는 관계이긴 했지만 엄연한 독립국이었다. 당연히 국제법적으로 청국이나 일본으로부터 자주권을 갖고 있었다.

류큐를 독립국으로 유지함으로써 일본과 청국의 완충지대를 만들 수 있었던 기회는 두 번이나 더 있었다. 일본의 류큐 병탄에 놀란 미국이 전 대통령 그랜트를 청국에 보내 류큐 제도 전체를 3등분하여 일본, 류큐, 청국의 3분안分案 통치를 중재했지만, 이홍장의 '무대응 지연책'으로 국제법상으로 '묵시적 승인'의 결과를 낳았다.

또 제2차 세계대전에서 일본이 막바지에 몰리던 1943년 카이로 회담에서 미국의 루스벨트Franklin Roosevelt, 1882~1945 대통령, 영국의 처칠Winston

Leonard Spencer Churchill, 1874~1965 수상, 중화민국 장세스蔣介石, 1887~1975 총통은 일본이 탈취 또는 점령하고 있던 영토와 도서의 원상 반환을 결정했다.

이 때 장제스는 만주, 대만, 평후도의 반환과 한국의 독립을 포함하면서 류큐제도는 반환 및 독립의 대상으로 명시하지 못했다. 류큐제도 맨 남쪽에 있던 센카쿠(댜오위다오)의 영유권 분쟁의 씨앗이 여기서 싹텄다. 중국은 센카쿠가 대만의 부속도서로 당연히 전후 반환되었어야 할 고유영토라고 주장한다.

반면 일본은 1879년 오키나와 현으로 정식 편입된 이후 1972년 미국 관할 하에 있던 것을 되찾은 일본의 영토라고 주장하며 팽팽히 맞선다. 국제사법재판소를 통해 분쟁을 해결하자고 일본이 큰소리치는 것도 법적 근거에서 밀리는 중국의 약점을 잘 알고 있기 때문인 듯하다.

해양영토 확장을 위한 중국의 류큐공정

중국이 역사적으로 여러 계기가 있었음에도 류큐에 대한 영향력을 확실하게 유지하지 않다가, 90년대 들어서부터 센카쿠(댜오위다오)와 류큐제도에 대해 적극적 자세로 나오게 된 것은 해양 영토에 수반되는 해역의 전략적 가치를 재인식했기 때문이다. 역사적으로 육지와 대륙 중시 정책에서 해양중시 정책으로 전환시킨 사람은 덩샤오핑鄧小平, 1904~1997이다.

덩샤오핑은 청조 말엽 대만과 류큐 제도를 일본에 할양해준 이홍장의 치명적 실책을 비판했다. 그는 1974년 북베트남의 서사西沙, Pardcels 군도를 기습 점령하여 하이난다오海南島에 편입시켰다. 1988년에는 베트남의 남사南沙, Spartlys군도 9개 섬을 습격, 강탈하였다. 마오쩌둥이 티베트 점령에 이어 인도를 침공하며 서쪽 경략에 힘을 쏟았다면, 덩샤오핑은 해양영토 팽창의 전주곡을 울린 셈이다.

류큐 왕국은 중국과 일본과는 다른 언어와 독특한 문화를 갖고 있는 독립왕국이었다. 2005년 국립 류큐 대학의 여론조사에 의하면, 75%의 류큐인 응답자가 주민투표를 통한 류큐 독립을, 25%는 독립에 반대하나 자치의 확대를 희망하는 것으로 나타났다. 이후로도 류큐인들의 독립 요구의 목소리는 높아지고 있지만, 류큐 왕국의 부활이나 류큐의 독립으로 이어질 가능성은 희박한 것으로 보인다.

"류큐 군도의 해역이 일본 전체 해양국토면적의 3분의 1에 해당"할 정도로 넓고 해역이 품고 있는 지하자원의 가치가 무궁하다. 결코 이를 놓칠 일본이 아니다. 문제는 중국이 2006년 후진타오의 해양대국 선언 이후 센카쿠(댜오위다오) 영유권 분쟁을 넘어 류큐제도 전체를 노리는 장기적인 '류큐공정'에 나섰다는 점이다.

"류큐 왕국은 원래 중국의 속국으로서 류큐 군도 전부를 일본이 불법 점령한 것"이므로, "미국의 센카쿠를 포함한 오키나와 반환은 중국 영토에 대한 미·일간의 불법적인 밀실 거래"라고 주장하고 나선 것이다. 해상의 요충지 류큐제도를 놓고 중국과 일본의 격돌을 예고한 셈이다.

이제 중국도 국제법적 논거에 눈을 떴다. 중국은 1946년 맥아더 성명에서 일본 정부의 행정구역에 류큐를 명시하지 않았고, 류큐를 미국이 신탁 통치했던 점을 들어 일본과 분리된 지역으로 볼 수 있다는 논거를 주장한다. 물론 일본에 속하는 부속도서에 명시되지 않았다 하여 그 자체로 중국의 영토라고 볼 수 있는 법적 근거가 되는 것이 아니다. 어떻든 중국의 대 일본 공세의 초점이 류큐제도 전체로 확대된 것은 틀림없다.

더구나 2010년부터 중국 해군은《중국-류큐 관계 연구 총서》를 발행하는 등 중국과 류큐 간의 역사 문화적 관계를 중점적으로 연구하기 시작했다. 이는 영토의 편입이전에 역사 문화적 편입을 시도한 동북공정의 초기 단계를 닮았다는 점에 주목할 만하다.

류큐 넘어 이어도까지 넘 본다

저자는 센카쿠(댜오위다오)나 류큐제도의 영토분쟁이 중국과 일본만의 문제는 아니라고 본다. 또한 동중국해에서의 해양주권의 분쟁이 중국의 해양대국화의 큰 추세 속에서 이루어지는 것으로 볼 때, 이어도 영유권 분쟁이 한국으로 확산될 수 있다는 점을 우려한다.

특히 이어도의 중국 기점인 서산다오는 중국의 해군기지가 있는 곳으로 이어도로부터 287km 떨어져 있어 유사시 13시간에 출동이 가능하다. 반면 부산 작전사령부는 이어도와 481km 떨어져 있어 출동에 21시간이 소요된다. 따라서 174km거리에 있는 제주도 강정마을에 해군기지가 들어서면 출동에 8시간이 소요되어 중국에 앞선 대응이 가능하게 된다는 것이다.

저자는 중국이 항공모함 바랴크 호를 취항하는 등 해양대국화하면서 서사군도 및 남사군도의 기습 점령과 같은 시나리오가 이어도에도 벌어질 가능성을 배제할 수 없다는 점을 강조한다. 또한 중국이 남사군도를 기습 점령한 후 실효적 지배를 강화하기 위해 부두시설과 헬리콥터 착륙장, 보급기지 등 시설물을 확대하는 것도 중국의 해상 팽창주의의 일면이라는 점에 대해 경각심을 갖도록 촉구하고 있다.

저자가 발령하는 중국에 대한 해상 경계경보를 마냥 무시할만한 상황은 아닌 것 같다. 2003년 우리나라가 이어도에 해양과학기지를 완공한 이후부터 중국이 분쟁지역화를 시도하고 있다. 게다가 2011년에는 중국 해양경비단정이 이어도에 출동하여 "허가 없이 중국 영해에서 인양작업을 하고 있다"며 중단을 요구한 것도 예사롭지 않기 때문이다.

이제 제주도 해역 역시 중국의 해양영유권 확대 전략의 가시권에 들어선 듯하다. 더구나 최근 일본이 집단자위권 행사를 추진하고 있고, 미국이 이를 지원하고 나서는 상황에서 바야흐로 한중일 해양 삼국지가 복잡하게 펼쳐질 듯하다. 한국은 해양영토 주권을 스스로 지켜 낼 만큼 해상전력과 역량을 갖추고 있는가? 우리의 해양 인식과 해양 정책, 해상 군사전략 전반의 문제에 대한 거시적이고 종합적인 안목이 절실한 때이다.

35

중국 언론 "한국이 이어도 침략 점거" 적반하장

《이어도 해양분쟁과 중국 민족주의》, 고충석·강병철 지음,
한국학술정보(2013), 382쪽.

중국은 2008년 8월 후진타오 국가주석의 한국 방문을 앞두고 '해양신식망'www.coi.gov.cn
에 이어도가 중국의 영토라는 자료를 올렸고, 일시적으로 삭제했다 다시 올리는 등 외교
적 상황에 따라 도발적 행위를 반복하고 있다. 그들은 이어도를 쑤옌자오蘇岩礁라 부르며
관할권 주장을 굽히지 않고 있다.

최근 중국이 동중국해에 일방적으로 설정한 방공식별구역ADZ, air defense identification zone으로 인해 동북아 안보정세가 급박하게 돌아가고 있다. 더군다나 새 방공식별구역에 이어도와 센카쿠 열도가 포함됨으로써 한국과 일본의 강력한 반발을 불러왔다. 그동안 우리에게 조차 크게 주목받지 못하던 이어도가 중국의 도발적 행위로 인해 새삼 국제적인 주목을 받게 됐다.

방공식별구역 설정은 영공을 보호하기 위해 항공기의 진입과 운항을 미리 식별하고 방어하기 위한 군사적 기능을 한다. 이 구역 안으로 비행하기 위해 30분 이전에 설정국가의 항공관제센터에 사전 통보해야 하는 게 관례다. 무단 진입할 경우 퇴거의 경고를 받고 군사적 압박을 받을 수 있기 때문이다. 결국 방공식별구역은 영공은 아니지만, 영공방어에 필수적인 보호막인 셈이다. 따라서 중국의 기습적인 방공식별구역 선포는 공해에서의 선제적 항공주권 확장에 다름 아니다.

한국 해양주권 침탈하는 중국 방공식별구역

한국을 격동시킨 이유는 우리의 배타적 경제수역EEZ, exclusive economic zone 안에 위치한 이어도의 자유로운 비행활동을 중국이 임의로 제약할 수 있기 때문이다. 더구나 이어도에 해양종합과학기지를 운영하고 있는 우리의 상황에선 치명적인 위협이 될 수 있다. 유사시 해상작전에서 공군의 지원이 필수적인 점을 감안하면, 공중의 발이 묶이는 상황은 합동작전을 무력화시킨다는 점에서 치명적이다. 게다가 이어도 상공이 이미 1969년에 일본의 방공식별구역JADIZ으로 속해 버렸다는 점도 문제를 복잡하게 한다. 1951년 미국에 의해 설정된 우리의 방공식별구역에 이어도가 빠져있었기 때문이다.

지금까지 우리 전투기의 이어도 상공 초계 비행 시 일본에 사전 통보해야 하는 상황이 지속되었다. 이어도를 실효적으로 운용하고 있는 우리가 상공에서의 통제권을 일본과 중국에 내주는 부조화된 상황이 됐다. 그동안 이 불안정한 상황을 시정하지 못한 우리 역대 정부의 무관심과 무능함을 국민들에게 그대로 드러낸 셈이다.

현재는 이어도를 포함한 구역으로 우리나라의 방공식별구역이 확대 설정되면서, 이어도 상공과 주변 지역이 한중일 3국의 방공식별구역에 중첩되는 기묘한 상황이 되었다. 서로 지키지 않는 방공식별구역은 무력화無力化된다. 그러면 오로지 힘의 논리가 지배할 수밖에 없다. 군사적 충돌의 가능성이 높아지는 건 당연하다.

이어도와 센카쿠 열도를 둘러싸고 중국의 팽창 야심과 이에 대한 한국과 일본, 나아가 동북아시아 해상 패권을 지키려는 미국의 맞대응이 뜨겁게 달아오르고 있다. 동중국해에서의 해양 관할권 다툼이 본격화된 것이다. 중국의 전략적 의도와 향후의 행보를 예측하고 우리의 대응방향에 대해 고심해야 할 때다.

이어도가 해양 분쟁의 중심이 될 상황은 벌써부터 예견되었다. 사단법인 이어도연구회를 이끌어 온 저자 고충석과 강병철 역시 중국의 해양 패권주의에 따른 이어도 분쟁을 우려하며 대응전략을 제시한 바 있다.

이어도를 중국 관할이라 밀어붙이는 대양 해군력

사실 중국이 이어도를 넘본 지는 오래되었다. 중국은 한국이 해양종합과학단지를 건설하여 운용하고 있는 것을 법률적 효과가 없는 한국의 일방적 행위로 간주한다. 2006년 중국 외교부의 공식 발표로 이를 확인하고 있다. 이 입장은 현재까지 요지부동이다. 중국과 한국의 EEZ가 중첩되는 지역에서의 경계설정이 마무리되지 않은 상태이기 때문이라는 것이다.

중국은 2008년 8월 후진타오 국가주석의 한국 방문을 앞두고 '해양신식망'www.coi.gov.cn에 이어도가 중국의 영토라는 자료를 올렸고, 일시적으로 삭제했다 다시 올리는 등 외교적 상황에 따라 도발적 행위를 반복하고 있다. 그들은 이어도를 쑤옌자오蘇岩礁라 부르며 관할권 주장을 굽히지 않고 있다.

이어도가 한국과 중국의 EEZ가 겹치는 수역에 위치한 것은 맞다. 하지만 우리 영토인 마라도에서 80마일(149km)에 인접한 반면, 중국은 유인도인 '서산다오'로부터 155마일(287km) 떨어져 있다. 무인도 '퉁다오'를 기점으로 해도 247km나 이격되어 있다. 또 일본의 도리시마로부터도 276km나 떨어져 있다. 영토로부터 200해리 즉 370.4km 안에 모두 포함되니 3국이 각각 자국의 EEZ로 주장할 근거가 없는 건 아니다.

한국은 1996년 200해리 내 수역을 EEZ로 선포했고, EEZ에 속한 이어도를 당연한 우리 수역 내 관할로 인식하고 있다. 김영삼 대통령 재임

시기인 1995년부터 현장 해양조사를 시작하며 과학기지 건설을 추진, 2003년에 해양종합과학기지http://ieodo.khoa.go.kr를 준공했다. 한·중·일 3국 중 제일 먼저 이어도 해역을 우리 EEZ 권원權原으로 인식하고 운용을 선점했다는 것은 선견지명이 아닐 수 없다.

만일 이어도를 선점하려던 일제의 시도가 완성되었더라면 제주 남방 해역에서의 우리의 해양활동은 심각하게 위협받는 상황이 되었을 것이다. 1938년 일본은 이어도에 해저전선 중계시설과 등대시설을 설치하려고 했다. 무려 직경 15미터, 수면 위로 35미터에 달하는 콘크리트 인공 구조물을 계획했다. 천만다행으로 태평양 전쟁의 발발로 무산되고 말았지만 지금 생각하면 등골이 오싹해진다.

관련 당사국간의 EEZ의 경계가 확정되지 않은 상황에서 실효적 지배와 관리는 우리의 정당한 권리행사를 더욱 튼튼하게 만들어준다. EEZ의 경계가 중간선 등거리 원칙으로 확정될 경우 이어도는 당연히 한국의 관할에 속하게 될 것이다. 문제는 중국과 한국 사이에 EEZ의 경계가 아직 확정되지 않았다는 점이다. 중간선으로 할 경우 불리해지는 중국이 '형평의 원칙'으로 맞서 접점을 찾지 못하고 있기 때문이다. 중국은 해저의 지형이나 해안선의 길이 등을 고려할 것을 주장하며 황해와 동중국해의 상당부분에 대해 관할권을 주장하고 있다.

중국이 이어도를 중국의 관할로 계속 강변하는 이유는 분명하다. 이어도 자체는 수면 4.6m 아래에 있는 수중 암초에 불과하지만, 이어도 주변수역의 에너지 등 해저 광물자원의 개발 잠재력을 놓칠 수 없기 때문이다. 또한 급격하게 강화된 대양해군력을 바탕으로 해양 전략을 '연안 방어Coastal defense'에서 '근해 방어Offshore defense' 전략으로 전환하면서 어어도 수역이 태평양 진출의 전략적 요충 해역이 될 수 있기 때문이다.

이어도는 한반도~일본 규슈~대만~필리핀~말레이시아~베트남을 잇는 중국의 해양 세력권인 제1도련선島連線 안에 포함되어 있다. 이는 이어도가 중국의 '핵심이익'의 범주에 포함되었다는 의미다. 중국은 이제 사이판~괌~인도네시아를 잇는 제2도련선 돌파를 시도할 기세다. 이런 상황에서 이어도 해역은 센카쿠 열도와 함께 중국으로서는 쉽게 양보할 수 없는 전략적 가치를 지닌다고 할 수 있다. 따라서 해양 관할권을 두고 중국과 부딪혀 가야할 한국의 앞길이 험난하다. 특히 저자들이 우려하는 것은 중국의 막강해진 해군력뿐만 아니라, 해양 주권의 쟁탈 과정에서 심각하게 부작용을 야기하는 민족주의를 활용하고 있다는 점이다.

언론을 완벽하게 통제하고 있는 중국은 한국의 정당한 해양 주권 확보 활동에 대해 "중국 영토 주권의 침범" 운운하며 대중의 분기를 조장하거나 방조한다. 중국 언론은 "한국, 우리 동해 쑤옌자오 침략 점거", "중국 동해 쑤옌자오의 한국 강탈" 등의 선동적 기사로 국민감정을 자극하고 있다. 한국이 이어도를 불법적으로 점거한 데서 나아가 마치 중국의 고유 영토를 침략하여 강탈한 상황으로 매도하는 것이다.

이는 철저한 왜곡이다. 하지만 중국 당국의 조종을 받는 언론의 이런 선동적 보도는 네티즌들을 자극하여 인터넷상의 이슈로 부상시켜 광범위한 사이버민족주의를 불러일으킨다. 최근 각종 국제적 이슈에서 확인된 중국의 민족주의의 표출과 격한 대응은 '초기 방관 후기 개입'이라는 중국 공산당의 철저한 민족주의적 대응 전략에서 나온다.

2008년 베이징 올림픽 성화 봉송 과정에서 프랑스 관리의 친티베트 발언에 대해 프랑스 제품 불매운동을 벌였다. 2010 센카쿠 부근에서 중국 어선이 일본 해상보안청의 순시선을 들이받는 사건으로 구속된 중국 선원 및 선장의 석방과정에서 빚어진 긴박한 공세와 반일시위도 대표적인 사례다.

중국의 민족주의는 체제의 정당성을 확보하기 위한 수단으로 더욱 활발해질 것으로 예상된다. 이를 통해 막강한 군사력, 경제적 영향력은 영토 분쟁 및 해양 주권 확보 경쟁에서 중국의 입지를 날로 강화시켜 줄 것이다. 중국에 대한 경제적 의존도가 심화되고, 갈수록 심화될 군사적 열세를 감안하면 한국의 행동반경은 갈수록 위축될 수밖에 없는 상황이다.

이어도 해양 주권 대응전략

이어도의 해양 주권을 지켜내기 위해 어떻게 대응할 것인가? 저자의 해법은 크게 두 가지다. 첫째, 갈등에 대비한 반응적 전략Reactive Strategy이다. 해양 주권 확보 쟁탈과정에서 한중의 무력충돌의 가능성을 배제할 수 없다. 만약 이런 상황에 처하면 절대적으로 열세에 있는 한국의 해군력으로 해양통제권을 확보하는 건 불가능하다.

제주 해군기지라도 건설되어야 최소한 대응 시간에서의 '해양우세' 정도나마 확보될 수 있다. 따라서 해상 전략의 강화로 관할 해역에서의 초계활동을 강화함으로써 해양 주권 수호의 의지를 확실하게 과시할 필요가 있다.

저자들은 이번에 야기된 방공식별구역의 문제는 미처 주목하지 못했고, 따라서 전혀 언급하지 않고 있다. 다행히 최근에 정부가 방공식별구역을 확대한 것은 잘한 일이다. 앞으로 이어도 해역에서의 해군과 공군의 합동훈련의 주기적 실시가 필요해 보인다. 이는 이어도 수호 의지는 물론 우리의 해상수송로의 안전 확보에도 도움이 될 것이다. 아울러 중국의 사이버민족주의의 발흥에 대한 이성적 대응도 필요하다.

둘째, 협력에 대비한 주도적 전략Proactive Strategy이다. 분쟁이 심화되기 전에 이어도 수역과 서해에서의 EEZ를 조속히 확정해야 한다. 중국은 EEZ 확정을 지연시키며 한국 측 수역에서의 자국 어민들의 "약탈적 어업행위"를 방치하는 전술을 이제 접어야 한다. 또한 향후 한중일 3국이 방공식별구역을 중첩 운용하게 될 이어도 수역의 모호한 관할권은 분쟁의 화약고가 될 수 있다. 조속한 협상을 압박해야 한다.

아울러 저자는 공동개발 협력에 대한 대응도 다각적으로 모색할 필요가 있다고 주장한다. 하지만 공동개발을 고유한 영토주권의 포기로 단정하기 쉬운 국민 정서상 협력의 가능성은 많지 않다.

분쟁의 성격상 EEZ 자체의 문제가 국제법적으로 영유권 문제가 아니고 관할권 문제인 것은 분명하지만, 국민들은 EEZ 역시 해양 영도로 인식하기 때문이다. 어떻든 개발의 형평성이 어느 정도 담보된다면 공동개발 협력의 가능성을 열어놓는 것도 극단적 충돌 위험에서의 출구 전략이 될 수 있을 것이다.

일단 이어도 수역의 '관할권을 선점'한 한국은 EEZ 확정을 통한 '법적 관할권de jure jurisdiction'을 확보하기 전까지는 해양과학기지를 통한 다양한 활동을 통해 '사실상의 관할권de facto jurisdiction'을 강화해 나가야 한다.

이는 향후 중국 및 일본과 EEZ 및 대륙붕 경계획정 협상 시 우리의 배타적 권리 주장을 강화시켜 줄 것이기 때문이다. 물론 국제사회의 공감과 지지를 얻기 위해 우리 사회가 보유한 문화 예술 역량과 미디어를 활용하여 외국인들과 다양하게 소통하는 공공외교를 확대 병행할 필요도 있다.

이어도와 동중국해를 둘러싼 중국과 한국, 일본, 미국의 갈등 구조는 복잡하게 얽혀가고 있다. 한·미·일의 연합 세력을 구축하여 중국에 대항하려는 미국의 의도가 한국과 일본의 갈등으로 삐걱거리기 때문이다. 하지만 냉정하게 보면, 중국과 미·일의 대결 국면에서 한국의 입장이 가장 곤혹스러운 상황이다. 양 진영의 대결 국면에서 한국은 특정한 선택을 요구받을 수도 있다.

이렇게 급변하는 동북아 정세 속에서 한국의 생존전략을 도출하는 데 국가의 모든 역량을 집중해야 한다. 이런 상황에서 국회는 1년 내내

정쟁으로 지새며 국정 현안을 쌓아두고 공전하고 있다. 개탄스러운 일이다. 모 전직 국무총리가 "국회가 해산되었어야 할 상황"이라고 질타한 것에 대해 많은 국민이 공감했던 이유를 정치지도자들은 되새겨봐야 할 때다.

감추고 싶은
중국의 비밀 35가지

초판발행 · 2015년 2월 5일

지 은 이 · 박경귀
펴 낸 이 · 배수현
디 자 인 · 김화현
제   작 · 송재호

펴 낸 곳 · 가나북스 www.gnbooks.co.kr
출판등록 · 제393-2009-000012호
전   화 · 031-408-8811(代)
팩   스 · 031-501-8811

ISBN 978-89-94664-78-1(03910)